国家社科基金重大招标课题“桂学研究”（12&ZD164）阶段性成果
广西特聘专家“桂学研究”岗阶段性成果

“广西优势特色重点学科”广西师范大学中国语言文学
广西桂学研究会
资助出版

桂學研究

第二辑

国家文科（中文）基地·广西师范大学文学院
桂学研究·广西2011协同创新（培育）中心
编

GUANGXI NORMAL UNIVERSITY PRESS
广西师范大学出版社
·桂林·

图书在版编目（CIP）数据

桂学研究．第2辑／国家文科（中文）基地·广西师范大学文学院，桂学研究·广西2011协同创新（培育）中心编．—桂林：广西师范大学出版社，2015.7
ISBN 978-7-5495-6781-2

Ⅰ．①桂…　Ⅱ．①国…②桂…　Ⅲ．①地方文化—广西—文集　Ⅳ．①G127.67-53

中国版本图书馆CIP数据核字（2015）第118313号

广西师范大学出版社出版发行
（广西桂林市中华路22号　邮政编码：541001
网址：http://www.bbtpress.com）
出版人：何林夏
全国新华书店经销
广西大华印刷有限公司印刷
（广西南宁市高新区科园大道62号　邮政编码：530007）
开本：787 mm × 1 092 mm　1/16
印张：12　　字数：250千字
2015年7月第1版　2015年7月第1次印刷
定价：30.00元

目 录

桂学理论研究

2 桂学研究的几个基本问题 / 胡大雷

10 桂学大讨论及桂学基础理论研究评述 / 张利群

23 文化差异与文化融合

——桂学理论视域的民族文化关系思考 / 莫道才

桂学学术史研究

30 苏时学的诗歌研究

——“广西文学研究史”之二 / 王德明

38 况周颐的词学渊源 / 王 娟

48 清代广西《易》学著作辑考 / 孙艳庆

55 谢肇淛《百粤风土记》述略 / 周 娴 钟 琼 吕立忠

64 石涛“画心”说理论构成及其艺术“心学”意义

——石涛《画语录》画学理论体系研究之二 / 张 逸

74 谢良琦的画论初探 / 梁树立

桂林文化城研究

84 抗战时期旅桂作家的文学创作 / 黄伟林

97 桂林抗战文化城内的广西本土小说家 / 高 蔚

105 民族与民生:西南剧展中的中国现代话剧 / 唐迎欣

广西文学创作与艺术研究

112 桂林山水文的兴起与唐代桂帅的山水景观开发 / 殷祝胜

119 从洪秀全诗歌创作看其思想之矛盾 / 何宇虹

127 论秦似的桂剧编创艺术 / 朱江勇

广西民俗与文化研究

138 漓湘文化圈与桂林民俗的文化特质 / 杨树喆

148 广西清代碑刻中的古戏台

——“广西碑刻与戏曲研究”之四 / 阙 真

154 广西客家非物质文化遗产保护策略的启示 / 黄桂凤

160 清前广西美术概论 / 黄国乐

171 桂林文化产业发展的几个问题

——以临桂五通农民画为例 / 陈雪军 何利娜

评论

182 一曲缅怀乡土的牧歌

——评世界首台高山峡谷实景音乐剧《天门狐仙》/ 王 瑜

桂学理论研究

桂学研究的几个基本问题*

胡大雷*

［内容提要］ “桂学”成“学”，具有学术基础、理论体系、社会需求及现实价值。其一，桂学研究以“人”为本，广西地域居住人口构成多民族性的特点及各种成分的士人，应该予以更多的关注。其二，桂学研究的独特性视角是其地域所在，广西远离文化中心而且又是中华文化向外域传播的前沿，由此构成桂学的特殊形态。其三，桂学研究的聚焦于本地域空间发生的重大事件，如太平天国运动、桂系集团等。其四，桂学研究作为新兴学问，既在于追溯学术之源，更应当注重其关注当前、放眼未来的应用价值。其五，桂学研究的社会意义，传承本地域最具有时代价值的民族和谐精神，明确桂学在中华文化发展传播中的地位与作用，为中国—东盟自由贸易区的发展提供文化智力支持。其六，桂学研究又承担着建立新型的地域之学的责任，既有一定方向的科学研究目标，又要为社会服务并培养人才。

［关键词］ 多民族性　士人　文化传播　应用价值　文化精神

所谓地域学，即以地域为核心的历史与现实的一种系统知识学问、学说的总和。首先就应该是确定地域，而各个地域，都是以中国的历史进程与空间范围为限定，以中国历史、文化为宏大背景的，这是我们研究的前提。在这个大前提下，地域学研究就是讨论其总体问题与研究对象，讨论其基本构成，进而探讨实现其社会价值的路径以及服务社会的方法。目前我们正从事的“桂学研究”，正是以其为宗旨展开的。

其一，桂学研究以“人”为本。虽然说地域学研究首先就是确定地域，而落实到具体的研究，应该把各个地域的世居人口作为首要的研究对象。从古代起，中华大地上居住人口的特点就是流动与稳定相结合，就流动性而言，总的趋势是由北向南；就稳定性而言，中国人“重土安迁”，流动往往并非出于自愿，一

* 本文为国家社科基金重大招标课题“桂学研究”［12ZD&164］的研究成果，广西特聘专家“桂学研究”岗的研究成果。

* 胡大雷（1950～ ），男，汉族，浙江宁海人，文学博士，现为广西师范大学文学院教授、博士生导师。主要从事桂学研究、中国古代文学研究。

有机会就要安定下来。中国各地本地人与外来户、汉族与少数民族,都是在这样的流动与稳定相结合中形成的。就桂学而言,广西地域的多民族性决定了桂学研究的首要对象是各民族及其相互关系。广西作为多民族聚居区,具有独特鲜明的南方民族"南岭族群"特征,这是桂学的文化成长环境。从民族学视角观察和分析壮族、瑶族、苗族、侗族、仫佬族、毛南族、回族、京族、彝族、水族、仡佬族以及汉族12个广西世居民族,考察汉族与少数民族的关系,探讨跨域跨境民族文化关系,论证、阐释各民族的文化精神是如何成为桂学之魂、桂学精神的。作为多民族生活的地域,各民族文化的多样性而又和谐、团结、融通,造成了桂学在形态方面既多样化又统一于中华文化的特性。桂学研究的民族视角将使其变得更加丰富和实证,并丰富中华民族一体多元的思想。

桂学研究以"人"为本,还应该把注意力多放在古代士人方面,这当然包括因各种各样原因或为宦、或贬谪来到本地域的外省籍士人,他们也是地域文化传统的创造者且更是阐释者,他们既是地域文化传统的主要传承者,他们又引领着外地域某些先进文化的传入及与本地域文化的融合,而更是能够把本地域文化介绍给外地域的传播者。首先,来看广西古代士人的构成:既有遭贬谪而来的中原士人,又有本地士人;既有朝廷任命下的各级官员,又有各少数民族的首领、土司;既有世代读书人,又有各少数民族部落中的祭司、师公等文化人;等等。这些广西古代士人在本土文化建设与发展中承担着重任,如广西的部分地域旧属交趾,当汉武帝把全国设为十三刺史部,独交趾不称"州",汉代末年,正是在士燮等广西士人的坚持努力下,交趾建州,古粤西之地升格了,国家在地域管理上对古粤西之地与其他地域实现了一视同仁,加快了越、汉一体化的进程。广西的文化建设,是在外省籍士人远赴粤西任职为宦者与少数民族"酋领"、本土士人的共同努力下进行的。《广西通志》称广西士人"律己之廉、莅政之公、恤民之仁、体国之忠"的为宦风度,①广西古代士人对广西历史上重大事件如少数民族问题、护边安国的看法等,以及广西古代士人文学集团、流派如何领全国风气之先等,对我们来说都值得深入挖掘、研究。

其二,桂学研究的独特地域视角。徽学、藏学、蒙学、蜀学、湘学、楚学、岭南学、桂学等,都有以地域相称的意味,虽然各有内涵与重点,但必须述说的是区域性视角。各地域处于祖国各地,地貌、气候、物产等外在环境不一样,自然在文化上有诸多相异之处;但更为重要的是,我们中华大地区域广阔,在地理上有中原地区与边疆地区之别,而文化上则有中心区或边缘区之别;而我们中华文化处在与世界文化的交流之中,各地域所处或中心区或边缘区之别在与世界文

---

① [明]林富、黄佐:《广西通志》(嘉靖),北京:书目文献出版社,第567页。

化的这种交流中,又是一种怎么样的关系?广西的自然生态环境为喀斯特地貌,是青藏高原的高原生态与我国沿海平原的平原生态的结合部。广西区域既有山区的相对闭塞,又有沿海的开放环境。充分认识这种特殊地理生态系统,对桂学研究而言是非常重要的。首先,文化上的中心与边缘。我国传统文化关系的研究,长期是以中原为中心的视角,从这视角看,广西地域的确是远离中心的边缘。但广西地域不缺乏对文化中心的文化凝聚力和向心力;而从边缘外围的视角来看中心,广西地域也不缺乏对文化中心的竞争力及补充性,如此解读这种文化凝聚力、向心力和竞争力,方能有效理解中心与边缘如何实现从文化的互动到文化的和谐。其次,交流上的国内与国外。虽广西远离文化中心但又是中华文化向外域传播的前沿;从广西开辟的海上丝绸之路使中华文化传播出去,但也从这条路使新思想、新文化传播进来。桂学须站在中国大陆看待中华文化通过海路、边关传播进入东南亚、进入世界,也须从海上、从世界的角度,研究世界先进文化通过北部湾向我国的渗透、传播,独特的地域环境使桂学研究需要国际的视野。广西地域特殊的各种因素合力推进了桂学的诞生、构成、成长及发挥作用的过程,突出了桂学不同于其他地域之学的特性。作为远离中原而文化相对落后的广西,但在面向东南亚又作为中华文化的强者面貌出现,从学术史方面的研究可以理解此二者构成了桂学的特殊形态。作为地处边疆相对闭塞的广西,但又面临大海处于开放的、接受新事物的前沿,造成了桂学既相对闭塞又开放的特性。

其三,桂学研究与地域历史上的重大事件。地域通常是指一定的地域空间,《周礼·地官·大司徒》称"凡造都鄙,制其地域,而封沟之",当这个地域空间可以独立相称时,首先表明它只是更大地域的一个组成部分;其次,这个地域空间与其他地域空间具有明显的差异性,地域之间是相互联系的,一个地域的变化会影响到周边地区;再次,这个地域空间内部表现出明显的相似性和连续性。地域的这个特性,决定了地域学研究必须注意地域历史上的重大事件,因为这样的重大事件,虽说是在本地域空间内部表现的相似性和连续性下产生的,但更是在本地域空间所隶属的更大地域空间的作用下产生的,又对它周遭的地域空间产生着影响。所以,当我们说地域是自然要素与人文因素作用形成的综合体时,其中自然要素是不变的,而人文因素则是处于变化流动中的;地域历史上的重大事件,就是其中最重要的人文因素的体现,就成为地域空间独立性的最显著特征;正是重大事件,才使整个大地域以及周遭地域对本地域有更加多的关注。

桂学作为以广西地域为核心的历史与现实的一种系统知识学问、学说的总和,其一个个凝聚点,就是广西历史上的重大事件;或者说,广西地域的文化、经济、社会各方面的发展,包括民俗、民风等,都可以从广西历史上的各个重大事件中表现出来。这些凝聚点,远的来说,如秦始皇发动五十万大军分五路攻岭南,汉代的交趾建州,历代统治者从羁縻制、土司制再到改土归流的少数民族政策,明清的民变与农民起义,等等;近的来说,太平天国事件,其成功与失败的几个要点在什么地方,其对中国近代社会的影响是什么;又如清末的援越抗法,孙中山的桂林北伐誓师,桂系在民国的地位与曾经发生的作用,抗战时期的桂林文化城,以及新中国成立后的援越抗美,等等。在这些重大事件中,地域文化曾经有着怎样的作用;而这些重大事件又给予地域文化怎样的影响。

其四,桂学研究的重点。地域文化之学,或为偏重于地域文化中某一重要意义的、代表主干意味的学问、学术,或为地域文化中某一有着突出意义、作出特殊贡献的学问、学术。各种地域之学,都具有各自的重点,把握住这一点,是建立、建设好地域之学的关键。当前桂学研究应该突出的重点是什么?从桂学研究具有独到学术价值与应用价值来说:既追溯学术之源,又关注当前、放眼未来;既关注自身,又注重处于改革开放的地域前沿的对外影响;既建立、建设地域之学,又反哺地域,为广西社会服务,为广西新文化建设服务。从整体而言,追溯学术之源具有非常重要的意义,包括桂学研究涵盖建构怎么样的桂学学科体系、梳理桂学学术史、搜集整理桂学各种形式的文献资料、勾画广西各民族人民与古代士人的生活与心路历程等。"桂学"概念的提出比较晚,只是晚清时康有为在桂林讲学时,撰《桂学答问》及其《桂学答问序》,[①]提到桂林的书院;以后又有称"桂学"为以桂林为中心地域的桂北之学。因此,桂学研究从纯粹的实践性的研究进入到带有一定理论色彩的一个专门研究领域的历史较短,在这种进程中,独立的桂学研究意识是一步步显现的,创建独立的地方区域之学的观念是一点点强烈起来的,研究行为的自觉性也是一天天强化起来的,因此,桂学研究的追溯学术之源,成为桂学研究者自信心的基础,成为桂学研究学科化的起步。但是,地域学研究更要强调应用。就"桂学之用"而言,应该探讨桂学文化资源如何从潜在的资源演变为发展的硬支撑的问题。通过对桂学传统的梳理和理论总结,将有关成果如广西成功的文化案例运用于当代中华文化的国际传播、民族关系的稳定以及广西的经济社会发展、文化产业的发展,这是桂学研究的落脚点。我们希望探讨广西当代文化建设的成功经验,借此建立起一种有价值的区域文化学服务地方经济社会发展的新模式,探索出一条学与用相结合的新路。这就是新型模式的地域文化之学彰显以"学"为"用"的服务导向。依照中央关于"地方社会科学研究机构应主要围绕本地区经济社会发展的实际开展

① 《康有为全集》第二集,上海:上海古籍出版社,第49~51页。

应用对策研究,有条件的可开展有地方特色和区域优势的基础理论研究”的精神,我们的桂学研究,要做到既在于“学”,选择有地方特色和区域优势的研究资源开展基础理论研究,更在于“用”,创造出“学”为“用”服务的新模式。我们这种以“学”为“用”服务的模式起码包括以下几方面:一是开发利用桂学特有的文化资源。桂学中的许多文化资源各具魅力,我们对桂学文化资源考察研究,也要考察研究其在历代是如何应用的。除了总结概括其成功的经验与失败的教训外,更是要把这种成功的经验推广到相关的文化资源的开发、利用,以促进广西文化产业的发展。比如从临桂词派到文学桂军、漓江画派,各有其成功的经验,那么,怎样使我们更多的文化资源也得以走上文化市场,这就需要做对策与实证研究。二是保护文化多样性资源。民族文化多样性是桂学存在的基础之一,因此,在开展广西少数民族民间文化的资源调查、少数民族民间文化发表与传播情况调查、少数民族民间文化接受情况调查的同时,强化对少数民族语言文字、少数民族口传文化、少数民族音乐舞蹈等保护方案与措施的针对性研究。三是挖掘、整理历史典籍文献材料。桂学的典籍文献很多,从广西地处边疆的情况出发,历史边界地域的划定、北部湾乃至南海的开发、中外关系等许多材料尤其珍贵,挖掘、整理这些典籍文献,既是桂学研究的基本,又是国家发展战略的需求,是本项目的重要诉求。三是通过桂学研究,为广西经济社会又好又快发展提供更广阔的人文空间。历史上的广西并非长期落后于全国,许多领域也有领先于全国的事例。但进入近代以来,受边境战争等因素的影响,广西逐渐落后于全国的发展,这已经引起了中央的高度重视,为了促进这个区域的发展,国家出台了《广西北部湾经济区发展规划》《国务院关于进一步促进广西经济社会发展的若干问题》等一些战略举措,近十年来,广西经济社会快速发展,地区生产总值已经突破一万亿元。但广西的文化形象仍然停留在“老少边山穷”上,文化软实力的发展远落后于经济硬实力。这个问题不解决,广西区域的发展始终不是科学的发展,所以,对无论是落后还是领先的文化现象,都要从桂学传统中找到某些缘由的一贯性,找到规避或借鉴的地方。更为重要的是从广西文化资源的丰富性方面破除长期以来对广西的偏见,我们开展桂学研究,对于重整广西文化资源、重树广西文化形象、重拾广西文化自信,为中国这个重要区域的发展提供人文支撑是具有很强现实社会意义的学术行动。

其五,桂学研究的社会意义。建立、建设地域学的社会意义问题,这是地域学研究的宗旨与目标。一是通过地域学研究,传承该区域最具有时代价值的文化精神。每个地域学都应该有区别于其他地域之学的特质,都应该有其独特的发展规律,这一问题是整个地域学研究得以独立存在和成立的基础,如果这一问题不能有效解决,地域学之名难立,地域学之实也难存。桂学研究也把这一问题列为“桂学之本”的原因所在。广西传统的人文精神和民族精神是什么？这一问题包含三个基本问题：一是广西特定的地形地貌以及沿边靠海的地理位置以及多民族融合，造就了什么样的广西民风？二是广西各少数民族具有怎样的心态与文化精神？三是广西传统的知识分子具有怎样的心态与文化精神？这三个问题之所以是重点，是因为它是桂学研究的灵魂，决定着本地域之学的研究深度。没有对这三个问题的深入回答，桂学之源的问题就得不到很好解决，从而动摇整个桂学研究的根基。它们之所以是难点，是因为存在着两方面的困难：一是搜集资料之难，即如何穷尽浩如烟海的历史资料和现实材料。二是提炼之难，即如何通过有效的路径和方法，得出多数人认可的结论。广西是多民族地区，除汉族之外，还有壮族、瑶族、侗族等11个少数民族，这是一个民族大家庭。虽然无论是唐宋还是元明清时期，广西境内的民族冲突从未间断，但到了近现代，特别是新中国成立后，各民族和谐相处，民族矛盾降到了最低。在某种程度上，广西是全中国，乃至世界范围内民族和谐相处的典范。因此，我们区域最具有时代价值的文化精神就是和谐。研究如今作为民族地区的广西成为全国民族冲突最少、关系最和谐的地区，无论是将其放在当今复杂的国际背景还是国内背景下观照考察，都具有重大的现实意义。鉴于广西和谐民族关系的实际，近年来，国际敌对势力出现了要在广西制造不和谐民族关系的思潮与行动，桂学研究不但要传承和谐文化精神，更要防止破坏和谐的各种思潮的滋生与蔓延，这是桂学研究首先要承担的社会责任。二是通过桂学研究，确立桂学在中华文化发展传播中的地位与作用，为中国—东盟自由贸易区的发展提供文化智力支持。广西虽然是多民族区域，但历史上很少有分割独立的倾向，中华文化的向心力很强；广西的地缘条件又决定了广西是中华文化对外传播的桥头堡，至少自汉代起，北海湾就成为中华通向南洋，或者说通向中华的通道之一了，汤用彤先生在论佛教的传入时称，“则是时交州为东西海程之中心，因能吸收异教殊俗，思想较中原能自由开发”。① 桂学研究，将充分挖掘广西在这一特殊地理位置所起的特殊作用，为今日中华文化的传播作出更大的贡献。

其六，桂学研究与建立新型的地域之学。桂学建立、建设的是一种新型研究模式的地域文化之学。虽然说新型模式的地域文化之学是建立在地域的特殊性上的，但地域学作为学科，既有一定方向的科学研究目标，又承担为社会服务以及人才培养的重任，尤其在高校进行地域学的研究，更是如此。每一地域之学的研究，既在学科范畴内进行，又有为本学科建设添砖加瓦的责任，为本学科建设的创新性发展提供自己的经验与教训。因此，地域学研究在学术思想理

---

① 汤用彤：《汉魏两晋南北朝佛教史》，北京：中华书局，1983年，第57页。

论的预期目标,就是创新“中国地域之学”的学术思想理论,建立起一种新的地域学研究范式,为“中国地域之学”增添新的内容。就桂学研究而言,桂学研究不仅仅局限于自身的研究,还要在学科建设发展方面有着预期的目标,即为建立新型的“中国地域之学”,推动广西的地域之学学科建设的发展。

新型的地域之学应该在三个方面进行学术思想理论的创新:一是从特殊性方面说,通过研究,强调新型的“中国地域之学”研究必须注重地域的特殊性的问题。我国地域辽阔,区域资源禀赋与发展模式差距比较大,徽学、藏学、湘学、楚学、岭南学等区域文化学科比较好地解决了区域文化的发展差距与特色问题。但就我国西南地区的实际来看,这个问题并没有得到很好解决。从自然环境而言,广西属于喀斯特地貌区域,历史文化与风俗民情与山地地貌有关,一方水土养一方人的独特文化系统、心理结构与思维观念,由此形成桂学作为区域之学的学术特质;从区位所处地位而言,广西地处沿边、沿海的祖国南疆,历史上镇南关(睦南关)与当前南海领土争端以及东南亚各国国际关系都与之密切相关。广西区位在国际战略的特殊地位,既具有守疆卫国的职责,又担负跨域交往及其传播中华文化的重任,由此构成桂学作为区域之学的学术特质;从地域文化上说,既有远离中心有边缘化的一面,又有面向外域而肩负中华文化向外传播的重任,其面向大海,又多有开放的机会而领风气之先,是当代面向东南亚开放的前沿。从民族地区特色而言,广西是各民族文化形态既丰富多彩又和谐统一的,形成民族杂居、通婚、同俗等民族和睦团结与跨文化交往的人文环境,也构成历代土司(土官)制度与“改土归流”特殊行政管理制度体制形态,以及现在的民族区域自治特殊形态;从地域居住各民族来说,如何走到了当代民族关系的和谐。桂学在学术思想理论上这些特殊性,可以作为“中国地域之学”在西南地域的典型,是“中国地域之学”的学术思想理论某一类型的代表。二是从普遍意义上说,通过桂学研究,强调新型的“中国地域之学”注重学理性与现实性的结合。桂学学术理论建构体系与理论模式,丰富完善学术共同体体制,并形成具有鲜明地域特色的学术话语体系、知识谱系与理论结构;桂学的学理性的合法与合理以及结构地位,是建立在现代观念的学、源、本、魂、用(桂学之学、桂学之源、桂学之本、桂学之魂、桂学之用)构筑的整体框架上的,是以地方学术之源流及其地方性学术成果的现代性为支撑的。本研究如此的整体框架与如此的成果,就是为了适应广西地域的特殊性与广西当前发展的现实性而构筑的。三是通过桂学研究,在学术思想理论上凸显新型的“中国地域之学”研究如何注重应用,注重走出书斋走向社会、服务社会,注重合乎当前的国家文化战略的需求。

因此,就学科发展的创新性而言,有如下要点:一是怎样形成中国地域之学研究有特色、有影响的流派,以推动地域之学的研究。桂学研究最显著的特征是其具有两大目标:一是承袭传统与服务社会。依据广西地域的特殊性,我们希望通过桂学研究,制定出地域学研究的总体框架的学、源、本、魂、用,以此来探索与培养地域文化学科发展中的学科范围、学科性质、学科规律,等等;通过桂学研究的总体框架下各个研究方向的分布及各主要内容的展开,探索与培养地域文化学科所跨学科新的分布;通过本研究的总体框架下各个研究方向的展开,探索与培养地域文化学科新的研究程序、研究方法等。二是通过桂学研究,发掘、培育地域学学科新的重大问题,以期把本学科的重要问题深入细致地探索下去。三是形成一个有特色的区域文化研究的创新团队,建立构成地域之学研究创新团队的模式,不仅要培育一批地域之学学术研究专家,而且要培养一大批扎根基层的研究人员,这样才能使自己的研究立足于更深厚的基础之上。四是通过自身的工作为建设更高端的研究平台奠定坚实的基础。

桂学大讨论及桂学基础理论研究评述*

张利群*

［内容提要］　从桂学兴起到桂学崛起，桂学研究初见成效，这与桂学大讨论及其桂学理论研究紧密相关。基于桂学大讨论及理论研究现状，着重从桂学概念的含义及其内涵外延的厘清、桂学学脉文脉传统及其学术精神的探索、桂学性质特征及其学科定位的辨析三个研究视角进行评述，旨在客观概括总结桂学理论研究的经验与成果，科学评价桂学大讨论的收获与成效，为桂学研究创新发展提供学术支撑和理论保障。

［关键词］　桂学　桂学研究　桂学理论　地方学　研究现状评述

从桂学兴起到桂学崛起，桂学研究初见成效，这与近年来桂学大讨论及桂学理论研究紧密相关。桂学理论研究是桂学研究的先锋，是桂学旨在学术创新的理论开拓与学理依据，也是桂学研究的指导思路、目标方向与理论基础。为此，根据近年来桂学大讨论情况及桂学研究现状进行评述是非常必要和重要的。

一、“桂学”概念的含义及其内涵外延的界定

对“桂学”概念的含义的理解围绕“桂”与“学”展开，这既涉及桂学概念界定及其性质特征定位，又涉及桂学研究对象及其内容范围的厘清，还涉及桂学观念、思路、目标、路径及其价值取向的确定。

其一，“桂学”概念的提出及其所引发的讨论。从桂林雁山园首届桂学研究研讨会开始至今，以学术研讨会形式进行桂学的研究和讨论不仅已常态化、制度化、机制化，而且也进一步推动百家争鸣，学术交流，思想交锋，观点碰撞，由

---

*　本文为以下项目成果：2012年度国家社科基金重大招标项目“桂学研究”，项目批准号：12&ZD164；2013年广西“自治区‘特聘专家’专项经费资助”项目“广西文化产业发展与文化软实力研究”，项目批准号：2013B022；2013年度广西哲学社会科学规划研究课题“广西当代文艺理论发展研究”，批准号：13BZW003。

*　张利群（1952～），男，湖北罗田人，广西师范大学文学院教授，博士生导师，研究方向为文艺理论与批评、区域文化研究、桂学研究。

此产生火花，形成新的学术生长点。因此，首届桂学研究研讨会是桂学产生的标志性事件。2009年4月以时任广西文联主席潘琦为首的专家学者云集桂林雁山园，召开首届桂学研究研讨会，“桂学”作为广西区域文化学术的核心范畴在学界公开亮相，“我们正式打出了桂学的旗号，宣告了桂学的诞生”①，标志着广西地方学学术研究进入了一个新阶段。在该次研讨会上，潘琦率先提出“桂学”概念，并对其含义及其对象范围、性质特点、作用意义进行阐发，认为桂学研究具有开放性、综合性、民族性、创造性和传承性特点。潘琦旗帜鲜明的主张，引发了与会专家学者极大兴趣与关注，也引发了热烈讨论及其不同意见的争论。张家璠认为，把桂学作为专用名词，只是学科概念，如果是一门学科，对象要十分明确，思考桂学，以学科研究为对象，要有准确的把握。王枬认为，广西本土文化汇集在一起，走向全国非常有意义，在一个大框架下形成独具特色的概念，从性质上还需要充分论证。总之，创意很好，概念需要进一步推敲。张葆全认为，广西要有文化上的自信心，不要笼统说广西文化落后。梁启超曾说，两广在唐代以前对中国的影响不大，但宋代以后对中国的影响很大。康有为来桂林讲过学。近代以来，广西在全国的影响也很大。② 从专家学者各抒己见的热烈讨论看，尽管见仁见智、众说纷纭，发表了各自不同的观点与认识，但殊途同归的是大家都表现出对桂学研究的浓厚兴趣和热烈关注，形成了桂学研究学术研讨的开放性、多元性、交流性风气，为桂学研究打下了良好基础。关于桂学的持续讨论与研究，吸引了更多的专家学者参与，也更多地通过论文发表等方式表达各自观点和认识。

从2009年开始，《广西教育学院学报》率先开辟“桂学研究瞭望”专题栏目，其后，广西各报刊、广西电视台、广西电台、广西各高校学报也相继开辟桂学研究及其相关研究专栏和专题，推动桂学研究不断拓展与深化。2010年，潘琦主编《桂学序论》一书由广西师范大学出版社出版，汇集桂学讨论及其桂学研究论文20多篇，“这是第一本关于桂学和桂学研究的书，带有‘开荒’的性质，填补了广西文化发展史上这一空白”③，在学界产生重大影响。该书为“桂学文库”出版的首部著作，可谓桂学讨论与研究成果汇编，集中反映出桂学研究现状及其桂学讨论的大体面貌。

其二，“桂学”之“桂”的对象范围界限。“桂”以确定其广西行政区域的地理空间及其文化空间范围。广西历代简称为“桂”，从秦始皇统一岭南设置南海、桂林、象郡始，广西与“桂”联为一体，此后历代广西首府桂林或称桂州，都离

① 唐春烨：《首次桂学研究专家座谈会综述》，载《广西教育学院学报》，2009(6)。

② 唐春烨：《首次桂学研究专家座谈会综述》，载《广西教育学院学报》，2009(6)。

③ 潘琦：《桂学序论·前言》，《桂学序论》，桂林：广西师范大学出版社，2010年，第3页。

不开“桂”,广西也就称为“桂”或“八桂”。从“桂学”概念的含义及其内涵外延角度阐释桂学研究对象,则存在一些分歧。一种意见认为是指古代桂林、始安、桂州所称谓的作为广西历史上政治、经济、文化、教育中心的桂林,“桂学”即桂林之学;另一种意见认为是指包括桂林在内的整个广西,“桂学”即广西之学;再一种意见认为可作狭义与广义的分别理解,狭义指桂林学,广义指广西学。潘琦明确主张对于“桂学”概念理解应该具有开放性、包容性和整体性,他认为桂学研究对象范围不应该局限于桂林,而应该是包括桂林在内、以桂林为重点的广西地域空间范围。“桂林文化是桂学研究的重点,但桂学不是单纯地研究桂林文化,一定要避免狭隘的观念”;桂学是“以广西社会、经济、文化、艺术、科技、工艺等为研究对象,具有岭南特色的一种理念、理论、学说的总和。‘桂学’是一个地域性的广义文化概念,是一种能正确地、合理地呈现社会、历史、文化和现实、现代、现代文化的系统知识的学问、学理和学说,是广西文化的名片。广西人在广西本土创造的学说,广西人在区外创造的学说,外省籍人在广西创立的学术思想、学术成果,都属于桂学的研究范畴”①。吕余生认为:“桂学是广西学术文化的总称,它概括和研究的对象是整个广西文化及其发生发展规律的学说。”②李建平则主张“桂学”概念可以分为狭义和广义,他认为:“狭义是桂林学,广义是广西学……桂学可以是研究桂林的一门学问,也可以是研究广西的一门学问,我们可以在不同学术场景中使用。”③黄健亦认为:“广义的桂学是指中外学者对广西社会、历史、人物等各方面进行系统研究的一门学科,包括人文学科、社会科学、部分自然科学、现代化进程。狭义的桂学是指以广西的文化为对象,进行历史性、现实性和整体性的系统研究的综合性学科。它只涉及广西的历史、文化、哲学、宗教、语言、文字、民俗和文学艺术等部分人文学科和社会科学。”④胡大雷则从历史时限界定视角提出桂学概念可分狭义、中义和广义:“狭义‘桂学’概念,发端于宋代广西之正式命名,确立于宋元时期一系列对广西地域的研究论著……中义的‘桂学’概念,有标志性的即指渊源于汉代陈钦、士燮的经学,苍梧牟子的佛学,以及酝酿形成于宋的广西地域之学,成熟并显赫成名于清季的王鹏运、况周颐的文学之学……广义的‘桂学’概念即‘大桂学’,指的是渊源于旧石器时代晚期的‘柳江人’的古代百越、萌发于汉而自宋以来渐渐兴盛繁荣并绵延泽惠于现当代的广西学术思想传统与人文精神传统,也涵盖有

---

① 潘琦:《关于桂学研究若干问题的思考》,载《广西教育学院学报》,2009(6)。

② 吕余生:《谈谈桂学研究》,载《广西教育学院学报》,2009(6)。

③ 李建平:《桂学溯源与界定初探》,载《广西教育学院学报》,2010(1)。

④ 黄健:《桂学——一个时代的学术话题》,潘琦主编:《桂学序论》,桂林:广西师范大学出版社,2010年,第28页。

特色的自然科学传统。"①综合以上不同意见,其实具备许多共同点,殊途同归的是无论狭义、中义还是广义,"桂"作为广西从古至今的简称,"桂学"之"桂"理应与之对应。或者说可将桂学研究对象视为一个涵盖狭义、中义、广义的层次结构系统,既构成广西区域空间结构性与综合性的序列范围,又构成广西历代发展阶段性与整体性的时序范围。

值得重视和深入探讨的是,还有不少学者认为桂学研究对象的区域文化地理空间范围应该立足广西,面向全国、面向世界,充分考虑到广西沿边沿海沿江的区位特点、历代行政区域划分沿革、人口迁徙、多民族聚居、各种文化融合,以及跨境、跨界、跨区域交往交流等现象,应该将其也纳入桂学研究对象范围,扩展桂学研究视野与视角。广西文化地理空间的区域与跨区域范围涵盖内容还应包括:一方面是省际交界构成的区域与跨区域文化形态,如历史形成的"百越""越族""南越""岭南""岭西""粤西"等跨区域历史文化,省际交界构成的粤桂、湘桂、黔桂、滇桂等跨区域文化,以及泛珠江流域、泛北部湾地区、南海地区、湘漓流域等跨区域文化;另一方面是跨境及其边境交界构成的文化现象,广西与越南及其东南亚地区的跨境文化现象,以及广西处于中国—东盟自由贸易区前沿位置、广西北部湾成为西南出海大通道,均将广西区域位置上升到国家战略及其国际战略地位,广西区域文化具有区域性与国际性交汇特点;再一方面是广西因毗邻港澳,以及在台桂籍台胞较多的缘故,桂港、桂澳、桂台交往范围扩大;此外,广西是客家聚居的重要地区,还是仅次于广东、福建的第三大侨乡,从而也会扩大桂学研究对象范围。由此证明,桂学研究对象既需要科学界定及其范围的相对限定,又需要具有开放性、包容性与灵活性。

二、桂学学脉文脉传统及其学术精神

桂学研究在厘清"桂学"概念的含义及其研究对象范围基础上,必须进一步追根溯源理清桂学的学脉、文脉及其文化传统,探究其文化渊源及其学缘关系,认清其学术肌理与知识谱系,提供桂学研究的学理依据,以利于更好传承弘扬桂学的学术传统和学术精神。为此,专家学者进行了更为深入的讨论。

其一,"桂学"概念源头及其渊源关系。"桂学"概念的提出并非空穴来风,也并非仅仅是时势造就结果,而是有其发生根源及其渊源传统的。从目前所掌握的文献资料看,最早提出"桂学"这一概念的是清末著名学者及其维新变法领袖康有为。李建平指出:"在100多年前的晚清时期,当时的风云人物康有为已

---

① 胡大雷:《桂学传统与广西精神》,载《广西师范大学学报》,2011(5)。

提出‘桂学’一词。那是1894年冬至1895年春，康有为来桂林讲学，居住于桂林叠彩山，在当时所作的《桂学答问》和《桂学答问序》篇名上醒目提出的。细读《桂学答问序》全文，不见有关桂学的任何定义，甚至没有关于桂学的只言片语。”确实，康有为篇名所使用的“桂学”一词原指在桂讲学之义，其讲学之“学”主要是孔学、儒学、经学及其读书方法内容，其中自然也包含康有为维新变法的新学思想。从这一角度看，康有为来桂讲学，确实含有宣传新学之意。由此可见，康有为所提“桂学”并非桂林之学或桂地之学含义。李建平则认为：“在《桂学答问序》里，可以发现蛛丝马迹。该文记叙写作《桂学答问》的缘由。起首一句，康有为就写‘桂山书院’，接着描述了书院悬挂的一块同治皇帝所赐的‘经明行修’匾额，又记叙了书院乃广西巡抚刘长佑和布政使康国器所建的历史。这康国器，正是康有为的叔祖。有此观感，康有为深有感慨：‘先帝教诲桂人士，训词深厚，先公教惠桂人士，手泽浓渥若此哉！’紧接着感慨之后的一句论断，值得我们重视了：‘于今二十年，桂士彬彬，其举人在今皇帝时再魁天下，而创作桂山书院以教惠之者，宜不能忘也。’这短短的40余字，包含三层意思：一是广西教育有成效；二是广西有人才，且‘魁天下’；三是要总结这段历史和这个经验，‘不能忘’。”“所以，笔者认为，康有为这里所说的桂学，并非与今天的桂学毫无关系，可以认定为桂学的源头，在100多年前就已存在。”①这一观点言之成理，论之有据，得到专家学者普遍认同。尽管康有为所提“桂学”含义与当今作为广西地方之学的“桂学”有所不同，但从其对广西文化教育业绩的称赞来看，“却不经意间透露出广西特别是桂林有着深厚的文化传统，而且在某个时期往往能得风气之先”②，包含有桂地之学兴盛之义。由此，以之作为“桂学”概念源头理所当然。当今潘琦等所提出“桂学”概念，显然含有更为深广的含义与丰富内容及其现代观念与时代意识，当然也是广西历史文化传统积淀厚积薄发的产物，更是广西文化学术发展的必然结果，古之“桂学”与今之“桂学”具有一脉相承的渊源关系。同时，通过学界持续不断的桂学研究及其讨论，“桂学”含义及其内涵外延仍然在建构及完善与丰富过程中。

其二，桂学的学脉、文脉及其文化传统。关于桂学研究对象及其内容范围的讨论自然就会涉及地方文化史与学术史，探讨桂学的学脉、文脉传统成为一个重要热点。换言之，桂学文脉渊源并非止于康有为提出“桂学”概念，而从“桂士彬彬”“再魁天下”追溯广西历史文化学术发展渊源。韦苏文认为应该“寻找桂学文脉的更远点”，可着重“从古代典籍文献中钩沉”“从民间文化中捕捉”

---

① 李建平：《桂学溯源与界定初探》，载《广西教育学院学报》，2010(1)。

② 《“桂学研究与广西文化发展”笔谈》，“编著按”，载《广西师范大学学报》，2011(5)。

“从文物考古中挖掘”“从收藏品中去追寻”①等多渠道追根溯源。早在先秦文献典籍以及《史记》中就有关于“百越”“南瓯”“西瓯”“骆越”等史料记载；壮族史诗《布洛陀》、瑶族史诗《密洛陀》以及桂林山水神话、刘三姐民间传说从古至今传承传播；考古发现百色古人类遗址证明距今 80 万年前广西就有古人类活动遗迹；集中代表古越族文化的铜鼓收藏广西为全国之最，也是世界之最。过竹《桂学的文化根脉》提出“石器：桂学文化根脉的最初形态”“图腾与信仰：桂学文化根脉的活化石”“铜鼓：桂学文化根脉的器物载体”“花山：桂学文化根脉的历史积淀”“且歌且谣：桂学文化根脉的乡土韵律”“融合、重组与再生：桂学未来的发展取向”②等视角，探寻桂学学术根脉所依存的文化符号标志物，厘清桂学的学脉、文脉所在，以及桂学与广西历史文化传统一脉相承的学缘关系。为此，容本镇认为：“对广西历史文化资源进行广泛而深入的考察、梳理和调研，追根溯源，摸清家底，是创立桂学、开展桂学研究的一项非常重要的基础性工作。”③只有在深度发掘利用广西历史文化资源基础上，才能更好夯实桂学的学源、学缘、学脉基础，提供桂学研究的学理性依据。

其三，桂学的学术传统与学术精神。桂学学术传统体现在历代广西学人和旅桂学人及其研究所确立的学术取向与学术风格上，形成“桂士彬彬”的学术传统和学术精神。张利群从根、本、魂视角讨论了桂学研究的传统与现实精神，认为：桂学研究需要“寻根”。所谓“根”，指桂学立足之根，当然指桂学学术传统，包括广西历史文化传统、广西民族文化传统、广西民间文化传统等文、史、哲的人文传统；“固本”，所谓“本”，指桂学立身之本，即指桂学作为地方之学的本土资源和本土对象范围；“树魂”，所谓“魂”，指桂学精神魂魄。“魂”一方面指广西文化精神与人文精神是桂学树魂的基础；另一方面指桂学的学术精神和研究宗旨④，以桂学的根、本、魂确立桂学研究的核心价值取向。胡大雷列举粤西士人事迹资料后证明：“以上所述士人，有原籍粤西而土生土长的，他们的事迹或心理，有着根深蒂固的粤西文化精神；又有外籍人士远赴粤西任职为宦的，他们在粤西的事迹或心理，是与粤西这片土地紧密相关的。以上所述粤西士人的文化精神，是与粤西地域特点紧密相连者，是与地域相关的文化精神之个性，可显

---

① 韦苏文：《寻找桂学文脉的更远点》，载《广西教育学院学报》，2010(3)。

② 过竹：《桂学的文化根脉》，载《广西教育学院学报》，2010(2)。

③ 容本镇：《加大桂学研究力度，推动桂学快速发展——2012 年桂学研究与发展概述》，载《广西教育学院学报》，2013(3)。

④ 张利群：《试析桂学研究的学理依据及其学术机理》，载《广西教育学院学报》，2010(1)。

示粤西文化的特殊性。”[①]潘琦指出:“长期以来,广西被误称为‘南蛮之地’,其文化为世人所忽略。今天,我们开展桂学研究,可以激发世人对广西这片土地及其所孕育的文化和精神产生兴趣,使之在理论上得到确认,在研究上得到重视,纳入中国区域文化研究范畴,重树广西人的文化自信。”[②]过伟认为:“桂学研究的意义,首先为广西的建设与发展提供学术支持;第二,为建设富裕文明和谐新广西提供理论支持;第三,为广西‘十二五规划’提供建设性意见。所以,‘桂学’研究具有理论性、现实性、实践性。实践中提炼理论,以理论指导实践,乃实践—理论—实践之学。”[③]黄健认为:“要通过开展‘桂学’研究弘扬广西的历史文化,使广西各族人民重新认识自我,实现文化自觉,从而增进民族团结,提高民族凝聚力。”[④]陈雄章提出“桂学是改变广西群体文化形象的重要学术诉求”,则从文化反思和自我内省的视角,桂学研究需要在寻根中改变广西被称为“南蛮地区”的历史偏见和“老少边山穷”形象,更需要通过桂学研究以高度的文化自觉与文化自信构建广西新形象。他提出:“形象在传播中塑造,符号在历史中固化,精神在岁月中沉淀。今天的广西,需要让影响广西的旧文化符号、文化形象从骨髓中抹去,让全新的广西群体人文形象在世人面前熠熠生辉。但是,从文化符号到精神枷锁的剖析尚未清算,导致我们无法寻找到真正代表广西的全新文化符号,我们需要寻根,更需要除根!或许这才是桂学存在的真正依据及其重要人文责任所在。”[⑤]这些讨论不仅从学术研究价值取向角度阐发了桂学的学术传统与学术精神,而且也从古为今用、推陈出新、传承创新的角度阐发了桂学研究的学术自觉与文化反思精神。

综上所述,可以得出三点共识:一是尽管康有为所提“桂学”与当今所提“桂学”含义有所不同,但具有内在逻辑关联及其渊源关系,两者在学术精神上一脉相承;二是桂学具有源远流长的学脉、文脉与学源、学缘传统及其文化传统,是历代广西学人及其旅桂学人学术精神传承与弘扬的结果;三是桂学研究既需要文化自觉与文化自信精神,也需要观念变革与文化反思精神,抓住传统与现实的衔接点和突破口,推进桂学研究创新发展。

---

① 胡大雷:《粤西士人的文化精神刍议》,潘琦主编《桂学序论》,桂林:广西师范大学出版社,2010年,第163页。

② 潘琦:《桂学:广西文化发展的创新事业》,载《广西教育学院学报》,2011(1)。

③ 过伟:《加强桂学研究 建设富裕文明和谐新广西》,载《广西教育学院学报》,2010(5)。

④ 黄健:《桂学——一个时代的学术话题》,载《广西教育学院学报》,2010(4)。

⑤ 陈雄章:《桂学是改变广西群体文化形象的重要学术诉求》,载《广西师范大学学报》,2011(5)。

三、桂学性质特征及其学科定位

桂学研究与广西文化研究究竟有何区别,桂学提出究竟有何观念更新与理论创新价值,桂学性质特征究竟何在,诸如此类的问题,既是时常萦绕在专家学者脑海中反复思考的问题,也是不同意见交锋碰撞的讨论焦点。这些思考与讨论的核心其实就是对桂学之“学”的认识与理解,集中表现在桂学的学科、学问、学术、学说、学派等问题的讨论上。

其一,桂学的学科性质及其定位。尽管学科概念及其学科划分是近现代以来知识体系化与教育学科化的产物,但并不意味着古代传统学科就不存在,诸如文史哲、数理化的传统分科,汉代开始分文学、经学、玄学、史学四科。总体而论,古代分科并不像近现代学科那样严密,具有综合性、交叉性、模糊性、笼统性等特征。现代学科关键在于将知识体系化、系统化、理论化、专业化,构建起严密且独立的学科体系,并形成严格的学科界限和壁垒。当代学科发展呈现两种趋向,一是因为大工业生产分工需要、新生事物产生与人类认知需求,学科分类愈来愈精细化,分支学科、新兴学科越来越多;二是为便于更为深化、拓展研究视角和视野,整合学科资源,形成多学科、多角度、多层次的立体和整体研究方向,学科发展愈来愈综合化,跨学科、交叉学科、多学科综合研究成为学科发展趋势。基于传统学科与现代学科共同发展、学科分类需要与综合学科发展趋势的背景和语境,桂学作为学科的依据及其基础条件均已具备,关键在于如何厘清其性质特征及定位。

判断一个学科是否成立,必须具备三个基本要件,即学科对象及其研究范围、知识体系及其谱系、性质特征与功能定位。也就是说,桂学作为学科必须具备一定的学科基础与条件,具备称之为学科的合理性与学理性,符合科学共同体与学术共同体规则,简而言之就一个字“学”。学科之“学”与学问、学术、学说、学派、学脉、学缘密切相关,但有所区别,学科概念可以涵盖这些“学”之要素。潘琦在《桂学序论》的“前言”中明确提出:“桂学是以广西文化为研究对象的一门学理、学科。”①明确了桂学作为学科及其学科对象与研究范围。陈洛认为:“桂学是广西学的简称,是正在孕育、需要各路各派的众多学者来共同支撑的一个庞大的体系,它是指以广西社会、经济、文化、思想、艺术、科技、体育、旅游、民俗民风为研究对象,具有广西特色的一种理念和学说的总称。”②陈学璞《桂学的学科性质》一文从学科性质厘定的角度,分别从“认识桂学学科性质的理论依据”“认识桂学学科性质的实践依据”“桂学学科性质的认定和一般表

---

① 潘琦主编:《桂学序论》,“前言”,桂林:广西师范大学出版社,2010年,第2页。

② 陈洛:《桂学研究价值始论》,《桂学序论》,桂林:广西师范大学出版社,2010年,第83~84页。

述”三方面论证了桂学学科形成的合理性与必然性。他首先从学科构成的基本要素——学科对象认定角度确立桂学学科的独立性，他认为：“桂学作为一门学科有特殊性质，桂学区别于其他学科本质上的界限，主要是由桂学的研究对象的特殊性规定的。桂学的学科对象，主要是广西独特的区域地理、历史文化、中华民族文化与广西文化的历史渊源，中华文化、汉文化对广西民族文化的巨大影响和推动作用，重点是研究桂人，研究桂人的生理、心理、特殊性格和精神面貌。”继而，认定了桂学学科形成的基础条件所构成的必然性：“广西历史上并没有形成作为学科的桂学概念。但是，桂学研究的实践早已客观存在，与桂学相关的活动一直是广西学术发展史的重要内容。广西历史文化的一系列研究成果、各学科的许多建树，为桂学学科概念的形成提供了坚实的实践条件。”最后，在理论论证与实践依据基础上，他总结概括出桂学学科性质：“我们可以这样认定桂学的学科性质，桂学是社会科学与人文科学，并且是与自然科学交叉的大学科；桂学涉及文、史、哲传统学科和人类学、民族学、心理学、预测学、统计学、行为学等现代学科的跨学科；桂学是中华民族优秀文化在广西传承的‘桂学科’，它包括儒道释的汉文化，特别是儒学经史子集的精华，以及中华民族中其他少数民族进步文化，如何被桂人吸收，而嬗变成桂文化的一部分；桂学是扎根八桂大地、诞生兴起于广西地区的有鲜明的地域特性特点的地方学学科。”①概括这些观点，可以获得三点认识：一是桂学作为学科具备一定的学科基本要件，具有学科形成的合理性与必然性；二是桂学学科属于地方学学科类型，与湘学、楚学、徽学等省学的地方学学科属同一类型；三是桂学学科性质及其定位为人文社会科学的综合性学科或学科群。

其二，桂学特征及其研究特色。近年来关于桂学特征的讨论其实大都围绕的是研究对象特征展开，这也是理所当然的，研究对象特征必然影响和涉及学科特征及其学科研究特色，或者说为学科特征及其学科研究特色的形成打下基础，从中也能够认识把握学科特征及其学科研究特色。此外，因为在各自表述中“桂学”与“桂学研究”并未严格区分，两者能否画等号，抑或认为无需纠缠于文字游戏，见仁见智，各据其理，故而往往将对象特征置换为学科特征及其学科研究特点。尽管如此，这对于认识理解桂学特征抑或桂学研究特征并无大碍，彼此都有紧密联系和内在逻辑关系。关于桂学特征及其研究特色讨论从桂学学科特征视角主要有三个观测点：一是桂学的地方学学科特征。所谓地方学自然是立足于一定的地理空间范围的地方之学，自然地理与人文地理的地域特色无疑影响到地方学。广西是一个沿边、沿海、沿江的南方少数民族自治区，具有

① 陈学璞：《桂学的学科性质》，载《广西教育学院学报》，2012(5)。

资源丰富、生态和谐、历史悠久、文化融合、民族和睦等特点。由此,潘琦认为“桂学具有综合性、民族性、创新性、传承性和包容性”①的特点。陈学璞指出:“桂学从诞生之日起,就显示了与其他不同的特殊性,正是以其与众不同的独特魅力,在祖国的南方顺势而起,放射出色彩斑斓的光芒。桂学的学科特色,概括起来,主要是地域性特色,历史文化特色,文化资源丰富性多样性特色,优长学科特色,等等。”②江建文认为,桂学研究应该更多地重视地域自然环境、江河湖海流域对文化学术的影响,水域文化、海洋文化形成地域文化的鲜明特色,他举“广西西江流域文化与桂学研究”为例以说明广西文化研究与桂学研究的关系,认为“广西西江流域诞生的史前文明,是八桂文化的源头和重要的组成部分。离开对西江流域文化的研究,八桂文化的研究无法顺利进行”③,桂学研究当然也无从谈起。陈学璞从“特色优长学科视角”考虑桂学特色及其研究优势,他列举了“广西地域与民族文化研究”“广西民族民间文化研究”“广西文学史研究”“桂林抗战文化研究”“刘三姐文化现象研究”“广西汉语方言和少数民族语言文字研究”“太平天国史研究”“中法战争史研究”“桂系史研究”“广西方志理论研究”“广西考古研究”④等 11 个广西特色优长学科,以说明广西地方研究的学科特色和优势,给予桂学特征及桂学研究特点的探讨以启发。由此可见,桂学作为地方学学科表现为地方性、区域性、民族性特征。二是桂学的学科群特征。桂学提出之前,广西地方历史文化研究,均依托于学科分门别类地对广西地方史、文学、艺术、民族、民俗、文化、社会、宗教、教育等进行学科研究,为桂学夯实学科群基础,形成地方性学科特色。桂学既是在这些地方性学科研究基础上水到渠成的结果,同时,又是汇集和聚合广西地方研究的各学科平台,由此构成桂学学科群,呈现出桂学学科群的多样性、丰富性、专业性特征。三是桂学综合学科及其跨学科特征。桂学作为地方学学科,带有鲜明的综合学科特点,因此其综合性特征鲜明突出。桂学学科综合性特征一方面表现在传统学科与新兴学科、基础学科与应用学科、主干学科与分支学科结合的多学科协作、协同及其综合研究上;另一方面表现在跨学科整合团队、资源、人才及其集成研究与整体研究上。张利群认为:“桂学的学科定位及其学科研究的视角是不言而喻的。桂学作为广西地方学术与学问的总称以及研究对象的地方性资源范围,其实也就

---

① 潘琦:《关于桂学研究若干问题的思考》,载《广西教育学院学报》,2009(6)。

② 陈学璞:《桂学学科的地域性特色》,载《广西教育学院学报》,2013 年(1)。

③ 江建文:《广西西江流域文化与桂学研究》,《桂学序论》,桂林:广西师范大学出版社,2010 年,第 38 页。

④ 陈学璞:《桂学研究的特色优长学科视角》,《桂学序论》,桂林:广西师范大学出版社,2010 年,第 52 页

确定其包含不同学科的综合性学科性质。从学科研究角度而言，桂学学科方法论就具有分支学科方法论与综合性学科方法论特征，也形成学科研究与跨学科研究结合的特点。"[①]李建平提出："桂学研究应该是或者说主要是那些整体性研究、宏观性研究、系统性研究、规律性研究、基础性研究的成果。"郑超雄认为："桂学是地域性学术研究的综合体，它是由各个学科的学术研究成果整合组成。一个地域有不同的知识群，各自领域的研究者都要熟悉掌握专门的知识和技能，研究出有地域特色并且可与外界对话的成果，再由这些成果构筑成'桂学大厦'。"[②]这些讨论糅合对象特征、桂学特征及桂学学科特征进行讨论，尽管并非严密和细致，但可窥其大概，作为深化研究之参考借鉴。

其三，"桂学"之"学"的逻辑构成。"学"以确定"桂"之地的广西文化研究的地方学学科视角、学问知识、学术取向和学派特征。大凡冠之以"学"为名的概念范畴往往均与学科、学问、学说、学术、学派，以及理论、知识、研究相关，诸如湘学、楚学、徽学、藏学等，文化学、社会学、人类学、历史学等，儒学、理学、经学、子学等，诗学、词学、曲学、小说学等。所谓桂学，当然相对于各省地方学的湘学、楚学、徽学等而提出，以指称广西地方学之学科、学问、学说、学术、学派。

"桂学"之学除其作为地方学学科内涵外，还具有学术、学问、学说、学派等内涵构成及其外延系统，但也有认识与理解上的不同意见。一种意见认为桂学之学乃纯学术，主要指文史哲及其经史子集的学术范围，重点在传统学科的学术研究与传统学术的国学及其文献典籍研究，与广西文化研究有所区别，不能将桂学研究简单等同于广西文化研究；另一种意见认为桂学之学包括广西学术文化，既表明学术与文化并列，又表明学术研究与文化研究渗透融合，还表明学术研究作为文化研究的方法、视角和取向，或曰广西文化研究的学术取向，或曰在广西文化研究基础上的学术研究；再一种意见认为桂学之学含义应该更为宽阔与开放，其内涵为学术，外延为文化，而文化为广义而非狭义，包括物质文化、精神文化、制度文化、行为文化、社会生活文化。潘琦认为："从广义上说，桂学是关于广西文化的学术总称；从狭义上说，桂学指的是在人文学科领域内，以广西文化为研究对象的多种研究行为成果，同时亦包含广西及与广西有关的学人的多种人文研究成果及行为。"[③]张利群认为："凡冠以'学'者大都与学术、学问、学派、学科相关联，桂学顾名思义当然所指为桂地之学，即简称为'桂'的广西地方之学术。"[④]陈学璞认为："桂学以广西文化为研究对象，但又不同于广西

---

① 张利群：《桂学研究方法论初探》，载《广西教育学院学报》，2012(3)。

② 郑超雄：《人文桂学的发展历程》，载《广西教育学院学报》，2010(4)。

③ 潘琦：《关于桂学研究若干问题的思考》，载《广西教育学院学报》，2009(6)。

④ 张利群：《试析桂学研究的学理依据及其学术机理》，载《广西教育学院学报》，2010(1)。

文化,不是一个地域文化的概念,它的涵盖面比广西地域文化还要广阔。桂学不仅仅包含以广西文化为研究对象的多种的大量的研究行为和学术成果,即物的果实,而且包含广西本土学人以及与广西有关系的外来学人的研究行踪和学术成就,即人的果实。”①王朝元认为:“桂学理论则要继承和发展‘八桂文化’对广西历史、社会经济、文化科技和重要人物进行全面总结的成果,成为博大精深、绚烂多姿的国学中的一个重要流派。两者之间的辩证关系是:‘八桂文化’是桂学的重要内容和基本来源,桂学则是‘八桂文化’的高度概括和理论总结。”②莫道才指出:“我以为桂学研究虽然既是纯学术的研究,也是解决现实问题的研究。但首先是纯学术的研究,也就是说是学院派的纯学术研究。称其纯学术研究是就其研究方法和学术规范而言,必须言之有据,言之有物,操作规范。”③黄伟林认为:“桂学的‘学’,则涵义多元:在对象层面,它指的是文化;在行为层面,它指的是研究;在形态层面,它指的是学问、学术;在价值层面,它指的是学理;在目标层面,它指的是学说。”④李建平、莫道才等还将桂学与广西文化、桂学与壮学、桂学与八桂文化、桂学与广西学等做了辨析廓清,以凸显桂学特点及其内涵外延界定。这些讨论意见可以概括为三点基本认识:一是桂学之“学”是区别于广西文化研究的关键所在,立足于“学”而构成地方学学科性质及其学术研究指向;二是通过地方学学科研究,将学术、学问、学说、学派、学人等构成“桂”之“学”结构系统;三是以“学”确立桂学研究宗旨及其学术价值取向。

纵观近年来桂学理论研究现状,总体而论,可以概括为三句话:一是奠定了桂学研究的学科基础和理论基础,为桂学研究创造了良好环境与基础条件;二是取得了一定的理论研究成果,理论建设与学科建设初见成效,形成桂学学科及其理论研究良好的发展势头,在学界发挥出明显的影响力、辐射力和传播力;三是从桂学提出到桂学崛起,理论问题探索与基础理论研究并进,成为桂学研究的先锋与旗帜,推动桂学研究深化发展。

在此基础上桂学理论研究呈现出三个突出特点:一是百花齐放、百家争鸣、思想解放、民主多元的开放性;二是勇于探索、大胆创新、求真务实、理论构建的开拓性;三是跨学科综合、资源整合、团队协同、集聚合力的开创性。

通过这场关于桂学的大讨论获得三点启发和收获:一是通过学术争鸣和探讨,将有所争议的问题逐步理清与澄清,使概念越辩越明确,道理越辩越明白,

---

① 陈学璞:《桂学的学科性质》,载《广西教育学院学报》,2012(5)。

② 王朝元:《桂学研究需建立在扎实的理论基础之上》,载《广西师范大学学报》,2011(5)。

③ 莫道才:《桂学研究与广西文化软实力的提升》,载《广西师范大学学报》,2011(5)。

④ 黄伟林:《桂学研究的目标、途径与价值》,载《广西师范大学学报》,2011(5)。

思路越辩越清晰,达到求同存异、殊途同归的效果;二是理论认识和研究水平逐步提高和深化,广西学界及其学人以高度的文化自觉与文化自信不断增强学术自觉与学术自信;三是形成学科整合、资源共享,优势互补、协同创新的基本格局和态势,为桂学研究创新发展开辟路径。基于以上综述和评价,可以认定桂学研究具备坚实雄厚的理论基础与学科条件,桂学跨越发展和可持续发展有了一个更高的起点。

文化差异与文化融合*

——桂学理论视域的民族文化关系思考

莫道才*

[内容提要]　文化差异与文化融合是民族发展中的重要命题。桂学研究就是要发掘文化的差异基因与融合的基因，促进广西民族文化的发展，促进广西的文明与进步。由于地域环境的差异性、民族构成的族群多样性、经济发展的不平衡性、文化认知的多样性以及文化传统的多元化，形成了民族文化与民族传统的差异。而求同存异是中国民族文化差异与融合的相处之道。

[关键词]　文化差异　文化融合　桂学　民族文化关系

桂学研究首先要确立正确的文化理念。区域文化研究的目的是要了解文化间的差异，促进文化间的融合。因为有差异，所以有不同。因为有不同，所以需要互相了解。因为有了了解，才有了融合的基础。文明的进步就是在融合中的发展，在发展中融合，在融合中进步。桂学研究就是要发掘文化的差异基因与融合的基因，促进广西民族文化的发展，促进广西的文明与进步。

文化差异与文化融合是民族发展中的重要命题。这个命题的解决就是要"求同存异"，也就是寻求文化的共同点，保留文化的差异。这种差异有时就是魅力。所谓"越是民族的才越是世界的"就是这个道理。"求同存异"并非古已有之的词语，而是周恩来 1955 年 4 月在亚非万隆会议上提出的外交方针。万隆会议是由印度、印度尼西亚、巴基斯坦、缅甸和斯里兰卡（旧称锡兰）五国发起的、有 29 个亚非国家参加的国际会议。当时参加会议的亚非国家都存在着不同的思想意识形态和社会制度，但也有共同之处，那就是都遭受过殖民主义带来的灾难，有求同的基础。因此，周恩来在会上明确表明，"中国代表团是来求同而不是来立异的"，虽然各个国家有一些不同意见，但是"不妨碍我们求同和团结"，"我们的会议应该求同而存异"。周恩来所说的"求同存异"的"同"指的

---

* 本文受广西特聘专家岗资助、广西社科基金项目"广西少数民族的国家认同意识形成的历史文化机制"、广西文科中心"广西生态文明建设与民族文化资源保护利用"项目资助。

* 莫道才（1962~），男，广西恭城瑶族自治县人，瑶族。现为广西师范大学文学院教授，博士生导师，广西文科中心广西生态文明建设与民族文化资源保护利用首席专家。

是亚非国家都有维护和平的共同任务，即摆脱殖民统治、实现民族独立、发展自己的任务。而这个“异”指的是当时各个国家制度、政治制度和文化传统有所差异。1965 年 3 月 23 日的《人民日报》说：“共同点是基本的，分歧是局部的，可以求同存异。”这是“求同存异”合用的明确出处。1972 年田中角荣访华时提出中日双方应“求同舍异”，周总理纠正说应“求同存异”。今天，“求同存异”的观念早已不只是外交的领域了，还影响了我们工作与生活的态度，是今天处理很多人际之间、族群之间、民族之间行为的一种方式和原则。这是因为“求同存异”具有中国文化和合精神的内涵。其合理内核的影响越来越大。这对于今天我们研究桂学也有重要的意义。

一、求同存异是包容民族文化差异与寻求文化融合的相处之道

文化差异是文化沟通的误读误解的原因，了解文化差异、理解文化差异、包容文化差异是促进文化融合的积极态度。这种态度就是要在族群沟通中寻求“求同存异”。“求同存异”虽然并非古代先贤提出来的，但是中国古代早有“大同小异”之说。《庄子》杂篇《天下》第三十三云：“大同而与小同异，此之谓小同异；万物毕同毕异，此之谓大同异。”虽然这里“大同而与小同异”与今天的“大同小异”涵义不同，但说明古代先贤是注意到“同”与“异”的辩证关系的。孔子也有类似的论述，《论语·子路》记录了孔子的话：“君子和而不同，小人同而不和。”但是，孔夫子是在论述君子与小人的交往之道。“和而不同”是孔子的重要思想。强调“和”是目的，“不同”即是“异”。以“和为贵”体现了中国文化和谐相处的文化精神。

“求同存异”体现了中国文化追求“一统”但允许保留“差异”的观念，中国历史的发展证明了这一点。人类学家费孝通先生指出，中国文化是多元一体的多民族文化，而这正是“求同存异”的和谐文化精神的体现。中华民族是包含了 56 个民族的大家庭。广阔的国土，差异极大的自然环境，造成了差异极大的生态环境和经济环境，由此产生的文化来源和文化生态的多样性，必然不可能有完全一致的政治生态和文化生态。所以，古代既有“率土之滨，莫非王土”的“同”，也有“十里不同风，百里不同俗”“入乡随俗”的“异”。汉代以后，对于边疆地区和少数民族地区采取羁縻政策，在认可中央政府和国家统一的基础上实行中央政府任命下的自我自治管理，以及现在实行在国家统一原则上的中央政府管理下的民族区域自治，都是基于“求同存异”的和谐文化精神的传承。

秦王朝统一中国有功，统一文字、统一度量衡有功，然而在文化上不允许来自各国的知识分子存在思想的“异”，为了思想的统一而焚书坑儒，这也导致了

国人最终的叛离反抗。正如杜牧《阿房宫赋》结尾所言："族秦者秦也，非天下也。"治军可以军令如山，统一行事，不容有异。然而，治国则需要包容天下之心，所谓有容乃大。汉朝独尊儒术有助于国家的思想定于一尊，但是无助于文化的多样化繁荣。而唐代文化的兴盛源于对求同存异的和谐精神的恰当把握，各种文化思潮可以自由发展，每个文化人可以自由的表达和选择。中国古代文化的兴盛均得益于这种和谐精神。历史的经验教训告诉我们，过于强调"同"禁止"异"会适得其反，使得"异"走向对立，最终也丧失了"同"。"求同存异"追求的是原则的"同"，保留个别的"异"，大方向的"同"，具体方式的"异"。从汉代独尊儒术到唐代三教共存说明，国家统一需要共同的思想，而国家的文化繁荣则需要文化的个性的张扬来实现，文化差异与文化融合是命运的共同体。

广西提出的桂学研究，不是研究行政范畴的广西，而是研究中国文化版图中作为西南沿海、沿边文化区域的具有独特文化生态的广西。就是要在发掘广西的文化独特性的同时，寻求与中华文化的一致性。桂学研究是要从广西地域文化与中华文化的整体比较中发现广西文化的差异之美和独特魅力。

二、"求同存异"的民族文化关系产生的原因

"生存在不同环境的人，创造了自己的文化；凭借这种文化，他们又结成了一个个社会聚合体——民族；同一民族的成员凭借其特有文化，去征服、改造和利用生存环境，以创造所有成员的全部生存条件，维系该民族的延续。在这种民族、文化与生存环境的连环套中文化是最关键的环节。"①作为一种和谐文化精神，"求同存异"的产生必然有其产生的生存环境，这个文化土壤就是中国自身独有的地理、民族、经济、文化等各方面的原因。

1. 地域环境的差异性

中国幅员辽阔，东西南北的经纬度跨越极大。东西跨越了好几个时区，南北跨越了从热带到寒带的各种气候类型。地理类型几乎涵盖了所有的形态，除了最适宜于生产生活的平原，还有丘陵、山区、森林、高原、草原、戈壁、沙漠，不同的地域环境的自然条件不同，生活的资源条件就不同，俗话说"一方水土养一方人"，人们的生活方式就有差异，甚至性格也有地域性差异，思考问题的方式就有不同，对生活的观察的出发点就有不同，对人生的规划考虑也有不同，对社会的关注点和视角也会不同，对解决问题的方式也有所不同。可以说，自然条件的空间因素的差异性影响着思维乃至思想的差异性。在这样的国度，思考问

① 罗康隆著：《文化差异与民族进程》，贵阳：贵州民族出版社，1997 年，第 2 页。

题一定要考虑别人的思考方式，要考虑别人的接受可能性，因此就决定了在“存异”的基础上来“求同”。广西地处中国西南山区的区域特点和自然环境决定了广西地域族群文化与中原文化、与其他地区的少数民族文化有所不同。就是在广西内部，东部与西部、北部与南部，自然环境也各不相同。广西不仅少数民族众多，而且少数民族既有聚居，也有与汉民族互相嵌入型的杂居形态，形成了汉文化与少数民族文化的多种交织形态。“入乡随俗”就是要尊重其他地方和族群的文化存在。

2. 民族构成的族群多样性

正是由于国土辽阔，才构成了生活在这块土地上的人民的族群多样性。20世纪50年代民族普查至少有56个民族。但是所有的民族有一个共同的民族称号，这就是梁启超创造的“中华民族”这一概念（1902年，梁启超在《中国学术思想之变迁之大势》一文中写道：“上古时代，我中华民族之有四海思想者厥惟齐，故于其间产生两种观念焉，一曰国家观，二曰世界观。”）。“中华民族”是华夏子孙共有的一个家，是“大同”，56个民族是小家，是“小异”。民族的多样性造就了中华民族历史上各民族的融合，严格来说，已经没有纯粹的汉人了，大多数民族都是你中有我、我中有你的血脉相连的。所以说，中华民族是一个大家庭。在民族融合的过程中，就培育了中华文化的包容与宽容的文化性格，民族性格中就包含了忍让与善待、宽容与和善，学会了替人着想，学会了“退一步海阔天空”“让他三尺又何妨”。这些实际上都包含了“求同存异”的和谐文化精神的因素。广西就是民族和族群多样性的典型地区，自然也就有文化形态和观念的多样性。在广西的民族融合过程中，既有少数民族的汉化，也有汉族的少数民族化。这种民族的多样性和族群的多样性构成了文化的多样性差异，也创造了丰富灿烂的族群文化。

3. 经济发展的不平衡性

中国东部、中部、西部的地理条件差异很大，东部沿海地区多是平原地貌，自然条件与交通条件优越，历来比较富庶，经济基础很好，中部省区资源条件还比较好，而广西作为西部地区自然条件很差，绝大多数是山区，生存条件恶劣，交通基础较差，经济基础也单薄。经济发展的不平衡性是我国最大的国情。在这样的背景下，人们对生活的理解不同，对生存的要求不同，对生命价值的感受不同，对改变命运的期待也不同。因此，经济发展处在不同阶段的人们在对社会的现象的看法上会形成不同的利益群体，会呈现出利益需求的区域性差异。在经济发展构成中，富裕阶层、中产阶层、贫困阶层也会有不同的利益需求，首先要满足占人口绝大多数的需要，同时也要考虑其他阶层的诉求。这也就是“求同存异”的经济基础。我们追求的公平与正义，追求的生存权与发展权就是追求最大的"同"。在桂学研究过程中,我们要看到广西的先天条件的不足造成了经济发展较为落后的现状,这样文化发展的方式也有所不同。我们在桂学研究过程中既要看到文化的表面现象,也要探寻深层的经济发展原因。

4. 文化认知的多样性

在中国,由于经济发展不平衡,城市化水平不平衡,城市工业发展也不平衡,各个地区受教育程度也有高低,受教育程度发达地区比西部要高,城市要远高于农村地区。这样,人们对同一事物的理解、接受是有很大差异的。加上各个族群有自身的文化小传统和文化习惯,对事物的理解也有很大差异。经济发展的不平衡与教育发展的不平衡产生文化认知的多样性,这也就为"求同存异"的和谐文化精神的需要提供了社会文化认知的基础。这种文化认知的多样性就要求我们学会互相理解,学会互相宽容,不能对部分少数民族的一些礼仪行为方式斥之为封建迷信,斥之为野蛮落后。现实存在的文化现象总有其存在的合理性。要学会宽容理解,平等相待。当今出现的西方基督教文明与伊斯兰文明的冲突,就是西方国家以文化至上者的身份亵渎伊斯兰教文明的结果。这对于我们处理民族与宗教关系提供了警示,不能以文化霸权的心态来看待不同文化间的差异,往往文化的冲突起于文化自身的平衡被打破。

5.文化传统的多元化

不同地区的民族和族群由于长期的发展形成了自己独特的文化传统。这种文化传统浸染在日常生活中,浸染在祭祀、礼仪、饮食、服饰、家庭生活、人际交往的行为之中。这些人生礼仪行为有时差异很大,这是因为各个民族和族群在不同的生活环境中、在历史积淀过程中形成了自己的世界观体系。这就是文化传统的多元化。易小明指出:"不同的国家、民族、区域有不同的社会发展目标,同一国家、民族、地区在不同的历史时期也有不同的历史发展任务,只有根据各自不同的目标、不同的历史任务来建构相应不同的和谐社会实现方式,才是现实的和可能的。所以,和谐社会不是一种既定的状态,而是一个发展过程,和谐只能是历史发展过程中的动态的和谐。"①这段论述揭示了文化传统的差异要达到文化传统之间的互相和谐只能是动态的和谐,而不是互相取代、替代和消灭的和谐。广西壮族、瑶族、侗族、仫佬族、毛南族、京族等民族具有独特的文化传统。在人生价值观、人生礼仪方式、饮食生活方式与汉民族有较大的差异。我们在文化交流和文化政策制定方面一定要尊重少数民族的文化传统。桂学研究有责任研究广西民族文化传统的多样性与多元性,揭示这种多样性与多元性的自身合理性存在,以及蕴含的文化价值与魅力。

---

① 易小明:《文化差异与社会和谐》,长沙:湖南师范大学出版社,2008年,第10页。

三、"求同存异"民族文化关系对桂学研究的意义

求同存异,"求同"是寻求文化融合,是大方向,是共同的愿景,是最大的公约数,是"存异"的基础,也就是互信的基础;"存异"是对文化差异的理解与包容。求同存异,就是在面对未来时谋求最大的共同利益。我们研究桂学,既要发掘广西本土文化资源的独特性,也要意识到本土文化必然有中华民族的共同性。广西地域文化是中华民族文化的有机部分,与中原文化有千丝万缕的历史联系。广西各民族文化都是中华民族文化的一部分。

求同存异,对于民族之间来说是谋求互相尊重、相互理解,在文化认知上相互包容、互不排斥、互相尊重彼此的文化观念。我们一定不能切割广西少数民族文化与中华民族文化的内在关联,不可过分强调少数民族的文化差异,而忘记了与汉文化的历史渊源。其实很多山区少数民族就是古代迁徙的中原民族。他们今天保留的独特的文化差异正是在中原失传的古代汉文化遗存。他们的文化价值和意义还具有文化活化石的作用。

求同存异,对于社会建设来说,寻求人类的普世价值的认识,接受人类的普遍的行为准则,建设人类的美好家园是所有人的共同愿景。但是,普遍的真理也要与各民族的文化生态结合,也要与各民族不同的历史发展阶段的特殊性结合。这就是中国的民族区域自治基本国策的选择,这就是有中国特色的尊重文化差异、追求文化融合的选择。

对于今天的文化艺术来说,求同存异是尊重文化多元,包容认知多样性,允许歧见,在学术上百花齐放,百家争鸣。求同存异,对于文化建设来说,是包容各种风格的精神文化产品,包容各种题材形式的艺术,包容各种艺术形式的探索,也包容各种主题思想的自由表达。

综上所述,"求同存异"的文化精神对于桂学研究在今天具有重要的价值和意义。桂学研究就是通过认识文化差异,寻求文化融合,为民族文化关系和谐发展提供学理依据,为文明进步提供学术支撑。

桂学学术史研究

苏时学的诗歌研究*

——"广西文学研究史"之二

王德明*

[内容提要] 清代广西著名诗人苏时学,在创作之余进行了全面的诗歌研究。他一方面研究广西历代诗歌和诗人,另一方面又研究整个中国古代诗歌史。他对广西历代诗歌和诗人的研究既有整体把握,又有个别的评论。对中国古代诗歌史的研究范围广泛,但重点在唐代。他的诗歌研究全面而有独立的见解,观点通达,以求"真"为旨归,但缺乏系统性,在广西文学研究史上占有一定的地位。

[关键词] 广西诗歌 诗歌史 通达

苏时学(1814~1874),号琴舫,又号爻山,广西藤县人,23岁乡试中副榜贡生,32岁中进士,官至内阁中书、奉直大夫。曾游学于广州、香港、杭州、上海等地。著述甚多,被人誉为"藤州才子"。有《宝墨楼诗册》《宝墨楼楹联》《墨子刊误》《游瑶日记》《羊城游记》《爻山笔话》《镡津考古录》等。

苏时学既是著名的诗人,同时又是著名的学者,精于考辨,对诗歌研究也有较高的成就,在广西文学研究史上具有一定的地位。

一

苏时学对文学的研究,最集中也最具特色的是关于广西历代诗歌和诗人的研究,这集中表现在他一系列的论诗之作中。

苏时学对广西历代诗歌和诗人的研究主要表现在三个方面:

(1)对广西诗歌史的总体把握。苏时学对整个广西诗歌的发展了然于心,因而能比较准确地把握整个广西诗歌的发展概况。他的《杂诗》二首其一写道:

---

* 本文为国家社科基金重大招标课题"桂学研究"[12ZD&164]的研究成果,广西特聘专家"桂学研究"岗、广西高校重点研究基地"八桂文化与文学研究中心"中期成果。

* 王德明(1963~),男,文学博士,现为广西师范大学教授,博士生导师。主要从事中国古代文学、桂学的研究。

西粤为歌诗，自昔称二曹。邺也刺洋州，居官励清操。唐也赋游仙，富贵轻鸿毛。伟哉彼二子，矫矫洵人豪。清气散宇宙，苦语余诗骚。苟非旷代才，未可轻訾嗷。北宋有嵩公，落笔尤清高。此外传者谁，灭没随风涛。吾生千古下，怀古心忉忉。

这首诗通过对唐宋时期广西的三位著名诗人曹邺、曹唐和契嵩的评价，实际上是对明代以前广西诗歌乃至整个文坛的总描述，其重点在感叹“此外传者谁，灭没随风涛”。从这首诗可以明显地看出，苏时学在尽力宣传褒扬广西文人，并且在系统地梳理着广西文学发展的线索，从中可以看出他有着非常明确的广西诗史意识。他的《暇日偶翻两粤前辈诗集有所得戏作论诗绝句十五首》写道：

峤西雅集流传少，唐宋遗音久已沦。一个高僧两名士，二千年内见三人。（自注：宋元以前，粤西人有诗集流传者唯唐之曹祠部、曹尧宾及宋明教禅师之《镡津集》而已）

这里谈的是唐宋时期广西文学的发展及诗文集的留存情况，“一个高僧两名士，二千年内见三人”两句非常简洁地概括了远古至宋代广西文学的情况。这里的“一个高僧”指的是北宋著名僧人、诗人、古文家契嵩，“两名士”则指的是唐代的曹邺、曹唐两位著名的诗人。这首诗与前面的那首《杂诗》几乎是同一内容，这一方面可以看出苏时学对广西早期诗歌发展的深深遗憾，另一方面也可以看到他对整个广西诗歌发展史的整体把握。

（2）苏时学有意识地研究了广西的前辈诗人，并给出了自己的评价。《暇日偶翻两粤前辈诗集有所得戏作论诗绝句十五首》是苏时学有意识地以诗作诗史。在这组诗中，苏时学对广东、广西历史上各个时期的主要诗人做了评论，其中广西诗人论述尤多，也最值得重视。如：

輶轩从古略南荒，谁识人间醉白堂。更有奇文雄一代，中原旗鼓孰相当？（自注：全州谢石臞别驾良琦。石臞文可方同时侯、魏，而天才横逸殆将过之。乃二百年来世无知者，非粤西一憾事耶？）

少日才名压辈行，年年书剑客殊方。老来始作风流宰，三晋云山入锦囊。（自注：苍梧即方舟大令建英）

闲与陶韦结古欢，南天老鹤共盘桓。松风入梦有谁听，夜静一声山月寒。（自注：桂林李松圃郎中秉礼）

这里的第一首诗对清代以前广西诗坛与文坛的历史做了简单的梳理，对明末清初广西著名文人谢良琦进行了评论，认为他成就卓著，其文足以比拟侯方域、魏禧，并且才华横溢，甚至超过侯、魏，遗憾的是长期以来无人知晓。将谢良琦放在粤西长期受忽视的背景下来考察谢良琦，对他做出了很高的评价，这种评价无论在以前还是在苏时学时代，都是难能可贵的。第二首评论苍梧著名诗人邓建英。邓建英，字方钠，又字望卿，苍梧人。乾隆五十四年(1789)举人。少时即有文名，曾任山西晋中知县，有《玉照堂集》《晋中吟草》。苏时学的这首诗不仅概括了邓建英的生平特点，更指出了其诗歌创作上“三晋云山入锦囊”的特点。邓建英的《晋中吟草》中的作品全是描写他在山西的所见所闻，这说明苏时学对邓建英的作品是做了深入研究的。第三首评述李秉礼，李秉礼(1748～1831)，字敬之，号耕云、松圃、韦庐、七松老人。祖籍江西临川，寓居桂林。工诗词，善绘画，有《韦庐诗集》。袁枚在《韦庐集弁言》中说：“松甫先生各体俱佳，尤于陶谢王孟韦柳诸家，性之所至，又能自出心裁，不袭陈迹，选声必脆，下字必工。司空表圣云‘人淡如菊，著手成春’，可以想见其诗品云。”①苏时学的这首诗正指出了李秉礼诗歌的这种特点。这些评论都建立在苏时学对相关作品的深入研究上，因而直到今天，仍然具有重要的参考价值。

苏时学在其《爻山笔话》十二卷中有一部分内容重点论述了清代以前的广西诗人，考证了其生平事迹。如“曹邺”“王元”“陆蟾”“石仲元”“《弃田诗》”五条均是挖掘关于唐、五代、北宋几位广西诗人的史料，考证、辨误其人其诗，表彰他们的功绩。如“陆蟾”条云：“藤人以诗名者，最先为陆先生蟾。先生生于唐，遭灾五季衰乱，抗志不仕，宋初尚在，隐居攸县司空山。好神仙，辟谷数月，与逸人王元、廖融、任鹄、王正己辈，皆一时名士，为诗相善。所传有《瀑布》《子规》诸咏。后同邑僧契嵩为作传……案：陆先生者，唐之逸人也，当五季衰乱之时，卒能以名节自全，不为苟合，志趣洵不可企及矣。顾昔之论先生者，多未详，或以为宋末时人，或以为洪武时人，甚或书‘陆’为‘凌’，在，而先生之姓氏几隐，先生之志节亦泯没而不彰，尚论诗者将乌从而取证欤？曰：是当以先生之友及传先生者正之。当时友先生者，若王元、廖融、任鹄、王正己辈，今皆于《全唐诗》，是唐人也。传先生者嵩公，北宋人也。夫友先生者，同乎先生者也；传先生者，后乎先生者也。同乎先生者，唐人；后乎先生者，北宋人，而先生顾为宋末明初人，有是理耶？请以质诸世之论先生者。”这条材料对粤西藤县诗人陆蟾的生平事迹做了认真的考评梳理，批评了历史上对他的种种错误的记载，指出了其正确的生活时代。其中“先生之姓氏几隐，先生之志节亦泯没而不彰，尚论诗者将乌从而取证欤”既是此条的主旨，也是他论述其他几位广西诗人的主旨和基本出发点。

① 嘉庆三年刻本《韦庐诗初集》附。

(3)对当世他熟悉的诗人进行了精当的评论。这方面的作品有《题施香海(彰文)挹苏楼诗集》、《题汪剑峰孝廉(运)诗卷》、《感旧诗》八首、《怀人诗》十六首、《读高渭南先生郢雪斋集敬题》八首、《读郢雪斋集再赋五古一篇》等。例如:

谔谔敢陈言,当官直声震。文章虎观传,品望龙门峻。如何效岛吟,竟动昌黎问。(《怀人诗》之《桂林朱廉甫观察琦》)

小谢矜文章,未肯傍门户。时无标榜人,金玉委尘土。君能宝遗编,卓然自千古。(《怀人诗》之《桂林廖韵叔鼎声》)

岭右谈风雅,先生一代雄。艰危能仗义,慷慨竟殉忠。曲突防原早,怀沙恨未终。挹苏楼下水,应与汨罗同。(《感旧诗》八首之《施香海明经》)

这三首诗评论的均是与苏时学同时期或稍早的广西诗人。第一首论桂林著名诗人及古文家朱琦。朱琦(1803~1861),字濂甫,号伯韩,临桂人。道光十一年(1831)举人,道光十五年(1835)进士。由翰林院庶吉士历任编修、给事中、御史、道台。性刚毅,屡上书论政,以直言敢谏与苏廷魁、陈庆镛称"谏垣三直"。后以道员守杭州,被太平军所杀。古文与吕璜、龙启瑞、王拯、彭昱尧并称"岭西五大家"。诗与龙启瑞、彭昱尧、汪运、商书浚、杨继荣、曾克敬、李宗瀛、赵德湘、黄锡祖在杉湖补杉楼酬唱吟咏,为"杉湖十子"之一。有《怡志堂文集》《台垣奏议》《倚云楼诗》等。苏时学在这首诗中对朱琦的为人及作品给予了崇高的评价,认为其"直"与"峻"令人肃然起敬,其文足以在虎观(宫中讲学之处)中流传。第二首论廖鼎声,认为廖是"未肯傍门户",能自成一家的诗人,可惜无人宣传。而对梧州的施彰文,苏时学给予了特别的评价,不仅认为其文其诗为一代之雄,而且其人"艰危能仗义,慷慨竟殉忠",将之视为当代的屈原。这些评论对于我们了解当时的诗人无疑具有重要的意义。

二

苏时学研究文学的眼光并没有完全停留在广西范围内,而是将其扩大至整个中国古代诗史,因而对中国历史上许多的诗人创作进行过论述。

苏时学有《爻山笔话》十二卷,其中第十二卷是专门的诗论,收"论诗""七子十子""陶谢""《秋兴》诗注""冯注义山""唐诗人同姓名""于武陵""黄滔""曹邺""《南唐书》传陈陶之误""王元""陆蟾""徽上人画""李后主词""石仲元""论宋明诗""《弃田诗》"共十七条。这十七条中的主要内容除上文说到的对广西历代诗人进行考论之外,更多的是关于中国历代诗歌和诗人的看法。

在《爻山笔话》中,苏时学表达了对中国古代诗歌史的某些诗学看法和对某些诗人词人的评价。例如“论诗”一条有两则，其中第二条云：“汉以前之为诗者，皆无意为诗者也，无意为诗而有不得不诗者，而诗始于是传焉，此诗所以少而愈贵也。唐以后之为诗者，皆有意为诗者也。有意为诗，即有可以不必诗者，而诗亦于是传焉，此所以多而愈贱也。”“有意为诗”与“无意为诗”是中国古代诗论中常见的论题，尤其在宋代，这更是老生常谈。苏时学虽然在总体观点上没有超越宋人，但由此也可看出其崇尚无意为诗的取向。再如“论宋明诗”条云：“宋诗至西江而变极，故言宋诗者莫盛于西江，然西江行而宋诗一厄矣。明诗至北地而变极，故言明诗者莫盛于北地，然北地行而明诗一厄矣。”在这条材料中，苏时学表达了对宋诗与江西诗派、明诗与李梦阳关系的看法，一方面，他认为宋诗至江西诗派而变化至极，达到了其极盛的顶点，然而他又认为江西诗派是宋诗的一厄，对宋诗产生了极大的负面作用，同样，李梦阳对明诗也是如此。这一看法当然是可以商榷的，言江西和李梦阳之变，应是客观的事实，但认为它们是宋诗和明诗之一厄，就言过其实了。这一类诗论注重从宏观上来把握中国古代诗歌的特点，没有太新鲜的见解。对一些有影响的诗人，苏时学也有自己的研究。例如“陶谢”条云：“诗家恒称并言陶谢，以其宗尚相同也。实则渊明之与康乐，不独人品诚伪攸分，即诗品亦仙凡迥别，而遵奉者顾无异词。窃谓陶公有灵，恐不免老韩合传之叹。”这论述遵奉者只是看到了陶渊明与谢灵运宗尚的相同，而没有看到他们之间在人品与诗品上有很大的差别，认为陶渊明无论人品还是诗品均远在谢灵运之上。再如“李后主词”条云：“古今人言词者众矣，当以唐五代人为最。而唐五代言词者亦众矣，当以李后主为最。噫！后主之词，亡国之音也，而千载以下读者犹为之凄然而悲，有不知其涕之何从者，其声音之道入人者深，诚有出语言文字之外者耶？”认为李煜是唐五代词人中成就最突出的，原因是其词乃亡国之音，在语言文字之外有一种特殊的感染力。这些看法虽然论述较为简略，但应当说是有一定的道理，也表现了苏时学独立的见解。二是关于诗人、诗句的考论。例如“《秋兴》诗注”条云：“秋少陵《秋兴》第六首有‘珠帘绣柱围黄鹄，锦缆牙旗起白鸥’。按：此两句正从上句‘边愁’生出，曰‘围黄鹄’、‘起白鸥’者，乃从繁华中写出荒凉景况，而下句‘回首可怜歌舞地’，正申明此意也。今解者日言宫殿之多，而黄鹄不能高举，有似于围帆樯之密。而白鸥闲游，为之惊起。何异痴人说梦乎！”在这条材料中，苏时学对杜甫这两句诗的正解提出了自己的看法，同时对当时的一些学者的看法提出了不同的意见，这显然属于对杜诗注解的辨正。再如“《南唐书·传》陈陶之误”条辨正《南唐书》将陈陶写成得仙而不死之人，是因为可能将陈陶误作陈抟，因为早在晚唐诸诗人作品中，就有不少哭陈陶之作。这条考证细密而精彩，可见苏时学对唐诗的谙熟。

在苏时学的诗歌创作中，以诗论诗是一个重要的内容，其中相当多的是对中国诗歌史的论述。这方面最有代表性的作品是《读诗遣兴》十八首。在这十八首诗中，苏时学评论了曹丕、陶渊明、谢灵运、王维、孟云卿、王季友、张谓、顾况、张祜、于邺、于武陵、温宪、杜荀鹤、李洞、陈陶、李后主、花蕊夫人、石介、高荷、萧得藻、汪元量等二十余位诗人的创作，指出了他们在为人和创作上的成就、特色，可谓中国古代诗人专论。例如：

三曹盛文章，子桓实雄秀。天才出胸臆，逸气凌宇宙。富贵亦何为，不逮中人寿。（其一）

诗仙诗圣间，维摩用诗佛。巍然三教尊，鼎足谁能屈？同时储孟韦，清风亦披拂。（其三）

前一首论曹丕，提出了不同寻常的观点，即认为“三曹”之中，曹丕的文学天赋是最突出的，其主要原因是“逸气凌宇宙”，这与一般人推崇曹植有所不同。第二首则指出了王维“诗佛”的地位与特色，顺带也指出了唐代储光羲、孟浩然、韦应物与王维诗风有相似之处。

除了《读诗遣兴》十八首对诗人个体的研究之外，他的《自编诗集书后》则对整个中国古代诗歌的发展史做了较为系统的描述：

维圣善说诗，曰兴观群怨。无邪三百篇，一言已操券。离骚志忠愤，乐府情缱绻。遥遥汉魏晋，流风固未远。延绵达三唐，派别益支蔓。然各具性情，迄今可评论。李杜焰光芒，陈韩骨苍健。陶韦王孟柳，清风被兰畹。仝贺斗奇险，郊岛苦沉闷。张王学古淡，温李见柔曼。咸推万人敌，非比百家贩。两宋金元明，亦各备文献。彬彬后起贤，谁云古人逊。

这首诗从《诗经》写起，一直写到明代，对各个时期和主要诗人，尤其是唐代诗人的主要特点进行了归纳分析，应当说是比较准确的。这充分表现了苏时学对中国诗歌史的全面而准确的把握。

三

由上可见，苏时学对文学的研究主要集中在诗歌上，对散文和其他文体的研究较少。而在对诗歌的研究上，从研究的角度来说，既有宏观的把握，又有微观的剖析；从研究的对象来说，既有对中国古代诗人和经典作品的研究，又有对广西本土诗人的关注；从研究的时段来说，既有对《诗经》《楚辞》上古时代作品的研究，同时又有对魏晋南北朝及唐宋元明清诗人及其作品的研究，其中对唐代诗人及其作品的研究更为深入。这种全面性构成了苏时学诗歌研究的一大特色。他的《诗箴》四首则从另一个角度说明了其诗歌研究的全面性：

> 涂鸦刻鹘漫纷纷，仙鹤声高迥入云。学到屠龙非小技，雕虫何苦学回文。（回文）
>
> 剿说雷同古所讥，偶然集句未全非。终疑五色天孙锦，不是僧家百衲衣。（集句）
>
> 咏物何妨写性情，古人真处但空行。绝怜琐碎抄书手，满纸虫鱼注不成。（咏物）
>
> 万古诗人眼界开，江山奇绝费诗才。留题笑煞村夫子，处处能吟八景来。（八景）

这四首诗分别论述了中国古代诗歌创作中常见的回文诗、集句诗、咏物诗及八景诗，既涉及了诗歌创作的诗体，也论述了诗的内容，可见苏时学视野之广。对于这四者，苏时学显然是有深入研究的，因而对其采取了不同的态度：对于回文，他毫无疑问是否定的，讥讽它是“涂鸦刻鹘”之作，虽然“仙鹤声高”，但终究是“屠龙”“雕虫”之技，因而没有必要学习。而对于自古以来饱受讥讽的集句诗，苏时学却认为虽然不是“五色天孙锦”，但也不是人们所讽刺的“僧家百衲衣”，因而也就“未全非”。这种态度与多数人的观点迥然不同。对于咏物诗，苏时学提出了自己的主张，认为它不是“满纸虫鱼”的抄书之作，是完全可以做到“写性情”的。至于八景诗，苏时学对处处留题的村夫子式的八景诗给予了辛辣的讽刺，认为是俗套之作，毫无新意。从这四首诗可以看出，苏时学对于文学研究不仅有独立的见解，更有全面的视野和宽广的思维，而不是局限于一时一人一体一家的所谓“专家”。

苏时学对文学的研究往往不主一家，不拘成见，而是采取一种通达的态度。明代以来，诗歌研究者往往持唐后无诗的论调，褒唐贬宋成为一时的风尚，清代的研究者则要么青睐唐诗，要么独爱宋诗，往往泾渭分明，甚至水火不容，故有宋诗派、唐诗派之分，但是，苏时学却不同流俗，他既不专主唐诗，也不专主宋诗，所以，他在《论诗绝句》八首之四中说：“非唐非宋自名家，落落胸襟皓月华。修到神仙曾几世，天然风骨是梅花。”这个“非唐非宋自名家”的态度，就是苏时学学术态度的最好表白。在《自编诗集书后》，苏时学在充分肯定了两宋以前的诗歌创作后，提出了自己的观点：“两宋金元明，亦各备文献。彬彬后起贤，谁云古人逊。”直至今日，文学研究者通常认为，好诗至唐代已写完，喜爱宋诗的研究者，最多也认为好诗至宋代就已终结。但是，苏时学与众不同地认为，唐宋之后的金元明，同样有“彬彬后起贤”，其成就和风采不下古人。这就表现出了苏时学难得的通达思想与态度。这种态度，实际上就是他在《论诗绝句》八首之一中所说的："人世重教面目开，绝无依傍是仙才。须知诗笔如刀笔，一字能翻铁案来。"在学术和思想上"绝无依傍"才是"仙才"的突出标志。

苏时学论诗，主真反假。《论诗绝句》八首之二写道："妃红俪白也生姿，梳裹家家竞入时。我道不如真更好，乱头粗服爱西施。"这首诗以女子姿色比喻诗歌创作，入时装扮即使美丽非常，也不如天生丽质而乱头粗服的西施，诗歌创作的关键是一个"真"字。《爻山笔话》中"李后主词"条云："古今人言词者众矣，当以唐五代人为最。而唐五代言词者亦众矣，当以李后主为最。噫！后主之词，亡国之音也，而千载以下读者犹为之凄然而悲，有不知其涕之何从者，其声音之道人人者深，诚有出语言文字之外者耶？"李煜的词有特殊的感染力，其本质也是一个"真"字，真实、真诚赋予了李词非同寻常的魅力，这是其"声音之道人人者深，诚有出语言文字之外者"的根本。

综上所述，苏时学对诗歌的研究范围宽泛，对广西诗歌史尤其用心，往往有自己独立的见解，不同流俗，但是，由于缺乏诗歌研究的专著，多是以诗论诗和数量有限的笔记，因而缺乏系统性和体大思精的学术思想，这在某种程度上也影响了其研究的深度。

况周颐的词学渊源*

王 娟*

[内容提要] 晚清词学大家况周颐取得了一系列成就,诸如歌词创作、词选本的编纂、词学理论等,尤其擅长品评词作。探究其词学渊源我们可以发现词作选本、同乡前辈、词师词友均在况周颐的词学之路上起到了重要作用。词作选本主要是:《古词选钞》《谷诒堂词选》《蓼园词选》;同乡前辈主要有:朱依真、王拯、苏汝谦;词师词友主要是:端木埰、王鹏运和朱祖谋。其中,王鹏运是况周颐词学的领路人,既是同乡前辈又是词学师友。

[关键词] 况周颐 词学渊源

提到况周颐的词学渊源,一般人都会从黄苏的《蓼园词选》谈起,因况周颐以其为启蒙书也。其实,我们可以往更前一点儿追溯。伯父况澄所编的《古词选钞》和八岁时所读的《谷诒堂词选》对况周颐的影响都不容忽视。除这三部词选本以外,朱依真、周之琦、王拯、苏汝谦、端木埰、王鹏运、朱祖谋都对况周颐产生过极为重要的影响。

一、选本的影响

(一)《古词选钞》

况氏家族中能诗善词者颇多,培养了况周颐对文学的兴趣,尤其是词这种文体。况周颐的伯父况澄是临桂著名的诗人,一生勤于著述,诗词方面他编有多种选本,其中就有一本《古词选钞》,从中可见况周颐词风源流。

此选本甄选上自唐宋,下迄明清词人名作,收词近两百首,第一首是刘过的《沁园春》,最后一首是韦庄的《菩萨蛮》,所录词牌有《菩萨蛮》《长相思》《沁园春》《渔家傲》《摸鱼儿》《误佳期》《沙塞子》《愁倚调令》《后庭花破子》《系裙腰》《减字木兰花》《绿头鸭》等,词题下偶有注明出处,原词题记一并入载,断句

---

* 本文为国家社会科学基金重大招标项目"桂学研究"(项目批准号:12&ZD164)的阶段性成果;广西高校人文社科研究基地"八桂文化与文学研究中心"项目中期成果。

* 王娟:(1981~),女,湖北十堰人,文学博士,广西师范大学文学院讲师,研究方向:词学。

标点并有注语，文末列有词调，先列词调中有“子”者，次令、引、慢，并作填词图谱，列出一词数体者，分小令、中调、长调，列小令有名无谱54调、中调有名无谱10调、长调有名无谱44调，这本书既可作为词曲创作之参考书，也可作为词曲赏析研究之门径。

《古词选钞》中的词作选自八十五位词人，其中辛弃疾入选最多，六首。程垓四首，顾敻、毛文锡、秦观、姜夔、蒋捷各三首，冯延巳、韦庄、张泌、张先、范仲淹、欧阳修、柳永、贺铸、林逋、文天祥各两首，其他词人如晏几道、苏轼、王安石、刘过、刘辰翁、史达祖均一首。这个词选本还选了唐元宗、宋徽宗词各一首，还分别有金代的王子可、元代的傅按察、明代的花伦、杨慎和汤显祖词各一首，入选的女性词人的词有不知名的江西烈妇词一首、王昭仪、朱淑真词各一首。①

从这个选本所录词人词作可以看出况澄对辛弃疾词是最为推崇的，也比较注重金、元、明三代的词，对女词人的词也比较关注。此书当为况周颐问津词学的入门读物，况周颐幼年的主要兴趣就在于文学，尤其是对词体创作表现出了极大的热忱。况周颐最终以词名世，于词创作、词学理论、词籍编选都有著作，这些都是有家学渊源的，诗词一道乃况氏家学。总之，况周颐之所以能成为晚清词学名家，与家庭对其文艺发展方面的影响是分不开的。况周颐幼时就阅读此选集当为其接触词学之始，并且奠定其词风源流。

（二）《谷诒堂词选》

1979年，况周颐后裔将保存下来的遗物、遗稿、遗著捐赠桂林文博部门，其中有一部《谷诒堂词选》，是况周颐幼年启蒙填词之书。捐赠之际，况周颐的大女婿陈巨来写了一段话说明这部词选对于况周颐的重要性，引原文如下：

> 岁乙丑冬日，先外舅况蕙风先生尝谕余曰：他八岁时曾诣其姐丈家中，于书箱中见得此词集，遂乞取归家，朝夕诵读，即戏学填词，为老师所嘉许，嗣后即益自渐通，卒成倚声大家，盖全赖斯册有以启发之功云云。蒙以见赐，保存迄今未敢遗失也。特叙于此。②

据此，我们知道，1925年的冬天，况周颐告诉女婿陈巨来，他八岁时得到《谷诒堂词选》后就每日读词，并开始学习填词，最终能够成为词学名家全靠这本词选的启发。并且将这本词选送给陈巨来保管。这本《谷诒堂词选》注满了红圈点，还有“选”“读”两印，这本书成为了况周颐的首部藏书。可见，《谷诒堂词选》对况周颐产生的影响是不可忽视的。因为这部词选的严重残缺，只能看到

---

① 况澄：《古词选钞》，桂林图书馆藏抄本。书中选词未按词人朝代顺序排列，本文中顺序为笔者所列。

② 《谷诒堂词选》，桂林博物馆藏本。

部分正文，不能妄断作者。

自唐宋以来，名家词选众多，《谷诒堂词选》一书显得名不见经传。顾绍柏在《广西历代文献提要选编》一文中谈及遗漏的文学要籍时举例说：“上林的张鹏展毫无疑问是广西的文化名人，中过进士，作过京官和地方官，有政绩；但其最大贡献在于：一是办书院培养地方人才；二是搜集编纂了地方文献——诗歌总集《国朝山左诗钞续编》《峤西诗钞》，后者是广西第一部诗歌总集。他虽著有《谷诒堂全集》5卷，但今仅见1962年抄本第一卷（册），存广西图书馆，其余4卷（册）今存何处，无人知晓；所据底本更是难觅踪迹。”①张鹏展（？~1840）字南崧，诗人。广西上林县人。况周颐的《粤西词见叙录》曰：“粤西诗总集有上林张先生（鹏展）《峤西诗抄》、福州梁抚部（章钜）《三管英灵集》，词独缺如。”可见，况周颐受张鹏展《峤西诗钞》的影响而选编粤西词选集。此《谷诒堂词选》或为张鹏展著作《谷诒堂全集》中的某一卷。

（三）《蓼园词选》

同乡前辈黄苏的《蓼园词选》是况周颐的学词导师。况周颐在《香东漫笔》中清楚地讲述了他和这本词选的渊源：

> 余女兄三，其仲适黄，名俊熙，字吁卿。吁卿之曾祖蓼园先生，有词选梓行（词选无先生名，名待考）。起元真子《渔歌子》，迄周美成《六丑》，最二百二十四阕。并浑雅温丽，极合倚声消息。每阕有笺，徵引赡博。余年十二，女兄于归，贻余是编，如获拱璧。心维口诵，辄仿为之，是余词之导师也。先生选词若是之精，断无不工填词之理，顾所作迄未得见。可知吾粤词人，湮没不彰者夥矣。②

况周颐《蓼园词选序》有云：

> 曩岁壬申，余年十二，先未尝知词，偶往省姊氏，得是书案头，假归雒诵，诧为鸿宝，由是遂学为词，盖余词之导师也。③

况周颐因为仲姐的缘故，获读同乡前辈词人黄蓼园编的《蓼园词选》，被词吸引，如获至宝，心里思考，嘴上念诵，并模仿填词，把这本词选视作词之导师。并且由蓼园先生选词精准而推断其工于填词，对“吾粤词人”的“湮没不彰”深感遗憾。况周颐在幼年所读的《蓼园词选》给他留下了很深的印象，并且也认同

---

① 顾绍柏：《广西历代文献提要选编》，原载《广西文史》2008年第二期至2009年第四期，《广西文史选二集》下，桂林：广西师范大学出版社，2012年，第4页。

② 况周颐：《香东漫笔》，光绪三十三年刻本。

③ 况周颐著，孙克强辑考：《蕙风词话 广蕙风词话》，郑州：中州古籍出版社，2003年，第3017页。

黄苏的观点,他认为《蓼园词选》“浑雅温丽,极合倚声消息”,就是说这部词选中体现出来的选词观是他所认为的词学正宗。“雅”是况周颐所提的填词要旨之一,而他对于“浑”“温”“丽”也都是很看重的,这些字眼在《蕙风词话》出现多次,而且都是用来评价优秀作品的词风。

二、同乡前辈的影响

广西词学前辈在况周颐的词学之路上起到了重要的作用,如朱依真、王拯、苏汝谦,其中广西杰出同乡前辈王鹏运是况周颐词学的领路人,由于二人为师友的关系,我们把他放在后面来讲。

(一)同乡前辈朱依真

朱依真,字小岑,广西临桂人,乾嘉年间布衣,是况周颐的前辈乡贤,有《九芝草堂诗存》《纪年词》《吊柳杂剧》《桂林金石录》,曾总纂《临桂县志》,被誉为“粤西诗人之冠”。况周颐辑《粤西词见》,收同乡前辈朱依真词及《论词绝句》并加评点,其评曰:

> 小岑先生《九芝草堂诗存》八卷,余得于海王村。《纪年词》求之十年不可得。检邑志得《绛都春》《念奴娇》两调,嫥诣精卓,风格在碧山、玉田之间。诗存中有《论词绝句》二十八首,宋人于周清真、国朝于朱锡鬯并有微词,颇不为盛名所慑。惟推许樊榭甚至。观其所为词,固不落浙西派也。其论同时人词,意在以诗传人,不得以论古之作例之。

况周颐以十年之久访求朱依真词集而不得,最终只从《临桂县志》中辑得两首词,并录其《论词绝句》二十八首。朱依真认为柳永以“风流”见长,周邦彦则显得过为铺张,只有姜夔为“词中少陵”,对于浙派向来否定的吴文英给予了好评,对厉鹗的评价要高于朱彝尊,况周颐评其“不为盛名所慑,直抒胸臆,多与时论相左”①。

朱依真对于本土的粤西词相当关注,论词诗中有诗论粤西词人谢良琦、朱若炳、冷昭及闺秀唐氏、梁月波词,即况周颐谓“以诗传人”,让后人知道在词人辈出之时粤西亦有工词之人。受前辈乡贤朱依真的影响,况周颐对粤西词的湮没不彰感到非常遗憾,他发出过这样的感慨:“粤西诗总集有上林张先生(鹏展)《峤西诗抄》、福州梁抚部(章钜)《三管英灵集》,词独缺如。”“吾粤词人,诚寥寥如晨星,然皆独抒性灵自成格调,绝无挨门傍户,画眉搔首之态,可传以此不传

---

① 况周颐:《餐樱庑词话》,孙克强辑考《蕙风词话 广蕙风词话》,郑州:中州古籍出版社,2003年,第397页。

亦以此，吁可慨矣！”况周颐受其影响良多：有感于粤西词总集的缺席，遂编选《粤西词见》，为粤西词有总集之始；常常有不俗之论；对于女词人的词非常关注，有《玉栖述雅》专论闺秀词，辑有专咏美人词集《绘芳词》。况周颐辑有《论词诗集》，未刊行，据《广西近代经籍志》其稿藏武进赵氏。

况周颐有词《莺啼序·题王定甫师〈娶碪课诵图〉》，词序中述其生平师承，有云：“复念吾广右词学，朱小岑先生依真倡之于前，吾师（按：王拯）与翰臣、虚谷两先生继起而振兴之。”①《粤西词见跋》有云：“综论国朝吾粤词人，朱小岑先生倡之于前，龙、王、苏三先生继起而振兴之，一二作者，类能摆脱窠臼，各抒性情，造诣所独得，流传虽罕，派别具存。”况周颐充分肯定了朱依真对粤西词的首倡之功。况周颐有《念奴娇》一首，题为“忆南湖旧游，用朱小岑先生依真飘帛塘观荷韵”，为和韵之作。况周颐论词曰：“初学作词，最宜联句、和韵……离群索居，日对古人，研精覃思，宁无心得，未若取径乎此之捷而适也。”②这首词就是取径于前辈乡贤而得。况周颐搜求朱依真词编入《粤西词见》，对其推崇，可见此词乃有意效法。

（二）受业师王拯

在况周颐的词学之路上起过重要作用的还有乡前辈文人王拯。王拯（1815~1876），原名锡振，字定甫，号少鹤，广西马平人，道光二十二年进士，为“岭西五大家”之一、“广西三大中兴词人”之一，诗文词皆擅长，有《茂陵秋雨词》《瘦春词》，合称《龙壁山房词》。王拯论词注重词的寄托之意，中年以后对词律、词韵也很重视，并且在词创作上的成就也很大，卢前《望江南·饮虹簃论清词百家》论王拯云：“十家选，压轴马平王。龙壁古文能合辄，粤西词派已深藏。始信瘦春芳。”卢前充分肯定了王拯词的成就，并认为他对粤西词派的形成有影响。王拯是况周颐的启蒙师，他论词既注重词的寄托又注重词的音律之美，其《茂陵秋雨词自序》云：“哀动长言，感存微旨……夫词虽小文，道由依永，情文缭绕，家风既媿碧山；声谱荒唐，工匠大惭红友。爰事删夷，都为斯集。寓香草美人之旨，敢冀骚人；聆钧天广乐之音，犹疑梦呓。”③况周颐的《粤西词见》中录有王拯为周尚文《小游仙馆词》所作的序，云：“风旨之微，则李珣、孙宪也；节拍之谨，则美成、邦卿也。”他们都是提倡意格、声律并重。这些词学思想在况周颐的理论中都有继承。况周颐所作词《莺啼序·题王定甫师〈娶碪课诵图〉》序云：“周颐年十二，受知定甫先师，忽忽四十余年。”④受教于这样的名师，况氏的词学大有长

① 况周颐：《菊梦词》，《第一生修梅花馆词》，《蕙风丛书》，上海：中国书店，1925年。
② 况周颐著，孙克强辑考：《蕙风词话 广蕙风词话》，郑州：中州古籍出版社，2003年，第9页。
③ 王拯：《茂陵秋雨词》，陈乃乾辑《清名家词》，上海：上海书店，1982年。
④ 况周颐：《菊梦词》，《第一生修梅花馆词》，《蕙风丛书》，上海：中国书店，1925年。

进，他的词学思想也受到王拯的影响。况周颐乡试《朱卷》亦载受业知师：王定夫夫子讳拯。况周颐编选的《粤西词见》收录王拯词作数量最多，达四十六首，对其推崇之意显而易见。

（三）同乡前辈苏汝谦

况周颐词中题图之作屡见，如《减字浣溪沙·题王止轩稽山揽秀图》《祝英台近·缪筱珊属题双红豆图》《百字令·王止轩属题发冢图》《最高楼·题徐仲可湘楼听雨图》，是其词三大题材之一。① 而这一题材的选取是受苏汝谦的影响。苏汝谦，字虚谷，广西灵川人，道光二十三年举人，官新乐知县，有《雪波词》一卷。况周颐所作词《莺啼序·题王定甫师〈婴碪课诵图〉》序云："……吾师与翰臣、虚谷两先生继起而振兴之。周颐得见虚谷先生手迹，自此图题咏始。"② 况周颐是获观苏汝谦亲手写画的东西后才开始以词题咏的，受其启发、影响良多。此外，况周颐还收藏有苏汝谦词集写本，谭献《复堂词话》云："临桂况夔笙舍人周仪……又示余苏汝谦虚谷《雪波词》写本，唐子实《涵通楼师友文钞》，附龙王苏三家词。今写本多唐刻所未见。"③本文在前面论述朱依真对况周颐的影响时已经提到，况周颐把广西一地所取得的词学成就归功于朱依真的首倡和龙启瑞、王拯、苏汝谦的接力，对他们四人的倾慕和敬佩是很明显的。《粤西词见》收录苏汝谦词作数量居第三位，有二十四首，可见况周颐对其词是很赞赏的。

三、词人集团中词师词友的影响

况周颐作为著名词人，交游酬唱范围较广。然被其视为师、友且影响较大者为：端木埰、王鹏运、朱祖谋。况周颐与他们过从甚密，时常结社吟唱。

（一）端木埰

于王拯之外，也被况周颐奉为"师"的是端木埰。况周颐所作词《莺啼序·题王定甫师〈婴碪课诵图〉》序云："端木子畴前辈，曩同直薇省，奉为词师。"④况周颐积极参与词友僚属间的唱和商榷。他任职内阁时与王鹏运、端木埰、许玉瑑相唱和，时称四中书词人，史称"薇省唱和"，其《存悔词》自序："戊子入都后，获睹古今名作，复就正子畴、鹤巢、幼遐三前辈，寝馈其间者五年。"⑤

端木埰（1816~1892），字子畴，道光优贡，历官至内阁侍读，著有《碧瀣词》，

---

① 王德明：《广西古代诗词史》，桂林：广西师范大学出版社，2009年，第425页。

② 况周颐：《菊梦词》，《第一生修梅花馆词》，《蕙风丛书》，上海：中国书店，1925年。

③ 唐圭璋编：《词话丛编》，北京：中华书局，1986年，第4007页。

④ 况周颐：《菊梦词》，《第一生修梅花馆词》，《蕙风丛书》，上海：中国书店，1925年。

⑤ 《第一生修梅花馆词》附录，《蕙风丛书》第十二册，上海：中国书店，1925年。

辑有《宋词赏心录》。端木埰论词首先注重“重拙大”，端木埰的《宋词赏心录》，录宋十七家词人的十九首词，所选词以意格为标准。唐圭璋先生题辞云“具见拙重大之旨……究其所录大抵伤怀念远，感深君国之作”，唐圭璋先生指出最早提出“重拙大”理论的是端木埰。① 其次重比兴寄托，如评王沂孙《齐天乐·蝉》云：“详味词意，亦碧山黍离之悲也。”评张炎《高阳台》“接叶巢莺”云：“词意凄咽，寄兴显然，疑亦黍离之感。”②都是从家国寄托出发去解词。第三，在重寄托的同时反对穿凿附会，对张惠言附会解词论词提出批评：“注释荒谬，甚不足取。”③强调从时代和词作考察词人的本意，反对脱离词勉强作解，反对强立议论，要求论词态度客观。第四，亦颇重词律。端木埰《碧瀣词自序》云：“古人明于音律，故所为不稍苟，亦有自制曲调者，今天既不知乐，当师古人而慎守之，未可求自便，阳奉而阴为也。”④说明端木埰十分重视声律，对时人不守乐律提出批评。《蕙风词话》中提及端木埰对况周颐的词学教导：

> 词用虚字叶韵最难。稍欠斟酌，非近滑，即近佻。忆二十岁时作《绮罗香》，过拍云：“东风吹尽柳绵矣。”端木子畴前辈（埰）见之，甚不谓然，申诫至再。余词至今不复敢叶虚字。⑤

端木埰对况周颐虚字叶韵予以批评，就是提倡注重文字声韵效果。第五，还注重和提倡词的教化功能，况周颐载：

> 曩作《七夕词》，涉寻常儿女语，畴丈尤切诫之，余自此不作七夕词，承丈教也。《碧瀣词》（刻入《薇省同声集》）《齐天乐》序云：“前人有言，牵牛象农事，织女象妇功。七月田功粗毕，女工正殷，天象亦寓民事也。六朝以来，多写作儿女情态，慢神甚矣。丁亥七夕，偶与瑟轩论此事，倚此纠之。”“一从豳雅陈民事，天工也垂星彩。稼始牵牛，衣成织女，光照银河两界。秋新候改。正嘉谷初登，授衣将届。春耜秋梭，岁功於此隐交代。神灵焉有配偶，藉唐宫夜语，诬蔑真宰。附会星期，描抚月夕，比作人间欢爱。机窗泪洒。又十万天钱，要偿婚债。绮语文人，忏除休更待。”即诫余之旨也。⑥

文人的七夕词多写男女爱情，但是端木埰却劝诫况周颐写作勿涉及男女情

---

① 见《文教资料》，1985(5)。
② 《词选批注》，《张惠言论词》附录，《词话丛编》，第1621页。
③ 《词选批注》，《张惠言论词》附录，《词话丛编》，第1621页。
④ 端木埰：《碧瀣词》，陈乃乾编《清名家词》，上海：上海书店，1982年。
⑤ 况周颐著，孙克强辑考：《蕙风词话 广蕙风词话》，郑州：中州古籍出版社，2003年，第11页。
⑥ 况周颐著，孙克强辑考：《蕙风词话 广蕙风词话》，郑州：中州古籍出版社，2003年，第108页。

爱的"寻常儿女语",端木埰自己写作七夕词记录农作事功,就是提倡词的教化功能。端木埰曾以填词不宜用虚字协韵告诫之,又曾告诫勿轻率以寻常儿女语入词,而况周颐亦听从,"不复敢协虚字""不作七夕词",可见端木埰前辈在况周颐心目中的重要地位。

(二)亦师亦友王鹏运、朱祖谋

众所周知,在况周颐词学道路上最重要的指引人是王鹏运,王鹏运与况周颐曾同任内阁中书,又是同乡前辈兼生平至交,对况周颐的词学影响深远,况周颐亦以"词师"视之,其词《寿楼春》(难为兄僧弥)云:"……君伯氏,吾词师。"词前有小序曰:"别幼霞三年矣,见稚霞如见幼霞,填此奉贻,并寄幼霞。"词中的王维豫,字稚霞,王鹏运弟。况周颐到京城任内阁中书后,得到王鹏运的提携和指导,常相唱和,此后在晚清词坛渐露头角。

王鹏运继端木埰之后大力提倡"重拙大"之说,他有两首《沁园春》写他对词体的认识:其《沁园春·岛佛祭诗,艳传千古。八百年来,未有为词修祀事者。今年辛峰来京度岁,倡酬之乐,雅擅一时。因于除夕,陈词以祭,谱此迎神。而以送神之曲属吾弟焉》云:

> 词汝来前!酹汝一杯,汝敬听之。念百年歌哭,谁知我者?千秋沆瀣,若有人兮。芒角撑肠,清寒入骨,底事穷人独坐诗?空中语,问绮情忏否?几度然疑。玉梅冷缀莓枝,似笑我吟魂荡不支。叹春江花月,竞传宫体,楚山云雨,枉托微词。画虎文章,屠龙事业,凄绝商歌入破时。长安陌,听喧阗箫鼓,良夜何其?

《沁园春·代词答》云:

> 词告主人:釂君一觞,吾言滑稽。叹壮夫有志,雕虫岂屑?小言无用,刍狗同嗤。捣麝尘香,赠兰服媚,烟月文章格本低。平生意,便俳优帝畜,臣职奚辞?　　无端惊听还疑,道词亦穷人大类诗。笑声偷花外,何关著作?情移笛里,聊寄相思。谁遣方心,自成沓舌,翻讶金荃不入时!今而后,倘相从未已,论少卑之。

王鹏运在第一首词的序言里面说了,这是学贾岛祭诗,也在除夕时填词以祭祀词神,写的是迎神曲,在写作时仿效辛弃疾《沁园春·将止酒,戒酒杯使勿近》一词。第二首是代词神作答复之语。这两首词虽然是在游戏笔墨,但阐述了他的词学观,表达了他对词体深刻的反思。首先是词人问词神,"芒角撑肠,清寒入骨,底事穷人独坐诗?"人们说诗穷而后工,为什么不说词呢?词一样是自己的感情寄托。"空中语,问绮情忏否?几度然疑。"词是不是仅仅是缘情绮靡呢？词人表示疑惑。王鹏运问的是有关词体地位和词体创作风格的问题。接下来，词人列举了“春江花月”“宫体”“楚山云雨”等婉约词风，这是自宋以来词坛主流的创作内容和创作风格，词人对这样的风尚产生了怀疑。第二首是词神幽默的回答，先讲述了词的历史，词是“小言无用，刍狗同嗤”，以柔媚为主要创作倾向，因此“烟月文章格本低”，词被人小瞧。接下来说，“词亦穷人大类诗”，是对第一首词人问题的回答，词也一样穷而后工。“声偷花外”“情移笛里”的婉约词风已经“不入时”了，应该要创作符合时代潮流的词作。这里，王鹏运推尊词体之意是显而易见的，并且着眼于时代的变化，对词体的创作内容和创作风格提出了要求。

另外，王鹏运在与朋友的书信中提到过他的词学见解。如保存在况周颐《蕙风词话续编》卷一中的“半塘杂文”条所录王鹏运语：“……尤倾倒者在言情令引。少游晓风之词，小山蘋云之唱，我朝唯纳兰公子，深入北宋堂奥。……天资人力，百不如人，奈何奈何！万氏持律太严，弊流于拘且杂，识者至訾为痴人说梦，未免过情。然使来者之有人，综群言于至当，俾倚声一道，不致流为句读不缉之诗，则荜路开基，红友实为初祖。”①

这里王鹏运对纳兰性德的词非常赞赏，认为对填词来说天资和人力都很重要，还表达了他的词律观，他充分肯定了万树在总结词律上的开创之功，但认为万树持律太严，以致有拘束繁杂之弊。

以上所述王鹏运关于推重词体的观念、认为词应该顺应时代潮流的观念，以及他的词律观，都对况周颐产生了影响。

况周颐常把朱祖谋和王鹏运相提并论，以“良师友”比之，其《餐樱庑随笔》四八云：“余之为词，二十八岁以后，格调一变，得力于半塘。比岁守律极严，得力于沤尹，人不可无良师友也。”②民国元年以后，况周颐滞居上海，常与朱祖谋诗酒唱酬切磋词艺，交往甚密。

另外，况周颐在《餐樱词自序》里详细讲述了他向王鹏运和朱祖谋学习的经历，其云：

> 余自壬申、癸酉间即学填词，所作多性灵语，有今日万不能道者，而尖艳之讥，在所不免。己丑薄游京师，与半塘共晨夕。半塘词夙尚体格，于余词多所规诫。又以所刻宋元人词属为校雠，余自是得窥词学门径。所谓

① 况周颐著，孙克强辑考：《蕙风词话 广蕙风词话》，郑州：中州古籍出版社，2003年，第115～116页。

② 况周颐：《餐樱庑随笔》，《民国笔记小说大观》第一辑第四册，太原：山西古籍出版社，1995年，第61页。

重、拙、大，所谓自然从追琢中出，积心领神会之，而体格为之一变。半塘亟奖藉之，而其他无责焉。夫声律与体格并重也，余词仅能平侧无误，或某调某句有一定之四声，昔人名作皆然，则亦谨守弗失而已，未能一声一字，剖析无遗，如方千里之和清真也。如是者二十余年，继与沤、尹以词相切磨，沤、尹守律綦严，余亦恍然向者之失，龂龂不敢自放，乃悉根据宋、元旧谱，四声相依，一字不易，其得力于沤、尹与得力于半塘同。人不可无良师友，不信然欤。大雅不作，同调甚稀，如吾半塘，如我沤尹，宁可多得。①

况周颐自入京城后，结交同乡王鹏运，获观古今名作，得窥词学门径。王鹏运于其词多所劝诫，又以所刻《宋元人词》嘱为校雠。况周颐自与王鹏运以文字订交后，词风发生很大改变，并且在与王鹏运同为内阁中书时，两人与端木埰、许玉瑑唱酬切磋，于词学大有益处。况周颐晚年与朱祖谋过往甚密，以词相砥砺，他们的词学交往让况周颐认识到词律的重要性，益严词律。

总之，在况周颐的词学道路中起到指引作用的词人和词籍颇多，本文所论《古词选钞》《谷诒堂词选》《蓼园词选》均为词选本，端木埰也曾编选词集，可见词选本对词人学词的重要性。而从《谷诒堂词选》、《蓼园词选》、朱依真、王拯、苏汝谦、王鹏运对况周颐的影响又可看出地方文化对本地文人的深远影响。从王鹏运、朱祖谋对况周颐的影响又可看出词人群对词人的重要影响。

① 况周颐著，孙克强辑考：《蕙风词话 广蕙风词话》，郑州：中州古籍出版社，2003年，第443页。

清代广西《易》学著作辑考*

孙艳庆*

[内容提要] 清代广西学人的经学研究不绝如缕,其"经学研究史"曾引起当时广西籍学者的注意。清代广西经学家们勤于著述,产生了系列相关经学研究著作。其中,以《易》学著作较多。这些《易》学研究著作,在相关目录著作中有记载,相关作者的生平资料也间有传世。本文就二者略作集中考述,以便于清代广西《易》学相关研究的深入开展。

[关键词] 清代 广西 易学

作为中国古代社会的最后一个王朝,清代在学术文化方面也具有总结性、集大成的性质,取得了空前的成就。然而,具体而观,清代学术在地域方面又呈现出较大的差异性,各地区发展极不平衡。在清代学术史上,偏隅之地的广西,其取得的成就,自然不能跟江、浙、皖等乾嘉学术发生的中心地带相提并论,即使是与之毗邻的湖湘之地所取得的成就也要远出其右。

20世纪20年代,梁启超曾著《近代学风之地理的分布》一文,纵论有清一代学术发展的地理分布大势,其中论清代广西学术云:

> 广西崎岖山谷,去文化圈绝远,学者无得而称焉。雍乾间,有临桂陈榕门(宏谋),讲程朱学,为达官,有著书,时论颇称之,然以置他省,车载斗量矣。咸同间,有象州郑小谷(献甫),陈东塾曾称其学。又有苏爻山(其名及县籍待考)著《墨子刊误》,东塾为之序,称其"正讹字,改错简,涣然冰释,怡然理顺,而《备城门》以下尤详"云,斯亦一奇士一奇书矣。晚有临桂唐春卿(景崇),注《新唐书》,世以比裴松之。①

梁先生此处论清代广西学术极为简略,其中"车载斗量"云云,也可见清代

---

* 本文为2015年度广西高校科学技术研究重点项目"清代广西经学研究"成果(项目编号:KY2015ZD019);"广西特聘专家"专项经费项目成果;2012年度国家社科基金重大招标项目"桂学研究"子课题"桂学学术史研究"项目成果。

* 孙艳庆(1980~)男,山西长治人,文学博士,主要从事汉魏六朝文学与文化及清代学术史研究,现为广西师范大学文学院教师、中国语言文学博士后流动站在读博士后。

① 《梁启超全集》第14卷,北京:北京出版社,1999年,第4274页。

广西学术在梁先生看来几乎无足轻重。

不过,撇开横向的地域比较,将目光转向广西地域学术史的纵向发展,就会发现有清一代广西地域士人的学术研究,不论是著作数量,还是研究质量,都有了极大的提高。尤其是经学方面成就突出,涌现出了谢济世、陈宏谋、况澄、龙启瑞、郑献甫等一批专注于经学研究,并有著作传于后世的学者。

其实,对于广西历代士人在经学研究方面的史的意识,清代广西学人即有某种程度的自觉。如朱琦在为友人闵光弼所著《诗经大义》所题《后序》中云:

> 吾乡经学,自汉魏陈长孙父子始,然皆治《春秋》而不及《诗》。其后治《书》有全州文立缙;治《易》有灵川全赐、临桂张茂梧,及国朝蒋光昌、麦士奇;治《礼》则陆川庞希容、全州陈宣,而皆不及《诗》。其善说《诗》者,惟阳朔唐瑄一人耳,而平乐李志亦有《葩经约旨》一卷,盖治《诗》者之难其人如此。……吾友闵君喜,言诗尤笃信《诗序》,琦尝笑谓闵君:"吾乡治经者不乏,独治《诗》者少耳。以予所闻,近代惟唐、李二君,今至子而三矣。"……余更为考吾乡经学源委,及历代说诗者异同,附之简末,以为治经者劝云尔。①

尽管朱氏此段议论主要为广西历代治《诗经》者绝少而发,但同时"考吾乡经学源委",为广西历代学人的经学研究史勾勒出了简易轮廓。遗憾的是,此后却没有人在此基础上对历代广西学者的经学研究继续加以深究。

经粗略爬梳,清代广西学人在经学方面的著述在《易》学方面为最多。有鉴于此,笔者以下拟对有清一代广西地域所涌现出的《易》学家及《易》学著作进行一番钩辑,以便于人们对清代广西的易学乃至经学研究能有更为清晰的认识,从而展开更为深入广泛的研讨。

一、见存《易》学著述

(一)谢良琦:《上贾徙南业师论〈易〉书》②

谢良琦(1624~1671),字仲韩,又字献庵,号石臞。全州人。崇祯十五年(1642)举人。谢氏所从受业之贾氏师,为明清之际江南学者贾必选。贾氏字徙南,一字直生,江宁人,万历已酉举人。贾氏为《易》学家,入清后"隐居读《易》,

---

① 朱琦:《怡志堂文初编》卷三(《续修四库全书》据华东师范大学图书馆藏清咸丰七年刻本影印本),上海:上海古籍出版社,2002年,第1530册,第225页。

② [清]谢良琦著,熊柱等注释、点校:《醉白堂诗文集》,南宁:广西人民出版社,2001年,第82~88页。

老而目盲，托以避世，捐赀赡儒生数人，与之诵说疑义，凭几听之，一一为之剖析，随给笔札，录之成帙，至夜干不休，曰非是不乐也。卒年八十七”①。贾氏《易》学著作有《松荫堂学易》六卷，《四库全书总目》卷八“易类存目二”有提要称：“其解《易》以数为本，于《河图》《洛书》之异同，《先天》《后天》之分别，《上经》《下经》之反对，皆主发明邵子之说。”②宋代邵雍《易》学著作为《皇极经世书》，《四库全书总目》将其归入“子部・术数类”，则贾氏《易》学旨趣大略可知。

谢氏有《自寿序》述其从学经历云：“余年十二，先中宪见背，赖母太宜人及吾兄奉常督教，服阕补弟子员。已卯，已得复失。庚辰，奉常公第归，责益严。余亦自奋，得尽熟子、史诸书，猥以葩经，受知江宁贾夫子。”③又有《与贾二安书》自称“始年十九时，受知尊大父徙南夫子”④。至于其师从贾氏习《易》之经历，《上贾徙南业师论〈易〉书》一文言之颇详：

> 琦之从学于门墙二十二年矣。记癸巳春，侍师门百许日，师常手《易》一卷，谆谆以学相勉。是时，方驰骛于诗歌，未即学。及丁酉从蠡归，师之书已成帙，辄请付梓广其传。虽卒业，方学为古文辞，又未即学。前年秋得复侍坐隅，则师于所著书，方孳孳笔削，编数绝不已。窃以为《易》之书，圣人所尽心也，退而肆吾力焉。数月稍得其解，乃更取乡所刻师之书读之，愚蒙未能即悟，深用愧赧。既数月，又取读之，则愚蒙反加甚焉。又数月，则又如故。私自念师之于《易》，既周详矣。而再更定，是师之意亦以为或有未尽合者，倘求之而得有以裨益其高深，岂不甚快？于是尽取诸家书读之，反覆其论说，以求当于圣人。既久，则师之书之不合者，亦稍稍出焉。⑤

（二）卿彬：《周义贯义》（六卷）

卿彬（1748~1813），字雅林，广西灌阳人。岁贡生。据《清史列传》卷六七《卿彬传》，卿彬五岁而孤，有孝行。“为学严于律己，一言一行，未尝自欺。尝见诸子作字，告之曰：‘学书如修身，自有定则。若以趋时，讵有真品？’……彬生平邃深经学，晚尤嗜《易》，著《周易贯义》，《自序》谓：‘天地万物备于《易》，而皆贯以一心。然不敢曰一贯，故称《贯义》’云。又著有《洪范参解》《律吕参解》《楚词会真》《古诗十九首注》等书。嘉庆十八年卒，年六十六。子祖培，能承其

---

① [清]陈作霖撰：《明代金陵人物志》（周骏富辑《明代传记丛刊・综录类》影印本），台北：明文书局，1991年，第287~288页。

② [清]永瑢等撰：《四库全书总目》卷八“易类存目二”，北京：中华书局，1965年，第62页。

③ 前揭《醉白堂诗文集》，第76页。

④ 前揭《醉白堂诗文集》，第122页。

⑤ 前揭《醉白堂诗文集》，第82~83页。

学。”①

《周易贯义》一书现今于广西壮族自治区图书馆、桂林图书馆有藏。据《广西文献名录》,该书撰于嘉庆二年(1797),“将《周易》章句分句注解。每句先用黑体大字作标题,后用双行小字注释。总论以约全卦之旨,归至于系传。然后分释说卦、序卦、杂卦。逐章逐节注释。本书注释《易经》有四个特点:(一)图像在每条释文之中;(二)释文注意探究渊源、贯通脉络;(三)释文注意探索哲理之蕴奥;(四)释文串通各家之谈、综而贯之,故名《周易贯义》”②。

(三)郑献甫:《愚一录易说》

郑献甫(1801~1872),清代文学家、经学家、教育家。名存紵,字献甫,别字小谷,号识字耕田夫、草衣山人、白石先生。象州白石村人。道光十五年(1835)进士。任刑部主事,一年两个月后即因父病告假南归。不久,父母先后去世,从此不再出仕。“其为学姿禀超绝,强记博览,自谓于物无所好,唯于书如鱼之于水也。既绝意进取,益贯综六经诸子百家,于经义、史论、古文、诗词、四六骈体皆精之”③。生平先后主讲宜州、桂林、广州、象州等地各大书院。在广州期间,结识著名学者陈澧,相交颇深。郑献甫一生著述甚丰,计有:《鸿爪续集》3 卷、《补学轩诗集》8 卷、《补学轩续刻诗集》12 卷、《补学轩扶莺诗词》2 卷并附录 1 卷、《补学轩文集》6 卷、《补学轩文集续刻》7 卷、《补学轩文集外编》4 卷、《郑氏家记》1 卷、《愚一录》12 卷、《四书翼注论文》12 卷、《补学轩制艺》4 卷、《补学轩批选时文》2 卷、《象州志》4 卷(帙)。被誉为近代岭南文学巨匠、朴学大师、粤西儒宗。

所著《愚一录》十二卷,为群经汇解。《愚一录易说》为其中考说《周易》部分,因晚清民国间学者杭辛斋钞录考订,而以《愚一录易说订》单行流布。其说《易》:“取惠定宇、毛奇龄、孙星衍所辑,加以考证。”④“考订详明,列举鸿博,虽未章解句释,然举一义而贯串全经,求其凝滞,订其同异,朴实详尽,望而知为深于汉学者。”⑤“立论皆有根据,不为空谈。宗汉而不囿于汉,亦近今《易》说之善

---

① 王钟翰点校:《清史列传》卷六七《卿彬传》,北京:中华书局,1987 年,第 5396 页。

② 广西壮族自治区图书馆、广西壮族自治区桂林图书馆合编:《广西文献名录》,南宁:广西人民出版社,2009 年,第 686 页。

③ [清]蒋琦龄《小谷郑先生墓志铭》,载于[清]蒋琦龄著,蒋世玢、蒋钦挥等点校:《空青水碧斋诗文集》,南宁:广西人民出版社,2001 年,第 174 页。

④ 徐德明:《清人学术笔记提要》“《愚一录》”条,北京:学苑出版社,2004 年,第 164~165 页。

⑤ 中国科学院图书馆整理:《续修四库全书总目提要》(稿本),济南:齐鲁书社,1996 年,第 6 册,第 351~352 页。

者也。”①然亦间有错误,如“原书论《子夏传》或云丁宽作,或云馯臂子弓,或云杜子夏,大都皆汉人,异唐人伪作。……按《子夏传》臧庸据刘向《七略》‘韩婴字子夏’,《子夏传》为韩婴作,久已论定。郑氏不见臧氏所考,仍袭旧说”②,等等。

此外,据郑献甫所撰《刘处士墓志铭》:“处士讳为均,字玉贤……既葬,其孤多游于粤,凡相距十有二年,而长子鸿始出其行状……鸿,积学之士,清灯冷虀,不废读书。余曾为序其所辑《易说》,而许以善穷经者也。”③则郑献甫曾为刘成均之子刘鸿所辑《易说》撰序,惜此《序》已佚,不得见。

(四)龚延寿:《周易拟象》《周易史证》

龚延寿(1850~1891),字德征,号衡庵,广西贵县(今贵港)人。据《贵县志》卷一六《人物·龚延寿传》所附龚仁寿撰《衡庵行述》,龚延寿“世居贵县郭西里桐岭村。……聪颖异常,五岁能熟读《唐诗三百首》。……稍长遭乱废学。至十六岁乱平,父乃延师训课之。勤学善属文,每一艺出,同辈辄推服,师甚器重之。年十八,补弟子员,益力于学。泛滥诸子百家,礼乐名物、行陈韬略,靡所不研究。……二十一岁赋《道统歌》一章,师大惊异,曰:‘子任道之器,非吾所能授也。’因辞去。延寿奉周程朱张为师,致力于濂洛关闽之学。取先儒语录及《近思录》《小学》等书,潜心玩索,有所得则劄记之。自此述作甚富。里居二十余年,讲圣贤之学,四方弟子,执业问难者络绎于途。生平孝心纯笃……淫邪小说未尝一接于目。四十二以疾卒。门人为之题其墓曰‘正谊先生’。自著书有《论世录》二卷、《游艺集》二卷,别纂书有《立定脚跟集》十二卷、《文庙圣贤典型》四卷、《典型外编》一卷、《知人绪论》一卷、《诸子要语》四卷、《五子要语》四卷。所著述数十万言,可见其生平之种学绩文、苦心孤诣矣。……仁寿惟先生富于学而啬于遇,谨撰次生平行述,以信今传后焉”④。

其《周易拟象》《周易史证》二书,今桂林图书馆有藏。其中《周易拟象》一书,“分别以《周易》辞语五十九个作标目,下以四句、每句四字共十六字的对偶韵文作解释。然后以一段或数段文字阐发本辞语的深刻哲理。并用一动物形象比拟,故名《周易拟象》。作者试图用动物形象的比拟方式阐发易经中的深奥

---

① 杭辛斋:《愚一录易说订序》,载杭辛斋著,周易工作室点校:《杭氏易学七种》,北京:九州出版社,2005年,第793页。

② 前揭《续修四库全书总目提要》(稿本),第6册,第351~352页。

③ [清]郑献甫著,顾绍柏、岑贤安点校:《郑献甫集》,南宁:广西人民出版社,2013年,第802页。

④ 欧卿羲修,梁崇鼎等纂:《贵县志》卷一六《人物·龚延寿传》(《中国方志丛书》据民国二十三年铅印本影印本),台北:成文出版社,1967年,第993~994页。

哲理，达到把抽象的哲学思想解释清楚的目的”①。《周易史证》一书，“分两部分。第一部分：史证例言八例。第二部分：解释《易经》中的乾坤二字。分别以‘乾’‘坤’二字作标目，接着用一句话解释，最后用历史事例、自然现象、人事推理阐明乾坤二字的深刻哲理”②。

（五）金熙坊：《周易类象》

金熙坊，字子范，广西北流二厢人。据《北流县志》，其“品端学博，士林重之。咸丰七年城陷，乡里多依庇焉。八年复县城，十年解城围，俱率团助剿。叙绩由廪生保举训导，并膺岁荐。平生著述甚富，而《易卦类象》《洪范图说》二编，造极元（玄）微。殁后，提学孙钦昂以‘修儒’奏，将所著《春秋属比录》《粤璞》二书进呈，存库。蒙恩加赠国子监学正”③。金氏《周易类象》一书，“有乾卦类象、坤卦类象、坎卦类象、杂卦类象等八篇，分别阐发易学”④。

二、见录未见存《易》学著作

（一）蒋光昌：《读易管窥》

蒋光昌，字载锡，全州昇乡大路下人，“已酉举人，蒋鹏子。生而轩豁，异恒儿。比就傅，读书倍寻常。终日危坐嗒然，每发难，塾师惊悚。年十六，补弟子员，试辄魏等。康熙辛卯，始以第二人领乡荐，屡举不得志，益发愤。研经史攻诗古文，承学者经其指授，咸有程度。会兄兆昌作令尤溪，继调海澄，治烦理剧，君劳为多。未几，兄死，连遭四丧，囊无一缗。君念道纡且远，痛五棺无归期，乃授经海邑，积三载……所著有《读易管窥》《夏虫吟》，论者以为能云”⑤。

（二）麦士奇：《易经翼注》

麦士奇，崇善（今广西崇左）人，生卒年不详，“好读书，博学洽闻，尚秦汉古文词、性理诸书。清康熙八年举人。性笃孝，时狼兵寇乱，士奇负母夜走四十里，入那寅山中以避。生平好学持廉。设教三十年，卒不能殓，门人殡葬之。所著有《易经翼注》《燕回草》”⑥。

---

① 前揭《广西文献名录》，第 686 页。

② 前揭《广西文献名录》，第 687 页。

③ ［清］徐作梅修，李士琨纂：《北流县志》（《中国方志丛书》据清光绪六年刊本影印本），台北：成文出版社有限公司，1975 年，第 988~989 页。

④ 前揭《广西文献名录》，第 686 页。

⑤ ［清］温之诚修，曹文深等纂：（嘉庆）《全州志》卷八《人物上・蒋光昌传》，嘉庆四年刻本。

⑥ 黄旭初修，吴龙辉纂：《崇善县志》第八编《列传》（《中国方志丛书》据民国二十六年抄本影印本），台北：成文出版社有限公司，1975 年，第 360 页。

综上所考述，清代广西《易》学学人于康熙年间及道光以后居多，地域上自北而南分布于今天的全州、灌阳、象州、贵港、北流、崇左等地，在学风方面以倾向于象数之学居多，同时不乏以乾嘉考据之学治《易》的学术著作，如郑献甫的《愚一录易学》等。

谢肇淛《百粤风土记》述略*

周　娴　钟　琼　吕立忠*

［**内容提要**］《百粤风土记》是明代末年谢肇淛在广西任官时辑撰的一部记录见闻的笔记著作，其传本极为稀少，长期以来，学者不易知见。今依藏于中国国家图书馆的抄本二种，介绍其内容与文献价值。

［**关键词**］　**百粤风土记　广西文献　广西古籍　古籍　谢肇淛**[①]

一、《百粤风土记》的作者

《百粤风土记》的作者谢肇淛（1567～1624），字在杭，福建长乐人。出身书香之家。万历二十年（1592）进士，历任湖州推官，南京刑部、兵部主事，工部屯田司主事、都水司郎中，云南布政使司左参政兼佥事。天启元年（1621）擢广西按察使，天启二年晋广西右布政使，不久晋左布政使。天启四年提调省试。后卒于任上。在桂任职期间，力革积弊，有善政。还校刻唐代粤西著名诗人曹唐、曹邺的诗集——《二曹诗》行世。一生历游川、陕、两湖、两广、江、浙各地。癖好聚书，以藏书耀于东南，收宋人集颇富。擅长诗文，为当时闽派诗人的代表。博学多才，涉猎广泛，又勤于学问著述，是明末著名学者。一生著述宏富，多达20余种。[②]尤以笔记著称，所著《五杂组》为明代一部有影响的学术笔记著作。自20世纪90年代以来，其著作被整理（影印、点校）出版的较多，主要有：《历代笔

---

* 本文是国家社科基金重大招标项目“桂学研究（项目编号12ZD164）”子课题“桂学文献研究”阶段性成果之一。

* 周娴：（1982～ ），女，汉族，广西梧州人，管理学学士，研究生学历，广西桂林图书馆副研究馆员，研究方向为文献信息资源管理与利用；钟琼：（1967～ ），女，汉族，广东梅州人，文学学士，研究生学历，广西桂林图书馆馆长，研究馆员，研究方向为文献信息资源管理与利用；吕立忠：（1968～ ），男，汉族，广西全州人，理学学士，本科学历，广西桂林图书馆研究馆员，研究方向为广西历史文化与文献。

① 谢肇淛：《小草斋文集》卷六之《重刻二曹诗序》，见《四库全书存目丛书》集部第175册，济南：齐鲁书社，1997年，第710页。

② 详见陈艳红：《谢肇淛及其著述研究》，福建师范大学硕士学位论文，2007年。另见2006年《闽都文化研究》一书中陈庆元《谢肇淛及其著述》。

记小说大观》之《五杂组》,《福建丛书》之《谢肇淛集》,《四库全书存目丛书》之《小草斋集》(三十卷)、《小草斋续集》(三卷)、《小草斋文集》(二十八卷)等。

二、《百粤风土记》的成书及书目载记与流传情况

《百粤风土记》为谢肇淛在广西右布政使任内所辑,“首述地理沿革,次山川胜概古迹,次物产风俗,次瑶壮种类及土司建置,末采元至元中陈刚中使安南时即事律一首以附于后,盖诗中纪安南风土为详,而自注所载尤为赅备,以国境与粤西毗连,类而及之耳”①。成书于明天启二年(1622)九月。因广西古属百越地,故名。谢肇淛于书前自序云:“桂林象郡,秦汉始隶职方。其地多危峦怒江,虎蹲电激,其人多山傜水蛮,被卉食生,往往阻声教而寻干戈,故虽列王会,而掌故阙焉。唐莫休符、宋范至能洎近代田叔禾、张羽王诸君子间有纪述,多饾饤而寡全鼎,无亦以弹丸荒服,非輶轩所恒经,文人墨士即欲探砂句漏,问石郁林,而至者尠矣。余提刑粤西,受事之日浅,而师命十七,病十三,惧窃升斗而无述也,取风土之耳且目者,次第笔焉。视郡邑诸乘,繁简迳庭矣,而间出乘之所未载。语有之:‘胡人见黂,不知为布。’是为粤黂也。藏之宛委,以俟后之观风或有采云。天启壬戌九月下浣,晋安谢肇淛识。”②可见其辑著《百粤风土记》,是为介绍粤西情况与保存粤西资料。

《百粤风土记》书成后,应有流传。明崇祯十年(1637),著名地理学家徐霞客游历广西时,在桂林闻书肆有卖此书,即曾派人购买。其《徐霞客游记》之卷三上《粤西游日记》中该年六月初三日记中记:“初三日……余闻郑子英言,十字街东口肆中,有《桂故》、《桂胜》(俱张鸣凤羽王辑)及《西事珥》(学宪魏濬辑)、《百粤风土记》(司道谢肇浙辑)诸书,强静闻往市焉。”③徐霞客《粤西游日记》中还有其阅读《粤西风土记》并考证书中所记之事的记载。④ 至清康熙间,汪森辑编《粤西丛载》时,在卷十七、卷二十四等卷,摘录有较多的《百粤风土记》的内容。《(乾隆)南宁府志》、《(乾隆)庆远府志》等诸多广西志书亦摘引其内容。清谢启昆《(嘉庆)广西通志》之《艺文略》据《明史 · 艺文志》著录《百粤风土

---

① 傅增湘:《〈百粤风土记〉跋》,见《图书季刊》,1940(3)。

② 谢肇淛:《百粤风土记 · 自叙》,见《中国风土文献汇编》第一册,北京:全国图书馆文献缩微复制中心,2006年,第55~59页。

③ 徐弘祖:《徐霞客游记》,上海:上海古籍出版社,1982年,第346页。

④ 徐霞客明崇祯十年六月初七日日记云:“初七日……览《西事珥》《百粤风土记》。”其七月二十三日游桂平白石山,考证《西事洱》《百粤风土记》所记“漱玉泉”,日记中有记:“……山北有漱玉泉。《西事洱》《百粤风土记》俱谓其泉‘暮闻钟鼓则沸溢而起,止则寂然’,诧以为异……”

记》,并记“存”,该志还在《舆地略》《经政略》等“略”中摘引《百粤风土记》的内容。据此,可见《百粤风土记》在广西的流传与影响。

《百粤风土记》除在《明史·艺文志》《(嘉庆)广西通志》之《艺文略》著录外,在其他一些公私书目中亦有著录。现有资料亦表明,该书亦可谓传本罕见,学者、藏书家不易得见。民国时期,著名藏书家傅增湘先生得见抄本,为之作跋。其跋中即称:“此书钞本一册,不分卷,明晋安谢在杭肇淛所著,钞存者侯官郑氏注韩居也。在杭博闻嗜学,藏书闳富,是书为其提刑粤西时所辑……在杭撰述至富,当世多已刊行,惟此书不特未见雕镌,即传写亦未闻著录。《千顷堂书目》既未之载,遍检近世丛刻诸书咸不见采录,洵可谓罕秘矣。丁丑二月,余探梅南行,获此于南中旧家。原本版心有‘注韩居’三字,卷首钤‘侯官郑人杰’、‘林少穆珍藏’诸印,盖二百年来名宦宿彦固已珍秘视之矣。”①民国时期,著名出版家张元济曾欲辑印《国立北平图书馆善本丛书》第二集,向傅增湘先生商请借印《百粤风土记》,书已得借,但后来该丛书未来得印成。②

《百粤风土记》传本珍稀,当代学者知见不易。故在引用《百粤风土记》的资料时,多转引《粤西丛载》、《(嘉庆)广西通志》等书中摘录出的内容;③在著录该书时,均引《明史·艺文志》,且称“未见”:如1999年出版之《广西通志·社会科学志》于所附《明代及明代以前主要学术著作目录》中称:“原书未见,书目收入《明史艺文志》”④,广西地方文献专家莫欣凤先生于所著《广西历史沿革及文献研究》一书亦称:“原书未见,书目收入《明史·艺文志》。”⑤其实,《百粤风土记》仍存于世。今有清抄本两种,藏中国国家图书馆,为《中国古籍善本总目》

---

① 傅增湘:《百粤风土记跋》,见《图书季刊》。又见傅增湘《藏园群书经眼录》卷5。跋中傅先生言《千顷堂书目》未载《百粤风土记》,误——该书目卷七史部有载。另《百粤风土记》曾刻印,见国家图书馆藏清抄本《百粤风土记》之黄世发识文。

② 据1940年6月19日“张元济致傅增湘信”,另据张元济先生《在〈国立北平图书馆善本丛书〉第二集书目上批注》中有:“又傅沅叔先生加入《桂林郡艺文志》八卷及《百粤风土记》,该二书由傅先生迳寄。”“张元济致傅增湘信”及“批注”分别见《张元济全集》第3卷第415页、第10卷第306页。

③ 如1999年出版钟文典《广西通史》第一卷第390页:“靖江王在王城内所酿名酒很多,也很有闻。《百粤风土记》记载说:‘会城宗藩家多自酿。即以其别号名酒,不下十数种。’”即标明所引《百粤风土记》记载来自“谢启昆《广西通志》卷一七八《经政二八》”。

④ 广西壮族自治区地方志编纂委员会:《广西通志·社会科学志》,南宁:广西人民出版社,1999年。

⑤ 莫凤欣:《广西历史沿革及文献研究》,香港:华南资料出版社,2001年。另,陈庆元2006年《谢肇淛及其著述》一文、陈艳红2007年硕士论文《谢肇淛及其著述研究》等谈及《百粤风土记》,均仅据《明史·艺文志》。

著录。一种分卷,有清黄世发①、谢章铤“识”及徐恕“跋”。其中黄世发的“识”最早,其识文曰:“先方伯百粤风土记一本,予旧有刻本亡之矣。乾隆壬寅花朝借抄廖香粟家,越十日蒇事。弱中识。”据此,知其曾藏《百粤风土记》刻本,后不存,于乾隆四十七年借抄而得。另一种不分卷,为清郑氏“注韩居”抄本。② 两种抄本,保存完整。2006 年全国图书馆文献缩微复制中心出版之《中国风土文献汇编》,其第一册收录有谢肇淛《百粤风土记》,版心题“注韩居”。

三、《百粤风土记》的内容与文献价值

《百粤风土记》所记广西事物,首述地理沿革:总述粤西之后分述桂林、柳州、庆远各地,文字简要,可得大概。如“浔州,汉鬱林州郡也,治布山县。梁置桂林郡,陈改尹州,隋改鬱州,唐改浔州,复改浔江郡,元置浔州路。国朝改路为府,领县三,曰桂平,曰平南,曰贵。故有横州、永淳县,后改隶南宁府”③。次述山水名胜,有山岭、岩洞、泉潭,以桂林最多,独秀山、叠彩山、伏波山、漓山(象鼻山)、七星岩等桂林诸胜皆囊括在内,另有阳朔、全州、梧州、荔浦、博白等县山川之胜。书中还记粤西气候物产,或不同于他地,或为粤西特有。气候如:“桂林虽无瘴,而苦淫雨,自春徂冬,十仅一霁,故地湿而物易腐,屋栋皆为蚁蛀,夏秋酷暑多蚊蚋,尤不可耐,甚于闽广。”④记粤西多瘴:“桂诗云:五岭皆炎热,宜人独桂林,以风高无瘴也。下至平乐、梧州及左右江,瘴气弥盛,早起氤氲,咫尺不相见,非至巳不见山也。其瘴,春曰青草,夏曰黄梅,秋曰新禾,冬曰黄茅。又有曰桂花、菊花者,四时不绝,而春冬尤甚。唐人谚云‘青草黄茅瘴,不死成和尚’。滇闽皆有瘴,然春尽乃发,秋高而止,未闻贯四时也。”⑤物产如:“鹦鹉、孔雀产蛮洞中,甚多。有白者……”⑥“绵木,生永宁山中,义宁、阳朔皆有之,细干而柔

---

① 黄世发,字弱中。福建晋安人。

② “注韩居”为清福建侯官人郑杰的室名。郑杰(约 1750~1800),字人杰,又字昌英,乾隆贡生,藏书数万卷。郑氏自弱冠为诸生,即潜心稽古,不汲汲以科名为务。好读韩愈诗,欲合闽中方崧卿、魏仲举等人,广为辑注,并以“注韩”名所居。

③ 谢肇淛:《百粤风土记》,见《中国风土文献汇编》第一册,北京:全国图书馆文献缩微复制中心,2006 年,第 66 页。

④ 谢肇淛:《百粤风土记》,见《中国风土文献汇编》第一册,北京:全国图书馆文献缩微复制中心,2006 年,第 124 页。

⑤ 谢肇淛《百粤风土记》,见《中国风土文献汇编》第一册,北京:全国图书馆文献缩微复制中心,2006 年,第 123~124 页。

⑥ 谢肇淛:《百粤风土记》,见《中国风土文献汇编》第一册,北京:全国图书馆文献缩微复制中心,2006 年,第 118 页。

韧,治为枪柄长能及远,轻且不折。"①《百粤风土记》一书中,对粤西经济生活、土风民俗、土司情况及粤西军事多有涉及,且尤为详细具体,有较高的文献价值。今分别抄录若干,略作介绍如下。

（一）生产生活等经济情况

《百粤风土记》中涉及粤西生产生活情况的内容较多,如:

记百姓衣食情况:粤西衣食多由外地供给。其文曰:"粤西不毛之地,土瘠民贫,不事力作。五谷之外,衣食上取给衡永,下取给岭南。中人以下之家,株守度日而已。官署曹椽而下,皆短衣芒屩,或跣著高屐,无中禪……"②

记粤西织布养蚕:除玉林葛布出名外,他地并无养蚕织布。其文曰:"鬱林葛布,阔而长至五六丈,织龙凤文,岁贡天府,万历中,诏取至千余匹,一时涌贵。然厚重,非暑月所宜。此外,粤西寒暑之服,咸取给于衡永、肇庆。人家无蚕绩之具。即有土布,粗薄殊甚。张文昌诗'有地多生桂,无时不养蚕',非实录也。抑古今俗悬绝至是耶?"③

记粤西盐业、盐政:"粤西食盐,非地所产,皆取给于粤东。粤东饶而粤西瘠,商不乐至,不得已官自为市。盖自唐刘晏行常平盐,岁取赢钱百余万以给军饷、官禄,行之至今。国朝以楚之长、宝、衡、永四郡,郴、道二州,皆附于桂林行盐。每岁于粤东买七千五百引,引十四包,包百二十五斤,官造船给值及往返工费,一岁二运,遣官统之,而商分任焉。又许私带十之一,谓之商盐,与官盐搭配出售,取其余息以饷营兵,岁可得二万缗。但盐出于东,东人往往齮龁西商,商益重困,而奸伪百出,虽欲禁之,不可得已。"④

记粤西酿酒饮酒:"酒以寄生为上,官私皆用之。梧州者佳。会城宗藩家多自酿,即以其别号名酒,不下十数种。然多以火酒杂之,间有似绍兴豆酒者。此外有莲花酒、阳朔酒、茅濾酒、春风酒。而《虞衡志》所谓瑞露、辣泉者,绝无之。酒肆既多,日中以后,自卫衙役至市井小民,无不踉跄醉者。"⑤

记粤西鱼产:"鱼虾之属,四时满市。佳者藤县有鲭鱼,梧州有嘉鱼、鲥鱼,

---

① 谢肇淛:《百粤风土记》,见《中国风土文献汇编》第一册,北京:全国图书馆文献缩微复制中心,2006年,第119页。

② 谢肇淛:《百粤风土记》,见《中国风土文献汇编》第一册,北京:全国图书馆文献缩微复制中心,2006年,第127页。

③ 谢肇淛:《百粤风土记》,见《中国风土文献汇编》第一册,北京:全国图书馆文献缩微复制中心,2006年,第121页。

④ 谢肇淛:《百粤风土记》,见《中国风土文献汇编》第一册,北京:全国图书馆文献缩微复制中心,2006年,第114~115页。

⑤ 谢肇淛:《百粤风土记》,见《中国风土文献汇编》第一册,北京:全国图书馆文献缩微复制中心,2006年,第119~120页。

桂林有鯇鱼、鳜鱼、竹鱼……”①

记粤西畜产:“山瘠草稀,故不宜羊。吉凶之外,无屠肆也。豕特腯甚。犬则鬱林者雄……”②

记利用山区多石的便利,烧石灰用于农业生产,可改善土壤肥力,提高产量与收入:“种田煅石为灰,俟秧稍长,以杂粪相匀,撤之。数日苗倍青翠,以后不复粪肥矣。山田视平川田直(值)稍高,以石便也。”③

记粤西造纸制作“纸甲”(纸铠甲),坚固能防御矢石:“粤西纸甲,矢石不能入,胜于铁(甲)也。其纸出柳之宾州,裹以旧絮,杂松香熟搥千杵,外固以布,缀而缝之,每甲费白金六、七钱许耳……”④

(二)土风民俗

书中记“百粤诸蛮”风俗尤详,所载涉及饮食、居住、恋爱、婚姻、歌舞等内容。其文曰:“百粤诸夷……岁首祭先,杂糅鱼肉酒饭于木槽,扣槽群号为礼。十月朔,祭都贝大王,男女连袂相携而舞,谓之踏谣。意相得,则负去。乐有铙鼓、葫芦、笙、竹笛之属……壮与瑶杂处,风俗略同……居室缉茅,衡板上以栖止,下畜牛羊猪犬,谓之麻栏,子大娶妇,别栏另爨。娶日,妻即还父母家,时与夫野合,觉有娠,乃密告夫作栏。又数年,延师巫,结花楼,祀圣母,亲族男妇数百千人,歌饮号叫,三四日夜乃毕,谓之作星。少妇春时三五为伴,于山椒水湄歌唱为乐,少男群歌和之,竟日,以衣带相赠答去……又有仡僚二种……婚葬用五行,以鸡卜吉凶。乐有六管笙,两脚踏地而吹,众歌以倚之。又以大木一枝,埋地作独木楼,高数丈,上覆瓦铺板。男歌唱者,夜则缘宿其上,谓之罗汉楼……”⑤

此外,有记粤西迷信巫祀,其文曰:“粤人淫祀而上鬼,病不服药,日事祈祷,视贫富为丰杀,延巫鸣钟铙,跳跃歌舞,结幡焚楮,酾酒椎牛,日久不休。事毕,

① 谢肇淛:《百粤风土记》,见《中国风土文献汇编》第一册,北京:全国图书馆文献缩微复制中心,2006年,第120页。

② 谢肇淛:《百粤风土记》,见《中国风土文献汇编》第一册,北京:全国图书馆文献缩微复制中心,2006年,第121页。

③ 谢肇淛:《百粤风土记》,见《中国风土文献汇编》第一册,北京:全国图书馆文献缩微复制中心,2006年,第127~128页。

④ 谢肇淛:《百粤风土记》,见《中国风土文献汇编》第一册,北京:全国图书馆文献缩微复制中心,2006年,第113页。

⑤ 谢肇淛:《百粤风土记》,见《中国风土文献汇编》第一册,北京:全国图书馆文献缩微复制中心,2006年,第132~136页。

插柳枝户外，以禁往来……”①还有记粤西“僧多不削发，娶妻生子，名曰在家僧”②等土风民俗。

(三)土司情况

书中所记明代广西土司情况颇详，谓：“左右江土官，自唐已(以)来有之。有侬氏四道，黄氏四道……大者为州，小者为县，又小者为洞。宋开拓寖广，州、县、洞五十余所，多从国姓赵，其官有知州、权州、监州、知县、知洞、同发遣、权发遣之属，谓之主户。民谓之提陀，华言百姓也。其所掠得婢仆，谓之家奴，亦曰家下。民之强壮者，曰田子、田丁，亦曰马前牌，总谓之洞丁，妻曰媚娘。虽曰羁縻，然租税不供，文告不行。其人民土物，非中国有也。国朝仍其旧土，稍加易置。世官之下，铨一二流官佐之……今侬姓绝无，惟都结州姓农。传云，智高叛后更易。而黄姓尚多……”③

记土司势力：“诸土司惟田州、泗城最强，南丹次之。田州临大江，地势平衍，沃野方数百里，精兵万人，呼之即应。土酋桀骜反侧，时与诸土司为难，故未暇窥我内地。泗城方千余里，兵倍田州，散居岩洞，石城险绝，芭蕉关尤峻而固……”④

(四)粤西兵事情况

有明一代，广西兵事频仍，《百粤风土记》所记涉及兵力、征调、戍守等情况者亦多，如：“永乐初，调湖广、贵州军征广西蛮，遂留戍其地。后贵州军以征麓川撤回，独留楚军万人分戍桂林、柳州、平乐诸州邑。有万户及裨将统之，阅岁践更。然水土不习，多至病死，间逃亡不赴者，法不能尽绳也。其戍守梧州则粤东军，原以万数，今减为三千云。”⑤“土司兵故精劲，每遇警辄征召。大者数千计，小者百计。行之既久，兵日骄恣，民且苦兵。总督尚书王守仁以征召频数，人不堪命，因议更番戍守之法，戍省者三千，戍梧者四千，戍柳者二百，地方小

① 谢肇淛：《百粤风土记》，见《中国风土文献汇编》第一册，北京：全国图书馆文献缩微复制中心，2006年，第126页。

② 谢肇淛：《百粤风土记》，见《中国风土文献汇编》第一册，北京：全国图书馆文献缩微复制中心，2006年，第126页。

③ 谢肇淛：《百粤风土记》，见《中国风土文献汇编》第一册，北京：全国图书馆文献缩微复制中心，2006年，第140~142页。

④ 谢肇淛：《百粤风土记》，见《中国风土文献汇编》第一册，北京：全国图书馆文献缩微复制中心，2006年，第142~143页。

⑤ 谢肇淛：《百粤风土记》，见《中国风土文献汇编》第一册，北京：全国图书馆文献缩微复制中心，2006年，第144~145页。另按：谢启昆《广西通志》抄录此材料，标明出自《百粤风土记》。但多“永乐二十一年，广西备御，用湖广军五千，不足，复添五千，分班轮戍”一句，该句应是摘录他书资料误入的。

警，以成兵雕之……”①

记“狼兵”曰：“诸土司兵曰狼兵，皆骁勇善战，而内甲尤劲。非土官亲帅之，则内甲不出。往岁征倭、平大藤诸贼及皮林崖黎，皆用之。然骄蹇无纪律，往往取败。所过剽掠，不可禁止。华林峒贼反，檄田州兵剿之，路人谣云：‘华林贼，来亦得；土兵来，死不测。’”其叙写“狼兵”之勇与害。谢肇淛还于其后进一步叙道：“然中国之喜用狼兵者，不独以其勇也。汉兵行有安家行粮，而土兵止给行粮，省费一倍，每兵一日仅白金一分二厘耳。所谓惜小费而忘大害者也。近日援黔、援山海关，俱有调狼兵之议。然土司桀骜，视昔百倍，见安、奢之变，有轻中国心，我能必制其命乎？中途反噬，悔之何及。当事者宜熟思之也。”②

记明代鞑靼官兵——“达目”遣驻广西，以及“达军”的数量等情况：“洪武中，分置故元降将纳哈出诸王，哥烈沙及其官属于闽广，广西自是有‘达目’。弘正间哈密之役，吐鲁番使臣发广西安插，收入桂林中右二卫。而近有口外归降者资遣而来，概谓之‘达目’。今桂林达官（指挥、千户、百户、总旗）、达军达目共一百八十六名。梧州达舍二十名。初但食以禄粮，自广东黄萧养之乱，奏准随征，其后一概差调。习骑射，敢勇耐劳，行阵间颇得其力。”③此为明代蒙古等籍军士遣驻粤西情况的重要文献记载。④

谢肇淛《百粤风土记》，与唐莫休符《桂林风土记》，宋范成大《桂海虞衡志》、周去非《岭外代答》，以及明魏濬《西事珥》等同类。其所记，涉及粤西的历史沿革、山水地理状况、气候特产、生产方法、风俗习惯、土司制度、明朝的统治政策等，对研究包括粤西在内的明代西南地区少数民族的政治、经济、社会问题等具有重要参考价值。傅增湘先生除指出其传本珍稀外，对此书的评价亦不低，他说：“在杭此编，以簿书之暇日，为輶轩之采风，叙次有法，详简得中，文字亦复闲雅可诵，言粤事者得此书观之，庶足以知要领矣。”⑤应该说，《百粤风土记》所记资料，许多地方志书未载⑥，尤具价值。书中许多材料，亦为《粤西丛

---

① 谢肇淛：《百粤风土记》，见《中国风土文献汇编》第一册，第146~147页，北京：全国图书馆文献缩微复制中心，2006年。另按：谢启昆《广西通志》抄录《百粤风土记》中此材料，但“戍柳者二百”为“戍柳者二千”。

② 谢肇淛：《百粤风土记》，见《中国风土文献汇编》第一册，第143~144页，北京：全国图书馆文献缩微复制中心，2006年。按：安奢之变，指安邦彦、奢崇明之变。

③ 谢肇淛：《百粤风土记》，见《中国风土文献汇编》第一册，第145~146页，北京：全国图书馆文献缩微复制中心，2006年。另按：纳哈出（？~1388）扎剌儿氏，蒙古族。成吉思汗四杰之一木华黎嫡孙。哥烈沙，也写作哥列沙。

④ 汪森：《粤西丛载》于卷二十四“蛮种土司”，有“达目”一条，抄录其文。

⑤ 见傅增湘：《百粤风土记跋》，《图书季刊》，1940(3)。

⑥ 谢肇淛《百粤风土记自叙》中即言所记“间出乘之所未载”。

载》《(乾隆)南宁府志》《(乾隆)庆远府志》《(嘉庆)广西通志》等诸多志书,以及以后的《粤述》《粤西偶记》等笔记杂记所抄摘、引用。但其传本绝少,学者多不得见,长期以来,仅能从《粤西丛载》等书的摘引、抄录中窥其一斑,而难以得见其全貌。近虽有《中国风土文献汇编》影印本之出版,然因非单独印行及印数较少等原因,今之学者仍难知见。故至今未见研究专文,更不见校点整理本问世。笔者特略作介绍,期能抛砖引玉,以使《百粤风土记》这一珍贵文献,能得到学界进一步的研究、整理及利用。

石涛“画心”说理论构成及其艺术“心学”意义*

——石涛《画语录》画学理论体系研究之二

张 逸*

[内容提要] 石涛《画语录》是中国古代绘画理论的重要著作,“一画”论是其画学理论体系的哲学本体论范畴,“画心”说则是其艺术本体论范畴,两者相辅相成,相得益彰。“画心”含有“画从心”、绘画之心、画家之心等含义,指向心灵、自我、性情、个性、趣味、蒙养等人心构成,形成艺术本体论、渊源论、动机意图论、创作论、主体论、方法论等理论系统;既有哲学“心学”及其“文心”“乐心”“书心”“画心”等思想理论渊源,又对中国古代文艺“心学”及其人文传统发展产生影响与意义。

[关键词] 石涛《画语录》 “画心”说 “画从心” 文心 心学

石涛原名朱若极,广西桂林人,明藩靖江王朱守谦后裔,朱亨嘉子。后削发为僧,法名原济,一作元济。小字阿长,字石涛,号大涤子、小乘客、清湘遗人、瞎尊者、零丁老人、苦瓜和尚等。石涛为中国清代著名画家,与当时弘仁、髡残、朱耷合称画坛“清初四高僧”;亦为中国古代著名绘画理论家,以其画论著作《画语录》著称于世。清著名画家王原祁评曰:“海内丹青家不能尽识,而大江以南,当推石涛为第一。”当代著名画家吴冠中评曰:“薄薄一小本,却分量千钧著作的世界影响。”① 足见石涛绘画及其绘画理论价值与地位。因此,研究者络绎不绝,接踵而至,石涛绘画及其《画语录》研究发展至今已成为学界一门显学。

目前学界对于石涛《画语录》理论研究,从较多关注其画论的一些重要概念、观点、命题及其某个篇章的研究,如“一画”“了法”“无法之法”“搜尽奇峰打

---

* 本文成果为 2012 年度国家社科基金重大招标项目“桂学研究”,项目批准号:12&ZD164;2013 年教育部人文社科项目“文学批评机制研究”,项目批准号:13YJA751063;2013 年广西“自治区‘特聘专家’专项经费资助”项目。

* 张逸(1983~),男,湖北黄冈人,广西师范大学设计学院讲师,硕士,研究方向:影视与摄影艺术、美术史论。

① 吴冠中:《我读〈石涛画语录〉》,郑州:大象出版社,2010 年,第 11 页。

草稿”“变化”“笔墨”“氤氲”“脱俗”“远尘”“资任”等专题研究，逐渐拓展深化为“一画”论的艺术本体论研究及石涛绘画理论体系的整体、系统、全面研究，使石涛画学研究进入到一个新的阶段。在这些研究基础上，研究者不仅需要进一步完善、创新和发展石涛画学研究，而且还需要继续开发和利用这笔宝贵的艺术理论资源，更为重要的是发掘与发现以往研究所忽略与遮蔽的某些资源价值，清除研究盲点和盲区，以更好地推动当代绘画艺术及其画学理论创新发展，形成中国绘画理论的特色与优势。笔者认为，对石涛《画语录》研究还存在一些盲点及薄弱之处，或者说还需要进一步拓展深化研究视野与研究视角，如石涛“画从心”说的研究目前还没有引起学界及画界足够重视，与文学的“文心”说研究热点比较而言相对滞后，因而未能准确反映与把握中国古代文艺“心学”发展的整体面貌。因此，本文试图以艺术“心学”作为研究视角及主旨，从石涛“画从心”说立足，阐发与探讨“画心”说的理论价值与意义。

一、“画心”说与“一画”论关系辨析

石涛《画语录》共分 18 章，首章为《一画章第一》，旨在提出“一画”论以统领全书以下各章，形成其画学理论体系及其知识谱系与逻辑结构的整体性、系统性和构成性。石涛开门见山曰：“太古无法，太朴不散，太朴一散而法立矣。法于何立，立于一画。”①“一画”是基于“太古”“太朴”，亦即“道”而提出来的概念，本于道家始祖老子“道生一，一生二，二生三，三生万物”②之论。因此，“一”与“道”紧密相关，不仅含有“道生一”的思想观念，而且含有“一”即“道”的本生观念，即“道”为“一”之本体，“一”为“道”之显现，亦即“一画”为“道”之“理念的感性显现”③。也就是说，“一画”是“太古”“太朴”“太一”之“道”落实于绘画的具体体现，“一画”乃绘画之道，即“一画”之道。在石涛所立“一画”之道基础上，衍生与拓展出其他概念、命题、理论，构成其画学理论体系。

由此可见，石涛画学理论的核心概念与理论基础是“一画”论，其他概念、命题、理论均是隶属于“一画”论画学体系的构成要素及石涛绘画思想的具体呈现与展开。“画心”亦不例外，也是基于“一画”论提出的一个重要概念，两者必然具有不可分割的紧密关系。“画心”既是在“一画”论基础上形成的概念，是“一画”论画学体系不可或缺的重要组成部分，又是与“一画”论相辅相成、相得益

① 石涛：《画语录·一画章第一》，见俞剑华《中国画论类编》上卷，北京：人民美术出版社，1986 年，第 147 页。以下本文所引石涛《画语录》引文均出自该书，不再注明出处。

② 老子：《道德经》，任继愈译著《老子新译》，上海：上海古籍出版社，1985 年，第 152 页。

③ [德]黑格尔：《美学》第一卷，朱光潜译，北京：商务印书馆，1979 年，第 142 页。

彰、统一为一体的理论构成，两者具有十分紧密的内在逻辑关系。

首先，从“画心”说提出的语境及其原因看，“画从心”是依循“一画”论思想提出的结果。“画从心”出自《一画》章，石涛开篇在论述由“太古无法”到“太朴一散而法立”时提出“法于何立，立于一画”，意在指出“一画”秉承太古无法之道，或源自于道，因此“立一画之法者，盖以无法生有法，以有法贯众法也”，“一画之法”可谓“一画”之道。继而以“见用于神，藏用于人，而世人不知”为由提出“一画之法，乃自我立”的缘故，既凸显石涛所立“一画”的独创性，又突出了画家“自我”意识及其创作主体性。由此可见，此论的事理逻辑与论述逻辑为：“道”—“一画”—“自我”；从“立法”角度而言，其逻辑为：“无法”—“有法”—“法自我立”。由“一画”立论，往上溯源，来源于“太古”“太朴”之道，往下落实，来自于“乃自我立”。也就是说，“一画”论立足于“道”又落脚于“自我”，一头连接其植根于“道”，一头连接其归本于“自我”，从而将形而上之“道”落实于形而下之“自我”上。以此说明“一画”既具有哲学本体论与方法论意义，又具有艺术主体论及创作论意义。当然，也旨在说明“一画”的合法性、合理性与逻辑性所在，由此引出“画从心”之论才水到渠成，顺理成章。经过层层铺垫、逻辑推衍的“夫画者，从于心者也” 呼之即出，将其概括为“画心”说理所当然，由“道”至“一画”、由“自我”到“画心”的逻辑合情合理。

其次，从“画心”说功能作用看，“画从心”从艺术创作角度保障“一画”论的落实。《一画》在提出“画从心”后指出：“山川人物之秀错，鸟兽草木之性情，池榭楼台之矩度，未能深入其理，曲尽其态，终未得一画之洪规也。行远登高，悉起肤寸。此一画收尽鸿蒙之外，即亿万万笔墨，未能不始于此而终于此，惟听人之握取之耳。”这一方面指出“一画”作为“洪规”大法的绘画功能作用，既能够“收尽鸿蒙之外”，又能够“深入其理，曲尽其态”，更能够使“亿万万笔墨，未能不始于此而终于此”；另一方面也指出“画心”能够使“一画”功能作用得到充分发挥和保障，在于“惟听人之握取之耳”，来源于“自我”之心灵的“画心”。原因何在？因为“人能以一画具体而微，意明笔透。腕不虚则画非是，画非是则腕不灵。动之以旋，润之以转，居之以旷。出如截，入如揭。能圆能方，能直能曲，能上能下。左右均齐，凹凸突兀，断截横斜，如水之就深，如火之炎上，自然而不容毫发强也。用无不神而法无不贯也，理无不入而态无不尽也。信手一挥，山川、人物、鸟兽、草木、池榭、楼台，取形用势，写生揣意，运情摹景，显露隐含，人不见其画之成，画不违其心之用”。(《一画》)也就是说，绘画中的“一画”之道具体表现为“一画之法”，必须既依托在画家的掌握与运用上，又依托于画家的心灵与感悟，由此才能达到“画不违其心之用”的意图与目的。

再次，从“画心”与“了法”关系看，“画从心而障自远”。《了法》开篇云：“规矩者,方圆之极则也;天地者,规矩之运行也。世知有规矩,而不知夫乾旋坤转之义,此天地之缚人于法,人之役法于蒙,虽攘先天后天之法,终不得其理之所存。所以有是法不能了者,反为法障之也。”所谓“了法”,就是明白正确掌握运用方法的道理,方法不唯依据规矩之准则,而且还必须遵循事物自身运行之规律,故而应该“了法”而非“法障”,不能拘泥或受制于方法。其原因在于:“古今法障不了,由一画之理不明。一画明,则障不在目而画可从心。画从心而障自远矣。”(《了法》)由此可见,“法障”的缘故既是不明“一画”之理的结果,也是不明“画从心”的结果。画家要去除“法障”,必须明白“画从心”与“一画之法”关系之理,“夫画者,形天地万物者也。舍笔墨其何以形之哉！墨受于天,浓淡枯润随之;笔操于人,勾皴烘染随之。古之人未尝不以法为也,无法则于世无限焉。是一画者,非无限而限之也,非有法而限之也。法无障,障无法。法自画生,障自画退。法障不参,而乾旋坤转之义得矣,画道彰矣,一画了矣”。(《了法》)也就是说,“一画”之法实则“无法之法”,既遵循自然之道,又要顺应“画从心”之理。

最后,通过阐发“画从心”内涵精神,可以明确概括归纳“画心”与“一画”的辩证关系。“画心”与“一画”无疑是石涛画学理论中提纲挈领的重要范畴,两者统一为整体,又各有侧重,“画心”说侧重于主体论与创作论,“一画”论侧重于本体论与方法论;“画心”说侧重于从人及其人心的“人道”视角论“画从心”之“画道”,“一画”论侧重于从自然无为的“原道”视角论绘画本体、本元、本源之“画道”;“画心”说侧重于“画道”的具体应用的艺术创作层面,“一画”论侧重于“画道”的形而上哲理层面。两者既可视为一个问题的两个方面,亦可视为殊途同归的共同指向——“画道”。

二、“画心”说含义阐释及其理论构成

“画心”指绘画之心,亦为画家之心、创作之心、画作之心,其含义可以从三个方面加以阐释和理解。

其一,“画心”指“画从心”。绘画是依凭画家之“心”来感受、创作与欣赏的。因此,绘画从属于心、顺应于心、构成于心,既是心灵的表现,又是心灵的产物;既是表现人心及其人性、人情、人品的产物,也是画家之心及其人性、人情、人品的存在方式与表现方式。“画从心”是对绘画是什么以及绘画性质特征的基本认识,同时也是对“画心”与“一画”内在逻辑性的认识。著名画家吴冠中在阐发“一画”含义时就更多地偏向于“画从心”解释。他认为:“‘法于何立,立于一画’这是本章的关键,全部《石涛画语录》的精髓,透露了石涛艺术实践的独

特体会,揭示了石涛艺术观的核心。……这一画之法,实质是说:务必从自己的独特感受出发,创造能表达这种感受的画法,简言之,一画之法即表达自己感受的画法。"①此论着眼于从艺术创作体验、经验、感悟的角度来把握和理解"一画"的实质精神,无疑使"一画"与"画心"贯通连接,融为一体。因此,"一画"乃"画心"之根,"画心"乃"一画之法"之本。"画从心"可悟道,可立"一画之法",可发挥"自我"的创作个性与独创性。

其二,"画心"指绘画之心。刘勰《文心雕龙》之"文心"所指文章、文学之心,亦即以拟人、比喻、象征及其人格化方式说明"文之枢纽"的中心所在、关键所在、统领所在。因此,"文心"是"人心"的对象化结果,也是"人心"自我表现与自我确证的结果。"心"不仅为人之根本、命脉、精神,而且个人早已明确"心之官则思"的道理,将其作为统领人的身心整体及其全部感受、认知、思维、言行、情理、性格、个性、品质等要素构成的核心与枢纽。《文心雕龙·原道》在讨论天、地、人关系基础上提出"惟人参之,性灵所钟,是为三才;为五行之秀,实天地之心",以说明人为"天地之心"的重要地位与作用,故此"心生而言立,言立而文明,自然之道也"②。这就形成文艺创作的"道"—"心"—"言"—"文"的衍化过程与关系构成,也就是说,"文心"不仅为"人心"的对象化结果,而且"文心"来源、发生、表现于"人心"。从刘勰"文心"的文学理论体系着眼,"文心"之"心"显然一方面所指"为文之用心",内含作家创作动机意图与情、志、理之心;另一方面指其"文之枢纽"所论"原道""征圣""宗经""正纬""辨骚"的文学思想观念,即"莫不原道心以敷章"之"道心"③。从石涛画学理论体系着眼,"画心"之"心"显然也是一方面指其"一画"论绘画思想观念,即"一画"之"道";另一方面指其"一画"之心,具体表现为"有我""自我"之感悟、性情、个性、蒙养、脱俗、远尘之心,更多地倾向于"表现说"理论,带有某些表现主义色彩。吴冠中谈到:"如梦中惊醒,我发现了《石涛画语录》的现代意识",强调"首先须分析石涛对艺术的整体观念,其创作意图及创作心态",就可以发现"艺术家贵于有想象,构思新颖,出人意料,呈现给观众一个独特、神异的伊甸园,这该是超现实主义的契机吧"④。由此他极力推崇石涛的"一画"论,并作出关于"画从心"的表现论意义的阐释。

其三,"画心"指画家创作之用心。刘勰《文心雕龙·序志》在阐发其著作命名的意旨时指出:"文心者,言为文之用心也。昔涓子琴心,王孙巧心,心哉美

① 吴冠中:《我读〈石涛画语录〉》,郑州:大象出版社,2010年,第14~15页。
② 刘勰:《文心雕龙·原道》,范文澜注《文心雕龙注》,北京:人民文学出版社,2008年,第1页。
③ 刘勰:《文心雕龙·原道》,范文澜注《文心雕龙注》,北京:人民文学出版社,2008年,第2页。
④ 吴冠中:《我读〈石涛画语录〉》,郑州:大象出版社,2010年,第11页。

矣,故之焉。"①"为文"指写作文章或文学创作,"用心"指作家的创作动机与意图。因此,"文心"针对作家文学创作动机与意图而论,主要体现在三个层面:一是作家的创作动机之"用心",即为什么创作、推动创作的动力机制是什么、创作原因。中国古代对作家创作动机讨论聚焦于"为文之用心"形成了文学动力学研究传统。先秦《诗经》以"美刺"说滥觞,屈原《离骚》论争指向聚焦"怨愤"说,司马迁《史记·太史公自序》提出"发愤"说、"郁结"说,刘勰提出"用心"说,韩愈提出"不平则鸣"说,白居易提出"补阙"说,欧阳修提出"穷而后工"说,李贽提出"不吐不快"说,陈廷焯提出"沉郁"说,等等,文学动机论蔚为大观,其特点均指向作家创作动机之"用心"。石涛"画心"亦不例外,所言"人不见其画之成,画不违其心之用"(《一画》)即是,含有创作动机之"用心"所在。二是作家创作意图之"用心",即创作意图。作家创作意图从广义而论,包括作家人生观、文学观、审美观及其思维方式;从狭义而论,包括创作思想、价值取向、创作方法,以及在题材、主题等内容与语言、体裁、结构、表现手法等形式构成统一于整体的创构意图。由此可见,作家创作意图之"用心",关键在于心之枢纽的作用,故而石涛提出"画从心"与"心之用"观念。三是作家创作自我之"用心",即创作主体之用其心,亦即创作主体性所在。创作主体性表现为创作个性、主动性、独创性,是作家主体心智构成及其创作思想、艺术才华、素质与能力的综合体现,也是作家创作风格的标志。石涛"画心"说的主体论具体表现为"我":"一画之法,乃自我立"(《一画》),"我之为我,自有我在"(《变化》),"纵使笔不笔,墨不墨,自有我在"(《氤氲》),"我有是一画,能贯山川之形神"(《山川》),"山川使予代山川而言也,山川脱胎于予也,予脱胎于山川也。搜尽奇峰打草稿也。山川与予神遇而迹化也,所以终归之于大涤"(《山川》),"我之受也,山即海也,海即山也。山海而知我之受也,皆在人一笔一墨之风流也"(《海涛》),等等。不仅由"我"而立"一画"之法,而且由"我"而成"画心"。

三、"画心"说思想渊源与理论价值意义

石涛"画心"说如同其"一画"论一样,为"乃自我立"的结果,亦即石涛画学体系创构及其理论独创性与个性特色的具体表现。同时,也如同"一画"来源于"道生一"一样,石涛"画心"说也是源远流长,传统深厚,是传承发扬中国古代思想及其文艺理论传统的结果,也是植根于中国文艺"心学"及其人文精神传统之沃土成长的参天大树。

---

① 刘勰:《文心雕龙·序志》,范文澜注《文心雕龙注》,北京:人民文学出版社,2008年,第725页。

其一,“画心”说的“心学”思想渊源。中国古代哲学历来热衷于讨论“心”的问题,在心与物、心与身、心与性、心与道、心与境、人心与人生、心与自然等关系中历来都凸显与强化“心”的主体性意义及其统领作用,最终形成陆王“心学”哲学及中国古代思想文化的“心学”传统。因此,石涛“画心”说具有深厚博大的思想渊源与文化传统。先秦儒家孔子言其人生感悟:“吾,十有五而志于学,三十而立,四十而不惑,五十而知天命,六十而耳顺,七十而从心所欲不逾矩。”(《论语·为政》)“从心”可谓孔子人生最高境界,无疑可作石涛“画从心”说的源头。孟子主张“心性不二”观,因此从伦理道德角度论“心”,“不得于心,勿求于气,可;不得于言,勿求于心,不可”;“行有不慊于心,则馁矣”;“人皆有不忍人之心。……恻隐之心,仁之端也;羞恶之心,义之端也;辞让之心,礼之端也;是非之心,智之端也”(《孟子·公孙丑上》)。《孟子》一书专设《尽心章句》上下篇,所言“尽其心者,知其性也,知其性者则知天矣。存其心,养其性,所以事天也”,“万物皆备于我矣。反身而诚,乐莫大焉”。荀子论“心”曰:“治之要在知道。人何以知道?曰:心。”并把“心”理解为身之主宰,“心者,形之君也,而神明之主也;出令而无所受令”(《荀子·解蔽》)。道家老子提出“心善渊”(《老子·八章》),“圣人无常心,以百姓心为心”(《老子·四十九章》)等。庄子提出“游心”“心斋”“齐以静心”“心之适”“一心定而王天下”,以及“去性而从于心”“趣舍而滑心”等,以阐发“心”之正反辩证之论。《吕氏春秋》曰:“夫乐有适,心亦有适。……故适心之务,在于胜理。”先秦诸子的“心”论奠定了“心学”思想基础,至宋明理学崛起之际形成陆王“心学”,提出“心即理”“宇宙即吾心,吾心即宇宙”之说。《陆九渊集·语录》:“心之体甚大,若能尽我之心,便与天同”,“在天者为性,在人者为心”。王守仁《传习录》:“心即理也,天下又有心外之事、心外之理乎?”“心一也,未杂于人,谓之道心;杂以人伪,谓之人心。人心之得正者即道心;道心之失其正者即人心,初非二心也。”“对曰:‘尝闻人是天地的心。’曰:‘人又什么教做心?’对曰:‘只是一个灵明。’‘可知充塞天地之间只有这个灵明,人只为形体自间隔了。我的灵明便是天地鬼神的主宰,天没有我的灵明,谁去仰它高?地没有我的灵明,谁去俯它深?鬼神没有我的灵明,谁去辨它吉凶灾祥?天地鬼神万物离却我的灵明,便没有天地鬼神万物了;我的灵明离却天地鬼神万物,亦没有我的灵明,如此便是一气流通的,如何与他间隔得?’”由此可见,这些“心”论与“心学”为“画心”说提供取之不尽、用之不竭的源泉,奠定了“画心”说的思想理论基础。

其二,“画心”说的文艺思想及其文论渊源。高尔基曾说过“文学是人学”,这既是对18、19世纪西方浪漫主义与批判现实主义文学思潮的人文精神及其文学人性价值取向的张扬,也是遵循文学规律对文学性质特征的体认与揭示。

中国早在先秦时期《周易》提出“观乎人文，以化成天下”，就奠定了“人文”之学基础。魏晋南北朝为“文的自觉”时代，文的自觉以人的自觉为基础和前提，由《文心雕龙》提出“人文之元，肇自太极”，形成文学的人文精神滥觞，实质上与“文学是人学”有着殊途同归之义，异曲同工之妙。更为重要的是，刘勰提出“文心”概念与观念，则进一步由文学“人学”深化为文学“心学”，不仅表达出对文学性质特征的深刻认识，而且也充分体现了中国古代文学艺术的特质特征，既使之能够独立于世界文学及其文艺理论之林，而且具有深远的历史价值与现实意义。“文心”说基于对文学规律及其性质特征认识，其实早在《尚书》中就提出“诗言志”说。《毛诗序》认为“志”源自于“心”，曰：“在心为志，发言为诗。”《礼记・乐记》提出“凡音之起，由人心生也。人心之动，物使之然也”，“乐者，音之所由生也；其本在人心之感于物也”，“凡音者，生人心者也”，“乐者，乐也”等“乐本”论观念，不仅开创“乐心”说传统，而且以心与乐、心与物、心与境、情与理的关系开启文艺起源、来源、性质、特征、动机、创作、功用、价值等的理论探讨。刘安《淮南子》曰：“夫心者，五藏之主也”（《原道训》）；“凡人之性，心和欲得则乐，乐斯动，动斯蹈，蹈斯荡，荡斯歌，歌斯舞，歌舞节则禽兽跳矣。人之性，心有忧丧则悲，悲则哀，哀斯愤，愤斯怒，怒斯动，动则手足不静。……必有其质，乃为之文”（《本经训》）；“故不得已而歌者，不事为悲；不得已而舞者，不矜为丽。歌舞而不事为悲丽者，皆无有根心者”（《诠言训》）。刘向《说苑・修文》：“衣服容貌者，所以悦目也；声音应对者，所以悦耳也；嗜欲好恶者，所以悦心也。君子衣服中，容貌得，则民之目悦矣；言语顺，应对给，则民之耳悦矣；就仁去不仁，则民之心悦矣；三者存乎心、畅乎体、形乎动静。”嵇康《声无哀乐论》：“至夫哀乐自以为事会，先遘于心，但因和声，以自显发。……心应感而动，声从变而发，心有盛衰，声亦降杀。哀乐之情，必形于声音。……乐之为体，以心为主。”陆机《文赋》：“余每观才士之所作，窃有以得其用心。”刘勰《文心雕龙・神思》：“古人云：形在江海之上，心存魏阙之下。神思之谓也”；“神与物游”；“物以貌求，心以理应。”《物色》：“写气图貌，既随物以宛转；属采附声，亦与心而徘徊”；“目既往还，心亦吐纳。”石涛也在论及创作心与物、情与理、道与技、意与笔、画家与对象关系时，既说明彼此相互作用、合为一体的辩证关系，又强调画家之“心”在创作中的主导作用，形成“画心”说与“一画”论及其两者的辩证关系，这一思想观念统领并贯穿《一画》《了法》《变化》《尊受》《笔墨》《氤氲》《山川》《资任》等诸章及其画学理论体系。

其三，“画心”说的中国古代艺术理论环境与背景。从先秦乐论提出“乐心”说开始，经刘勰提出“文心”说，至清代刘熙载《游艺约言》最终归纳性提出“文，心学也”，构成历代文艺理论发展殊途同归的文学艺术“心学”传统。因此,石涛“画心”说拥有深厚的艺术理论渊源及其“艺心”说的环境与背景。

历代书法理论拥有丰富深厚的“书心”资源,形成中国书论特色。汉代扬雄《法言》:“言,心声也;书,心画也。”晋代书法家王廙:“画乃吾中画,书乃吾中书。吾余事虽不足法,而书画固可法。欲汝学书则知积学可以致远,学画可以知师弟子行己之道。”①东晋书法家王羲之《王右军题卫夫人笔阵图后》:“心意者,将军也……意在笔先,然后作字。”唐太宗李世民论书法:“欲书之时,当收视反听,绝虑凝神。心正气和,则契于妙”(《书法钩玄》卷一《唐太宗论笔法》);“夫字以神为精魄,神若不和,则字无态度也;以心为筋骨,心若不坚,则字无劲健也”(《佩文斋书画谱》卷五《唐太宗指意》)。唐书法家孙过庭《书谱》:“不揆庸昧,辄效所明,庶欲弘既往之风规,导将来之器识,除繁去滥,睹迹明心者焉。”唐代张怀瓘《书断》:“且其学者,察其规模,采其玄妙,技由心付,暗以目成。”宋代欧阳修《学真草书》:“有以寓其意,不知身之为劳也;有以乐其心,不知物之为累也。然则自古无不累心之物,而有为物所乐之心。”……中国古代历来倡导“书画同源”“书画同体”之论,“书心”说与“画心”说异流同源,殊途同归,终归心源。

历代绘画理论拥有丰富深厚的“画心”资源,形成中国画论特色。东晋顾恺之云:“美丽之形,尺寸之制,阴阳之数,纤妙之迹,世所并贵。神仪在心而手称其目者,玄赏则不待喻。”(《历代名画记》卷五)南朝宗炳《画山水序》:“夫以应目会心为理者。类之成巧,则目亦同应,心亦俱会。”唐代李嗣真《续画品录》:“经诸目,运诸掌,得之心,应之手。”唐代张璪提出“外师造化,中得心源”(《历代名画记》卷十)。唐代朱景玄《唐朝名画录》:“挥纤毫之笔,则万类由心;展方寸之能,而千里在掌。”唐代符载《观张员外画松石序》:“故得于心,应于手,孤姿绝状,触毫而出,气交冲漠,与神为徒。”唐代白居易《记画》:“张氏子得天之和,心之术,积为行,发为艺;艺尤者其画欤?画无常工,以似为工。学无常师,以真为师。”唐代张彦远《历代名画记》:“守其神,专其一,合造化之功,假吴生之笔,向所谓意存笔先,画尽意在也。”唐代荆浩《笔法记》:“气者,心随笔动,取象不惑。”宋代郭熙《林泉高致》:“此岂不快人意,实获我心哉?此世之所以贵夫画山水之本意也。不此之主而轻心临之,岂不芜杂神观,混浊清风也哉!”郭若虚《图画见闻志》:“本自心源,想成心形迹,迹与心合,是之谓印。……杨子曰:‘言,心声也;书,心画也。’”宋代苏轼《文与可画筼筜谷偃竹记》:“与可之教予如此,予不能然也,而心识其所以然。夫既心识其所以然而不能然者,内外不

① 北京大学哲学系美学教研室编:《中国美学史资料选编》上册,北京:中华书局,1980年,第162页。

一,心手不相应,不学之过也。”清代张式《画谭》:“士夫画也。绝去画师习气,方有士气。扬子云:‘书,心画也。’此气即吾人之心画,画之贵,贵此。言,身之文;画,心之文也。学画当先修身,身修则心气和平,能应万物。未有心不和平而能书画者!读书以养性,书画以养心,不读书而能臻绝品者,未之见也。”这些历代绘画理论无疑对于石涛“画心”说的产生发挥了重要影响与作用,特别是汉代扬雄所论“心画”说历代均有影响,与石涛“画心”说有异曲同工之妙。

中国历代思想及其书画理论无疑为石涛“画心”说提供了丰厚的思想理论资源,也构成中国古代文艺理论发展的优良环境与背景,石涛画论的产生可谓具备了天时、地利、人和的机遇与条件。正如通常所说的推动事物发展与性质变化的诸多原因中“外因是条件,内因是根据”的道理一样,借用“外师造化,中得心源”之理而论,石涛不但继承和发扬中国古代文艺思想理论传统,而且更在于他秉承“乃自我立”的“一画”论与“画心”说推动了中国古代画学理论的创新发展,由此奠定其在中国古代绘画史及其画学理论中的地位。最后,我们可借用刘勰在《文心雕龙・序志》中所论《辨骚》篇宗旨在于“变乎骚”所言,对石涛画学理论作出评价:在“原道”“征圣”“宗经”传统基础上“变乎画语录”。

谢良琦的画论初探

梁树立*

[内容提要] 明末清初广西著名诗人、古文家谢良琦在其《醉白堂诗文集》中有三篇《画说》，全面地论述了文人画的本质、艺术的最高境界以及作画的理想境界，认为“文人之画，文人写意之文也”、“画至于无迹，则画斯神矣”、“画至于传神也尤难”。作画时，“夫画者之精神不与物期，物之精神亦不与画期，而卒然相与而成形者，乃所谓神者也”。谢良琦的思想虽然存在着神秘主义，重“写意”、轻形式的倾向，但仍然是广西历史上为数不多的对绘画有着深入思考的学者。

[关键词] 写意 无迹 传神

谢良琦(1626~1671)，全州龙水桥渡村人，字仲韩，一字石臞，号献庵。明崇祯十五年(1642)举人。入清后历任淳安、蠡县县令。后调常州府通判，兼司狱讼。继任宜兴县令，后补延州通判。一生仕途坎坷，但精于文学、绘画。有《醉白堂诗文集》传世。

谢良琦于书法、绘画均有一定造诣，他在绘画理论上有较深入的研究，他的三篇《画说》足资证明。这三篇《画说》很少有研究者注意，因此，我们在此谨作一点粗浅的探讨。

一

谢良琦的三篇《画说》现存于其《醉白堂诗文集》中，在这三篇《画说》中，谢良琦提出了他对绘画的理解。

首先，关于画作的本质和艺术的最高境界，他认为，“文人之画，文人写意之文也”，“画至于无迹，则画斯神矣”。这两句话实际上讨论的是两个问题，一个是文人画的本质，另一个是文人画的最高境界。从文人画的本质来说，谢良琦

---

* 梁树立(1988~)，男，艺术学硕士，桂林电子科技大学信息技术学院教师。

① 谢良琦:《醉白堂诗文集》文集卷四，《全州历史文化丛书》本，南宁:广西人民出版社，2001 年，第 261~264 页。

认为,它就是文人的写意之文。从文人画的最高境界来说,那就是“至于无迹”。为什么是这样呢?谢良琦是这样说的:

> 文人之画,文人写意之文也;文人之文,文人写意之画也。然而能文者未必能画,能画者未必能文,亦曰得其意之所存而已。得其意则虽文亦画,以其无文之迹也;得其意则虽画亦文,以其无画之迹也。夫画至于无迹,则画斯神矣,而世之言画者,乃求其似。夫极天下游艺之业,因莫妙于画,而凡天下之物皆足以累画,何者?为其似也。辟之论文者,然固有意在此,言不尽于此者;亦有言尽于此,意或不在此者。或优游以几之,庶几相悦以解若敝敝焉。节节而求之,则虽化工不能以貌物,而况于执笔而为之者乎?夫执笔而为之者,画也;其所以画者,意也。笔所不及至,意或先之;意所不及至,笔或先之。是二者未始不相须也。然而未始不相失者,则今之台阁之丹青、枝叶之骈丽者似也。故夫学焉而得其似,吾其如吾意何哉?(《画说》一)

在这篇论文中,谢良琦开宗明义,直截了当地提出了画与文的本质,那就是“文人之画,文人写意之文也;文人之文,文人写意之画也”。这就是说,画与文虽然有形式上的区别,但是,在“写意”这一点上是相同的。就画而言,“夫执笔而为之者,画也;其所以画者,意也”。所谓“写意”,当然是指表达文人心中的情感、思想、审美趣味等。这是就艺术的本质来说的,但是,就艺术的表现能力来说,“能文者未必能画,能画者未必能文”。尽管有这样的差别,然而,无论是文人还是画家,他们都能“得其意之所存”,也就是都能借助于文或画来完美地表达他们心中的情感、思想、审美趣味等。这一点是至关重要的,而在这一点上,能够做到“无迹”,才是最高的境界。所谓“无迹”,就是指没有痕迹,使人只见其意不见其形式、技巧。正因为如此,所以,“得其意则虽文亦画,以其无文之迹也;得其意则虽画亦文,以其无画之迹也”。文与画是相通的,都是“写意”的,假如能做到“得其意”,即使是文,同样很自然地也等同于画;即使是画,同样也等同于文。谢良琦所说的“得其意”与“以其无文之迹也”、“以其无画之迹也”二者之间是有逻辑关系的,也就是说,因为文与画都是“写意”的,“得其意”是这二者“写意”达到了较好的结果之后的境界,无论是文还是画,其主要的功能和作用是为了让人“得其意”,而不是文与画本身,文与画不过只是形式的差别罢了。“得其意”,文或画的形式是完全可以忘记的,所以,也就“无迹”了。在这种情况下,推导出“夫画至于无迹,则画斯神矣”也就顺理成章了。

因为提倡“夫画至于无迹,则画斯神矣”,将“画至于无迹”作为画的最高境界,所以,很自然地就提出了对“世之求画者,乃求其似”的批评,认为“夫极天下游艺之业，因莫妙于画，而凡天下之物皆足以累画，何者？为其似也”。天下之物为什么“足以累画”？是因为天下之物皆有其形，有其形，人们在作画时，往往就求形似而忘记“得意”。

其次，关于作画的最高境界，他提升了文与可和苏轼的画竹理论，提出了“卒然相与而成形”的看法。其《画说》二云：

> 画竹者必胸有成竹，当其意得，急起振笔为之，如兔起鹘落，稍纵即逝，此苏子瞻之论画也。“拟将一段鹅溪绢，扫取寒梢万尺长。”又曰：“此竹数尺耳，而有万尺之势。”此文与可之论画竹也。知此，其于画竹亦思过半矣。然余以为是二说者，皆有其竹之见者存也。
>
> 画者之画物，固画之而已也。画竹不必知其为竹也，画水不必知其为水也，画人物、昆虫、鸟兽，不必知为物、昆虫、鸟兽也，画也。然而见竹者知其为竹，见水者知其为水，见人物、昆虫、鸟兽知其为人物、昆虫、鸟兽，亦画也。夫画者之精神不与物期，物之精神亦不与画期，而卒然相与而成形者，乃所谓神者也。神乎，神乎，入于有，出于无，忘情笔墨之外，寄言形像之内。望之炘然，即之景萧萧然，离披横斜于吾之前者。是画竹也，抑不知竹之为画者乎，画之为竹者乎，则竹者乎？

在这篇画论里，谢良琦一开始就对苏轼和文与可的画竹理论提出了自己的看法，认为苏轼的“画竹者必胸有成竹，当其意得，急起振笔为之，如兔起鹘落，稍纵即逝”，文与可的“拟将一段鹅溪绢，扫取寒梢万尺长”、“此竹数尺耳，而有万尺之势”的观点，虽然是达到了很高境界的画竹理论，但未为至论，因为它们都是“有其竹之见者存也”。那么，真正的作画的最高境界是什么呢？谢良琦认为，一般情况下，画家画物有两种类型：一种是画竹、画水、画人物、昆虫、鸟兽等，不一定知道它们是什么，也就是不一定了解它们，在这种情况下作画，也是画。另一种是见到竹子、水、人物、昆虫、鸟兽等，都知道它们，对它们有一定的了解之后再作画，这也是画。这两种作画的状态，都不是最佳的状态，真正最佳的即最高的境界是什么呢？就是“画者之精神不与物期，物之精神亦不与画期，而卒然相与而成形者，乃所谓神者也”。即画家的精神不与所画的对象相遇，所画的对象的精神也未与曾所作的画的精神相遇，这就是所谓的“两不与”。在这种情况下，画家的精神与所画对象的精神突然相遇，产生灵感，从而产生画作，这就是神境，也就是作画的最高境界。对于这种境界，谢良琦的描述是“入于有，出于无，忘情笔墨之外，寄言形像之内。望之炘然，即之景萧萧然，离披横斜于吾之前者”。画家心中有竹，而又无竹，完全进入了物我合一，物我两忘的状态，所以，“抑不知竹之为画者乎，画之为竹者乎，则竹者乎”？画家、竹、画作之间的关系完全成为一体，界限消融，这就是作画的神境。

再次，表达了“画至于传神也尤难”的观点。他的《画说》三写道：

> 画至于传神也尤难。夫画山水则画，画竹石则画，画鸟兽、虫鱼则画，凡有其画之，则必有其山水、竹石、鸟兽、虫鱼以应之也。至于传神，则衣冠以临之，瞻视以象之，斯已刻画唐突甚矣。而其妙者则又往往求之意言之表，得之酒杯谑浪笑咏之余，斯不亦所见愈亲，所思愈远者乎？遥遥笔端，规摹拟似，吾惧其未有合也。虽然，吾尝思之矣，人之类至不一也，于千百中有一二似者焉，则人竟以为似矣。又有一二似者焉，则人又竟以为似矣。夫人与人其不能相似也，亦审矣。而一人以为似，千万人亦以为似，是必有其真似者存也。然是所为真似而果何从而得之者乎？孔子之学琴也，曰：“习其曲，未得其数也。”有间曰：“未得其志也。”有间曰：“未得其为人也。”又有间曰：“是其为人黯然而黑，颀然而长，非文王耶？”夫文王往矣，不可见于琴焉。若将见之，况于执笔而摹之者乎？乡之所称黯然颀然者，形遇者乎？神遇者乎？《记》曰：“有所穆然而深思焉，有所穆然高望而远志焉。”吾始疑夫颊上三毛者之浅之乎言传神者也。
>
> 吾年二十七从青溪作小像，今二十年矣。十年之前未及见吾于青溪者，见之以为吾也；至于今未及见吾十年之前者，见之亦以为吾也。意者其有真似者存耶？抑神遇者也？画工之于此，亦可谓良矣，然自是以后求其能如是者，亦不易得。故曰：画至于传神也尤难。

这篇论文反复说明的观点就是“画至于传神也尤难”。为什么“画至于传神也尤难”？在谢良琦看来，画山水、竹石、鸟兽、虫鱼这比较好办，因为画这些东西，世间也真有这样一些东西与它们相对应。但是，画人物就不一样了，一般人“衣冠以临之，瞻视以象之”，也就是快速地临摹写生，这种做法已是“刻画唐突”之举，离传神有十万八千里的距离。高明一些的画家则是“求之意言之表，得之酒杯谑浪笑咏之余”，也就是长时间与所画对象接触了解之后才动笔，其结果也是“所见愈亲，所思愈远”。千百人中有一两个人长相相似的，大家都认为他们长得很像，实际上，人与人看起来相似，其实不相似，这个道理是非常明白的，但既然大家都说他们相似，这说明他们确有真相似之处。然而，这个真相似又是从何得来的呢？孔子学琴，几经曲折，等到似乎见到了周文王之后，才确定增加学习的内容。孔子学琴见到周文王，是形遇还是神遇呢？孔子尚且如此，其他人就可想而知了。因此也就怀疑顾恺之为裴楷画像，在其脸上加上三根毛就能传神的说法。根据刘义庆《世说新语·巧艺》载：“顾长康恺之画裴叔则（楷），颊上益三毛。人问其故，顾曰：‘裴楷俊朗有识具，正此是其识具。’看画者寻之,定觉益三毛如有神明,殊胜未安时。”显然,谢良琦对这则故事是持怀疑态度的。论文的最后以自身经历为例,说他二十年前,也就是他二十七岁时,曾请青溪先生(疑为明末清初著名画家程正揆)为他作小像。十年之前,那些没有在清溪先生那里见过他的人,看到这幅二十年前画的小像后,认为那就是十年之前的他;等到现在,也就是这幅小像画成二十年后,没有看到十年之前的他的人,见到他后也认为是他。这是为什么呢?是这幅小像本身画得真像他,还是看画的人的“神遇”?画家能做到这样,已是很不错了,自此以后,要再想得到这样的画作就困难了。可见,“画至于传神也尤难”。

二

从谢良琦的三篇《画说》来看,他实际上讨论的是画作的神品与作画的神境问题。

作为画作本身来说,谢良琦论画关注的焦点问题是好画的标准,他所认为的好画标准,或者说文人画的最高境界就是“无迹”和“传神”,甚至可以认为只有一个标准,即“传神”,这就是他认为的神品。之所以这样说,是因为“无迹”最终的结果也是“画至于无迹,则画斯神矣”,同样进入神的境界,只不过“无迹”是“传神”的表现之一。从谢良琦所讨论的内容来看,他在谈到“画至于无迹,则画斯神矣”时,其主要的侧重点似乎是山水、花鸟、鱼虫等画种,正因为如此,所以才有“文人之画,文人写意之文也;文人之文,文人写意之画也”、“得其意则虽文亦画,以其无文之迹也;得其意则虽画亦文,以其无画之迹也”。因为山水、花鸟、鱼虫这些画种是最能写意的,也是最能“得其意”而进入“无迹”状态的。

谢良琦谈到的“无迹”与“得其意”之间的关系是需要进一步讨论的。对于“无迹”这个概念,谢良琦没有做过任何解释,但是,从他所说的“得其意则虽文亦画,以其无文之迹也;得其意则虽画亦文,以其无画之迹也”的话来看,所谓“无迹”,就是指没有痕迹,使人只见其意不见其形式、技巧。为什么“得其意”就可以“虽文亦画”?是因为“以其无文之迹也”。文与画本来是两种不同的艺术形式,如谢良琦所说,“能文者未必能画,能画者未必能文”,但在谢良琦看来,因为它们在本质上是相同的,都是“写意”之作,也就是说,“写意”是最终目的,作为文的形式和画的形式,只是工具,是次要的,所以,当“得其意”之后,它作为文或画的形式就不重要了,人们在文中只见其意,不见其文;在画中只见其意,不见其画。既然文中无文,画中无画,文与画的形式已经消弭,那么,它无迹可求也就可以理解了。所以,“得其意”是文与画的主要目的,而“无迹”则是文与画为达到“得其意”而达到的境界。

关于“传神”的问题，谢良琦主要是感叹人物画的入神之难。作为人物画，在谢良琦看来，首先，作为人物，他是有真正的“神”存在的，那么，问题的关键是怎样抓住和画出人与人之间、从前的自己和现在的自己的相似之处？抓住神，是靠“神遇”还是其他？所以，谢良琦不禁问道：“然是所为真似而果何从而得之者乎？”“意者其有真似者存耶？抑神遇者也？”

三

广西历史上不乏画家，也不乏对绘画的研究，但是，真正有真知灼见的并不多，我们认为，谢良琦是除石涛之外最具深度的理论家。

反对形似，要求画作入神或传神，主张诗画一律，文画一律，这是中国古代画论的基本要求。苏轼早就说过：“论画以形似，见与儿童邻。赋诗必此诗，定非知诗人。诗画本一律，天工与清新。边鸾雀写生，赵昌花传神。何如此两幅，疏澹含精匀。谁言一点红，解寄无边春。”（《书鄢陵王和簿所画折枝》二首其一）苏轼旗帜鲜明地提出了对形似观点的鄙视，认为这无异于儿童的看法，同时，也认为，诗画在本质上是相同的，都应当追求“天工与清新”和“传神”。南宋的邓椿在《画继》卷九中说：“画之为用大矣！盈天地之间者万物，悉皆含毫运思，曲尽其态，而所以能曲尽者，止一法耳。一者何也？曰：传神而已矣！”将“传神”视为作画的唯一的最终目标。明代恽向论画山水：“向宋朱景玄之言曰：‘画者文之极也，古今文人每多著意。’张彦远所次历代画家，冠裳大半，如少陵题咏，曲尽形容。昌黎作记，不遗毫毛。又如欧文忠、三苏父子、两晁兄弟、山谷、后山、宛丘、淮海、漫仕、龙眠，鉴拔之精，用笔之妙，大非画工所能窥，画岂一艺之云乎？故画至于文人而后能变，如变山而如笑或如滴，或如妆，或如睡，而山则一也。如变水以冰而不离于水也。如变日月而益以五采，而日月一也。如变形而以色，而形色一也。如变影而光，而光影一也。其中妙处不能尽言，总谓之传神。”（清陈撰《玉几山房画外录》）邓椿将“传神”视为作画种种妙处的概括。从这个意义上说，谢良琦提出画作的最高境界是“传神”，实际上也是一种传统看法。但是，谢良琦关于“传神”和文画一律的关系，其创新之处在于：第一，他对传神之难所作的具体生动的描述，是过去较少的，特别是对顾恺之为裴楷画像，在其脸上加上三根毛就能传神的经典说法也提出质疑，这是一般人难以做到的，这充分表现了谢良琦的自信与卓识。第二，他提出“文人之画，文人写意之文也；文人之文，文人写意之画也”，“画至于无迹，则画斯神矣”，是对传统诗画一律、文画一律的发展。南宋邓椿在其《画继》卷九中说“画者，文之极也。故古今之人，颇多著意。张彦远所次历代画人，冠裳太半。唐则少陵题咏，曲尽形容；昌黎作记，不遗毫发；本朝文忠欧公、三苏父子、两晁兄弟、山谷、后山、宛丘、淮海、月岩，以至漫仕、龙眠，或评品精高，或挥染超拔。然则画者，岂独艺之云乎？难者以为自古文人，何止数公？有不能，且不好者，将应之曰：'其为人也多文，虽有不晓画者寡矣；其为人也无文，虽有晓画者寡矣。'"邓椿是将画看成是"文之极"，也就是画要高于文，是文发展到顶点的产物。而谢良琦却认为，文与画是平等的关系。邓椿是强调有文者必有画，无文者必无画，但谢良琦却认为，"能文者未必能画，能画者未必能文"。尤其值得注意的是，谢良琦在文画关系上，提出了一个共同的最高标准，也就是传神的另一种表述，即"无迹"，用这个说法来描述文与画的境界，在以前的画论中虽有，但数量不多。

谢良琦对苏轼的"画竹者必胸有成竹，当其意得，急起振笔为之，如兔起鹘落，稍纵即逝"和文与可的"拟将一段鹅溪绢，扫取寒梢万尺长"、"此竹数尺耳，而有万尺之势"的画竹理论提出的看法，确实丰富和完善了中国古代绘画竹理论。谢良琦认为，苏轼和文与可提出的画竹境界虽然是很高的境界，但并不是最高的境界，因为它们都是"有其竹之见者存也"。真正的最高作画境界是"画者之精神不与物期，物之精神亦不与画期，而卒然相与而成形者，乃所谓神者也"。在这个问题上，画者、物、精神这三者之间的关系需要厘清。画者，毫无疑问是指画家；物，自然是客观存在的各种事物；精神，指灵魂、思想。在古人看来，不仅人是有灵魂和思想的，物也是一样。"世徒知人之有神，而不知物之有神。"（邓椿《画继》卷九）谢良琦认为，苏轼和文与可所论的作画状态是"有其竹之见者存也"，也就是能够看见竹，心中还有竹，也就是还有竹的自然之形在。在谢良琦看来，更高的境界则是画家的精神不与所画的对象刻意相遇，所画的对象的精神也不与画刻意相遇，没有期待，没有等待，可是，突然之间，它们相遇了，碰撞出了灵感和火花，于是就有了一幅画。显然，谢良琦所强调的无意，也就是他所说的"卒然相与"。这种说法虽然带有一点神秘主义的色彩，但确实是绘画中可遇不可求的一种神境。谢良琦将它揭示出来，当然是一种新的贡献，确实也是对苏轼、文与可绘画理论的发展和提升。

但是，从谢良琦的有关论述中，我们可以看到，他的有关论述强调的是神境，而对形式技巧几乎没有论述，而且我们还可以感受到，他对绘画的形式问题似乎存在着一种轻视或漠视倾向。虽然中国传统绘画理论中就有轻视形式的倾向，例如，元代倪瓒《跋画竹》就说："余之竹聊以写胸中逸气耳，岂复较其似与非，叶之繁与疏，技之斜与直哉。或涂抹久之，它人视为麻为芦，仆亦不能强辨为竹。”①但是，在这一点上，谢良琦似乎走得更远。他关于“无迹”的看法，是以消弭画与文之间的形式界限为基础的。他反对形似，其实也是反对形式的另一种表现。

谢良琦的画论还有一个值得注意的倾向，就是具有浓厚的神秘主义色彩。他所说的“夫画者之精神不与物期，物之精神亦不与画期，而卒然相与而成形者，乃所谓神者也。神乎，神乎，入于有，出于无，忘情笔墨之外，寄言形像之内。望之炘然，即之景萧萧然，离披横斜于吾之前者。是画竹也，抑不知竹之为画者乎，画之为竹者乎，则竹者乎？”这固然有一定的道理，但是，说得如此玄妙，多少给人一种神秘莫测之感。在这段话之后，谢良琦紧接着还有另一段话：“姚夫人之画竹也有如是矣。异哉，姚夫从之画竹，乃异夫苏与文之论画者也。”这就是说，在谢良琦看来，姚夫人画竹是具有或符合“夫画者之精神不与物期，物之精神亦不与画期，而卒然相与而成形者，乃所谓神者也”的特点的，与苏轼和文与可的论画竹不同。这就产生了两个问题：第一，既然姚夫人绘画达到了如此高的境界，那么，为什么她的画在中国古代绘画史上没有太大的名声？这是不是意味着从绘画本身来说，有谢良琦所说的那种境界，但姚夫人并未达到这样的境界？或只是谢良琦借以表达自己的绘画观？或是因为某种原因对姚夫人的溢美？第二，谢良琦所描述的境界是一种天人合一的境界，是一种高度修养的结果，他并非姚夫人，判断是否达到这种境界的凭借是姚夫人的画作，从画作本身来作判断，他又怎能确定姚夫人绘画时就进入了这样的神境呢？

尽管谢良琦的强调写意、入神等都是中国古代传统看法，也存在着一些不足，但仍掩盖不了其理论的深度，仍然值得我们进一步研究。

---

① 倪瓒：《清閟阁全集》卷九。

桂林文化城研究

抗战时期旅桂作家的文学创作*

黄伟林*

［内容提要］　战争背景以及国民党桂系在建设广西方面的励精图治，促成了抗战桂林文化城的诞生。抗战时期相继出现过三次作家集结桂林的高峰期。旅桂作家为桂林带来了文学的现代观念，造就了战时桂林文化城文学出版与文学创作的繁荣。他们的部分作品具有超前的现代性体验，成为战时中国文学的重要收获，不仅丰富了中国现代文学的内容，而且促进了广西本土文学从旧文学向新文学的转型，为八桂大地留下了一笔丰厚而宝贵的文学财富。

［关键词］　抗日战争　桂林文化城　旅桂作家

1931 年 9 月 18 日至 1945 年 9 月 3 日，中华民族的抗日战争整整持续了 14 年。恰恰在这段时间，战争的背景以及当时桂系在建设广西方面的励精图治，造就了广西文学空前的繁荣，这个空前的文学繁荣主要由当时的桂林文化城所呈现。

用文学史家吴福辉的话说："桂林的地位自然不全在风光的旖旎，而是它正处于抗战政治、文化的缓冲地带。""从文学家创作环境看，昆明和桂林的区别是昆明有余裕来沉思、体验战事，桂林却距战火不即不离，好似迫在眼前，又可从容构想。"正是这种特殊的情势，造就了桂林与文学的因缘，处在连接西南、东南的交通结点上，桂林"成了南北文化流动的理想集散地"。①

在这不算短暂的十四年里，相继出现过三次作家集结桂林的高峰期。

第一次是广西师专成立之后。

1933 年 8 月，广西师专校长杨东莼聘请在上海写作的新文学作家沈起予到

---

* 本文为国家社会科学基金重大招标项目"桂学研究"（12&ZD164）、广西第三批特聘专家"广西抗战文化暨桂林文化城研究"、广西人文社会科学发展研究中心哲学社会科学服务地方经济社会发展特色基地桂林抗战文化研究与教育实践基地、广西人文社会科学发展研究中心"桂学研究团队"阶段性研究成果。

* 黄伟林（1963～ ），男，文学博士，广西师范大学文学院教授，博士生导师，广西桂学研究会副会长，广西文艺理论家协会副主席。

① 吴福辉：《插图本中国现代文学发展史》，北京：北京大学出版社，2010 年，386 页。

广西师专任教。沈起予可能是抗战时期第一个来桂林的新文学作家。① 1935 年广西师专又聘请了以陈望道为首的来自上海的新文学作家团队。这个团队包括了陈望道的弟弟陈致道、学生夏征农、祝秀侠和杨潮四人。不久,陈望道又邀请著名戏剧家沈西苓到广西师专担任教职②。

沈起予、陈望道、夏征农、祝秀侠、杨潮、沈西苓是抗战期间到桂林的第一个文学团队,他们主要依托广西师专从事文学活动。他们对桂林文坛的贡献主要在三个方面:一是系统化地带来了新文学理念和新文学实践,二是培养了一批桂林本土的新文学作家,三是奠定了桂林现代话剧运动的基础。

1936 年 6 月,陈望道为首的上海左翼文学团队先后离开了桂林,但他们播下的新文学种子已经在桂林落地生根。

第二次是广州、武汉沦陷之后。

1937 年 7 月 29 日,北平沦陷。1937 年 11 月 11 日,上海沦陷。1937 年 12 月 14 日,南京沦陷。1938 年 10 月 21 日,广州沦陷。1938 年 10 月 26 日,武汉沦陷。

东北、华北、华东、华中以至华南的相继沦陷,导致中国文化人的大量西迁。1938 年 10 月之后,桂林成为与重庆、延安鼎足而三的抗战文化中心,广州与武汉两座城市的沦陷,直接导致了作家向桂林集结的第二次高峰。

上海沦陷后,欧阳予倩在租界内的救亡活动引起敌伪汉奸的注意,正好马君武来信邀请,1938 年 5 月,欧阳予倩到达桂林。

武汉失守前夕,1938 年 10 月,盛成从武汉到桂林,在漓江东岸施家园租房居住,受聘广西省政府参议。

1938 年 10 月,武汉陷落,孙陵随第三厅撤往桂林。

1938 年 10 月,广州陷落后,胡危舟抵桂林。

广州沦陷后,夏衍与《救亡日报》同人离开广州,于 11 月 7 日到达桂林。

1938 年 10 月 20 日,于广州沦陷前一天,巴金与未婚妻肖珊撤出广州,11 月抵达桂林,当选文协桂林分会理事。

1938 年 8 月,在武汉会战期间,艾青离开武汉到湖南衡山,11 月 17 日,到达桂林,编《广西日报》副刊。

武汉沦陷后,郭沫若撤至长沙,长沙大火,撤至衡阳,1938 年 12 月 3 日,郭沫若抵达桂林。

---

① 参见谢婷婷:《落寞的南国之行——沈起予在广西省立师范专科学校》,收入黄伟林、张俊显主编《从雁山园到独秀峰》,桂林:广西师范大学出版社,2011 年。

② 邓明以著:《陈望道传》,上海:复旦大学出版社,2005 年,第 160~174 页。

1938年,王鲁彦在政治部第三厅工作,武汉沦陷后,12月抵达桂林。在桂林行营政治部第三科工作,并担任文协桂林分会的主要负责人。

抗战爆发后,艾芜从上海撤出后辗转武汉、长沙、宁远,1939年1月,全家抵达桂林,临时住进《救亡日报》社宿舍楼。

1938年,田汉任政治部第三厅第六处处长,武汉沦陷后到湖南,1939年4月,率政治部平剧宣传队抵达桂林。

司马文森,广州沦陷前夕,随第四战区长官部撤往粤北山区,1939年5月,抵达桂林。

第二次作家集结桂林期间的一个重要事件,是中华全国文艺界抗敌协会桂林分会的成立。

1938年6月,在月牙山倚虹楼举行文艺茶话会,决定筹组中华全国文艺界抗敌协会桂林分会,推举欧阳予倩、李文钊、韦容生、满谦子、张安治五人负责筹备。11月,文艺家们还是在月牙山倚虹楼举行临时座谈会,决定成立桂林分会,推举巴金、夏衍等负责筹备工作。12月,桂林战时文艺工作者联谊会成立,李文钊为临时主席,李文钊、艾青、阳太阳、黄药眠、欧阳凡海、林林、周钢鸣七人为理事。1939年2月,姚蓬子代表总会致信冯乃超、夏衍和巴金,催问桂林分会筹备情况,并说:“桂林作家云集,且为西南文化中心之一,文协分会必须迅速建立起来。”7月,姚蓬子途经桂林,召集桂林文艺界座谈会,正式成立了桂林分会筹备委员会。9月,《救亡日报》刊登启事,征集会员。10月2日,文协桂林分会在桂东路广西建设研究会礼堂召开成立大会。10月4日,第一次理事会推选欧阳予倩、李文钊、陈此生、王鲁彦、林林、黄药眠、焦菊隐、艾芜、钟期森九人为常务理事。

文协桂林分会成立后,规模逐年扩大,直到1944年9月,日军逼近桂林,当局要求全体居民撤离,文协桂林分会始告结束。对于文协桂林分会的作用,徐迟有过一个评价:“文协是全国组织,头脑设在重庆……桂林分会应是心脏的地位,仅次于作为头脑的重庆总会。”①

第三次是太平洋战争爆发,香港沦陷之后。

1941年12月,太平洋战争爆发,25日,香港陷落。香港沦陷导致又一次作家向桂林集结的高峰。

1942年初,林焕平从香港逃出,2月下旬抵达桂林,住六合路。

1942年1月,茅盾从香港偷渡到九龙,3月到达桂林。

1942年,胡风从香港脱险后到桂林。

---

① 徐迟:《桂林分会是文协心脏》,载《救亡日报》,1940-10-13。

太平洋战争爆发后，端木蕻良化名逃出日军追捕，1942 年 3 月到达桂林，先后住榕荫路和三多路。

1942 年 1 月 15 日，柳亚子逃出香港，与何香凝等人同行，6 月抵达桂林。

第三次作家集结桂林，将桂林的抗战文化推向了高潮，成就了一批名篇佳作，完成了桂林文化城的文学定格。

战时桂林，新闻、出版、教育、文化各项事业发达，形成了一个有益于作家生存的文化场，作家在桂林这座当时与重庆、昆明、延安、上海齐名的城市，辛勤笔耕，创作了大量作品，其中不乏优秀之作。

首先，报告文学是抗战时期桂林文化城主流文学形式。

战争时期，风云变幻。战争的任何进展和变化，都关系着人们的生死利害，因此，人们非常关心战争动态、社会时事。这是报告文学成为战争时期主流文体的原因。当时的桂林文化城，聚集了夏衍、孙陵、司马文森等一批报告文学家，桂林文化城的报告文学，主要包括内容如下：一是大陆战场报告，如华嘉《烽火中的南路》，司马文森《粤北散记》，韩北屏《寂寞昆仑关》，黄药眠《昆仑关之行》；二是海外战场报告，如华嘉《香港之战》《太平洋上的“一二・八”》，唐海《香港沦陷记——十八天的战争》，陈残云《今日马来亚》，马宁《南洋风雨》；三是沦陷区生活报告，如孙陵的《从东北来》，夏衍的《上海见闻别记》，萨空了《香港沦陷回忆》等；四是流亡生活报告，如茅盾的《劫后拾遗》《脱险杂记》，黄药眠的《桂林的撤退》等；五是文化人的文化抗战，如孙陵的《笔部队随枣会战长征记》，罗维《昆明文化界速写》，王莹《中国救亡剧团出国行》，海航《作家上前线——笔部队访问记》，廖行健《邕宾线上的文化队》，曾敏之《桂林作家群》，等等。

桂林文化城报告文学对整个中国抗战历程进行了全方位、多角度、全时段的记录，作为当时作者的亲历、亲见和亲闻，桂林文化城报告文学已经成为极其珍稀的历史文献。桂林文化城报告文学不仅具有高度的历史价值，而且具有较高的文学品质。作家对战争的反思、对人性的关注，对战争期间人的内心世界的开掘，运用多种艺术手法进行报告文学写作，使桂林文化城报告文学成为中国现代报告文学重要的组成部分。中国南线战场、文化人抗战、东南亚战场及海外华侨抗战是桂林文化城报告文学区别于重庆、延安、上海等地报告文学的独具特色的题材内容，兼具地域性、民族性和国际性。

其次，诗歌是抗战时期桂林文化城重要文学收获。当时的桂林主要聚集了以艾青、胡风、彭燕郊为代表的七月诗人群、以黄宁婴、黄药眠、芦荻为代表的岭南诗人群和以严杰人、阳太阳、胡明树为代表的八桂诗人群以及不属于上述群体的胡危舟、韩北屏等著名诗人。艾青与戴望舒主编的《顶点》，周为、胡明树、韩北屏等主编的《诗》，黄宁婴主编的《中国诗坛》，胡危舟主编的《诗创作》成为战时中国重要的诗歌刊物。

艾青是抗战时期影响最大的中国诗人之一。从 1938 年 11 月至 1939 年 9 月，他只在桂林生活了十个月，但在这十个月里，他创作了一批堪称其代表作的作品，包括诗歌《我爱这土地》《吹号者》《他死在第二次》《死难者画像》和诗论《诗的散文美》等，他的另一首长诗代表作《火把》，则是以他在桂林的生活记忆为原型写成的。

战争严重地刺激了诗人的神经和心灵，强化了诗人对祖国、民族和土地的情感。在到桂林的第一天，艾青就写出了脍炙人口的抒情诗《我爱这土地》，全诗如下：

> 假如我是一只鸟，
> 我也应该用嘶哑的喉咙歌唱：
> 这被暴风雨所打击着的土地，
> 这永远汹涌着我们的悲愤的河流，
> 这无止息地吹刮着的激怒的风，
> 和那来自林间的无比温柔的黎明……
> ——然后我死了，
> 连羽毛也腐烂在土地里面。
>
> 为什么我的眼里常含泪水？
> 因为我对这土地爱得深沉……

国土的不断沦陷成为诗人对土地之爱的背景，或许，正是因为失去，才懂得土地的宝贵。诗人的情感成为民族的情感，数十年来，《我爱这土地》成为中国人耳熟能详的爱国诗篇。

艾青的诗歌与战争时期大多数粗犷的诗歌不一样，它不仅有能够激起整个民族共鸣的情感，也暗藏着非常个人化的隐秘的心灵世界。长诗《火把》记录了艾青关于桂林期间火把集会的记忆，其中有演说，有宣传卡车，有火把的光亮，但同时也有内心独白，有心灵忏悔，有阴暗的角落。长诗最后告诉读者，“这火把不是用油点燃起来的/这火把 是她/用眼泪点燃起来的……”，这个升华，既响应了战争的民族情感，又包蕴了生命的个体体验，因而具有许多诗歌所不具有的持久的感人力量。

彭燕郊 1940 年 6 月到桂林，直到 1949 年才离开，先后担任过《力报》和《广西日报》的编辑，在桂林生活了 9 年时间，创作了大量诗歌。

尽管彭燕郊写了许多目击战争现场的诗歌，但他同样为我们留下了许多超越那个战争年代的作品。《倾斜的原野》《杂木林》这样的长诗，哪怕是在今天阅读，仍然让我们感觉到诗人的细腻和敏锐，其中的现代性体验，仿佛是为今天的读者所写。在《杂木林》里，我们能感觉到诗人对自然有着非同寻常的情感：

就连这里的每一片树叶我也都熟识
我知道在清晨微风的吹拂里
它们有的是怎样快乐地摆动着
有的却端庄地静止着，体味那
新的一天带给它们的新的喜悦
我知道夜里露水曾经怎样殷勤地把它们洗干净
白天阳光又怎样给它们镀上一层银色
寂静的半夜它们怎样从絮语里奏出音浪
那音浪怎样催眠着我们疲乏了的村庄
炎热的正午它们怎样艰难地喘息着
蜷缩起鲜嫩的边沿，无言地
承受大路上车马扬起的灰尘

在《倾斜的原野》，我们能体会到诗人对城市复杂的情怀：

是的，城市的贪馋是可怕的
只想一口吞下这一片可怜的土地
已经可以听到，步步进逼过来的
城市急促的呼吸
和从牙缝里漏出的黏糊糊的涎音了……
除非有一天，倾斜的原野
从下坠里直立起来
以大片大片清新的绿色
阻挡城市盲目的吞食，用绿色
洗涤所有的污垢
使城市健康起来

值得注意的是，当时还出现了一批描写战争实况的长诗，如黄药眠的《桂林的撤退》，长达18000多行。如此大的篇幅，在现代文学史上实属罕见。诗人用诗的笔法，实录了湘桂大撤退的景况，像这样的描写：

列车爬在地上不动，

每个车窗里都紧塞着
快要溢出来的人。
马桶和人头被堆迭在一起。
车顶上,车肚下,
车厢和车厢的间隙
也全都是人呀!
两只手,两只脚的人呀。
两只眼睛,一个头颅的人呀!
车上的人哭着喊着骂着,
有些人刚要爬上去,
就掉了下来,
有些人爬了上去,
又给人推了下来,
有些父母亲都爬了上去,
可是孩子还在顿着脚
留在地下哭喊!
而跑不动的老者,则悲怆地乘着夜里
把自己吊在树上,而在胸前则
亲笔写着几个大字:
蒋介石万岁!
呵,"蒋介石万岁"!
那是多么大的讽刺!

既有现场的记录,又有超脱的讽刺,情理兼容,桂林文化城的散文创作也取得了不俗的成绩,今天读之,尤以桂林题材的散文引人瞩目。如胡适的《南游杂忆》、胡政之的《粤桂写影》、丰子恺的《桂林初面》《桂林的山》、徐悲鸿的《南游杂感・桂林》、冯至的《忆平乐》、巴金《桂林的微雨》《桂林的受难》、艾芜的《桂林遭炸记》等,皆属于叙事、写景、议论的佳作。

《南游杂忆》是胡适1935年旅行广西的随笔集。当时东北已经沦陷,全面抗战正在酝酿。作为民国最具影响力的文化大师,广西给胡适四个印象:全省没有迷信的、恋古的反动空气;俭朴的风气;全省无盗匪,人民真能享治安的幸福;武化的精神。胡适写道:"在那独秀峰最高亭子上的晚照里,我们看那些活泼可爱的灰布青年在那儿自由眺望,自由谈论,我们真不胜感叹国家民族争生存的一线希望是在这一辈武化青年的身上了。"

或许是因为战时岁月，又或许是艺术家任个性，不喜欢人云亦云，丰子恺对桂林的山并没有多少好印象，在《桂林的山》一文中，他甚至“渐渐厌恶桂林的山”，针对桂林山水甲天下的这个盛誉，他说：“我觉得桂林的特色是‘奇’，却不能称‘甲’。”不过，即便如此，丰子恺还是承认：“桂林的奇特的山，给广西人一种奇特的性格，勇往直前，百折不挠，而且短刀直入，率直痛快。广西省政治办得好，有模范省之称，正是环境的影响；广西产武人，多名将，也是拔地而起山的影响。”

桂林奇特的地形地貌，确实给战时人们许多安全和安慰。艾芜在《桂林遭炸记》中写道：

> 桂林山峦的好处，便是岩洞到处都是。前人称桂林山水甲天下，现在应该赞为防空洞甲天下了。同时看见远处坡上，而着高射炮阵地的地方，荷枪立着的哨兵，那种掩映在晴天朗日下的雄姿，也足使人感到格外安心。

然而，战争终究是残酷的。在当时，最能震撼人心的还是那些桂林所受浩劫的现场记录，如巴金的《桂林的受难》。不妨阅读这一段文字：

> 我带着一颗憎恨的心目击了桂林的第一次受难。我看见炸弹怎样毁坏房屋，我看见烧夷弹怎样发火，我看见风怎样助长火势使两三股浓烟合在一起。在月牙山上我看见半个天空的黑烟，火光笼罩了整个桂林城。黑烟中闪动着红光，红的风，红的巨舌。十二月二十九日的大火从下午一直燃烧到深夜。连城门都落下来木柴似地在燃烧。城墙边上不可计数的布匹烧透了，红亮亮地映在我的眼里像一束一束的草纸。那里也许是什么布厂的货栈罢。

火、跑警报、炸弹的呼啸，这些为战时旅桂作家反复书写的意象，是战时桂林最深刻的记忆，也是桂林历史深处最深刻的创伤。

值得提出的是，抗战时期不少散文写到了桂林人淳朴的性格，沈起予如此，冯至如此，胡适亦如此。冯至《忆平乐》回忆武汉撤退后他在平乐认识的一个裁缝，这个裁缝的认真而守时给他留下了美好的记忆，六年后他在回忆文章中写道：

> 这六年内世界在变，社会在变，许多人变得不成人形，但我深信有许多事物并没有变：农夫依旧春耕秋收，没有一个农夫把粮食种得不成粮食；手工业者依旧做出人间的用具，没有一个木匠把桌子做得不成桌子，没有一个裁缝把衣服缝得不成衣服。

可以说，正是桂林普通劳动者的品质，使冯至能够在后方都市的衣冠社会里葆有对诚实与美好的信念。

桂林文化城散文中的杂文写作尤具影响，杂文写作者主要有夏衍、聂绀弩、秦似、宋云彬和孟超五人，他们创办了以杂文为特色的《野草》刊物，创作和发表了大量杂文作品。

《野草》上刊登的最有名的杂文是聂绀弩《韩康的药店》，此文采用了历史小说的文体，借汉朝韩康和宋朝西门庆两个风马牛不相及的人物开药店的故事，直接影射了桂林当时生活书店被查封，国防书店占据生活书店原址却仍然不能改变其经营状况的现象。在桂林的四年时间，是聂绀弩杂文写作最丰盛的时期，也是他杂文写作佳作不断的时期，他最著名的几本杂文集如《历史的奥秘》《蛇与塔》都是在桂林写作并出版的。其中，《我若为王》一文，想象自己成为国王后的情景，讽喻中国专制独裁和社会奴性的现实：

> 我若为王，我的姓名就会改作："万岁"，我的每一句话都成为："圣旨"。我的意欲，我的贪念，乃至每一个幻想，都可竭尽全体臣民的力量去实现，即使是无法实现的。我将没有任何过失，因为没有人敢说它是过失；我将没有任何罪行，因为没有人敢说它是罪行。没有人敢呵斥我，指摘我，除非把我从王位上赶下来。但是赶下来，就是我不为王了。我将看见所有的人们在我面前低头、鞠躬、匍匐，连同我的尊长，我的师友，和从前曾在我面前昂首阔步耀武扬威的人们。我将看不见一个人的脸，所看见的只是他们的头顶或帽盔。或者所能够看见的脸都是谄媚的，乞求的，快乐的时候不敢笑，不快乐的时候不敢不笑，悲戚的时候不敢哭，不悲戚的时候不敢不哭的脸。我将听不见人们的真正的声音，所能听见的都是低微的，柔婉的，畏葸和娇痴的，唱小旦的声音："万岁，万岁！万万岁！"这是他们的全部语言："有道明君！伟大的主上啊！"这就是那语言的全部内容。没有在我之上的人了，没有和我同等的人了，我甚至会感到单调，寂寞和孤独。

这样的议论，不仅有入木三分的讽刺，而且有透彻理解的同情。这同情主要体现在最后一句，"没有在我之上的人了，没有和我同等的人了，我甚至会感到单调，寂寞和孤独"。专制的结果不仅害人，而且害己，表面看专制者获得了绝对自由，实际上专制者也有单调、寂寞、孤独的痛苦。如果继续思辨下去，我们会推论出专制者最后必然走向怀疑和癫狂的结局。

小说创作仍然是桂林文化城文学最厚重的成绩。当时生活在桂林的小说家主要有茅盾、巴金、艾芜、王鲁彦、骆宾基、端木蕻良、司马文森等人。

王鲁彦除了担任文协桂林分会主要负责人之外，曾在桂林行营第三科工作，在桂林高中任教，兼任文化供应社编辑，担任《中学生》编委，并创办了大型文艺刊物《文艺杂志》，创作了长篇小说《春草》（前七章）、中篇小说《胡蒲妙计收伪军》、短篇小说《我们的喇叭》《陈老奶》《千家村》等，1944 年 8 月 22 日，病逝于桂林。

因为贫病交加、工作繁重，王鲁彦在桂林创作的作品并不多，但多与抗战现实有关，而且品质很高。

《我们的喇叭》写一个绰号叫小喇叭的人，祖传一个铜做的小喇叭，祖父和父亲都是挑卖糖果玩具度日的，他也承继了这份财产和职业，他的糖果玩具担子给天真的孩子们带来了无边的希望和快乐，也养成了他安分守己、听天由命、凡事退让的和平性格。然而，战争改变了一切，随着日本飞机的到来，小喇叭的糖果担子被炸毁，他的祖传职业终结了。从来没杀过一只小鸡的小喇叭被迫当了兵，但他当的是不杀人的号兵。他有音乐天赋，成了一等号兵。战场上，小喇叭吹的冲锋号使国民党军队转危为安，他立功了。

战争使最希望逃离战争的软弱和平的人变成了英雄，《小喇叭》写出了战争中人的心灵成长。

如果说《小喇叭》叙事是婉转的，那么，《陈老奶》的叙事则显得特别凝重。王鲁彦用近乎雕刻的笔法塑造了一个战争中的母亲形象。这是一个过早就失去了丈夫的女性，她完全凭借自己的力量将两个儿子抚养成人。结果，二儿子当兵去了，大儿子因病离世，小说如此写道：

> 这一只暴风雨中镇定地前进着的小船，现在撞着了礁石，波涛从船底的裂缝里涌进来了，全船的人起了哀号，连那最坚强的舵工也发出绝望的呼号来。这个年老的母亲的心底有着什么样的悲痛呢？几乎没有人能够形容。她生下了两个儿子，费尽了半生心血把他们教养大，现在都失去了，而且是在这样纷扰的时代，老的太老，小的太小的时候。留下来的人是多么脆弱啊，像是风中的残烛，像是秋天的枯叶……

小说最后在陈老奶的逝世中结束，真正写出了战争对人的伤害，写出了对生命的珍惜和爱恋，没有光明未来的承诺，但也展现了这个古老民族的韧性。与当时许多廉价乐观的文字相比，王鲁彦以雕刻般凝重的文字，雕刻出了凝重的民族情绪。

《千家村》里的千家村是一个人口顶旺的村落，然而，经过三次战争之后，“整个的千家村，现在只剩下了一百多户，而且很少是完整的，而且就连这些残留的部分也沉浸在凄凉苦难中”。小说有一个细节令人震撼，为了防止敌人的侵扰，村民们自发地组织起来，放哨警戒，每一个外来者都令他们疑虑和不安。

回乡的主人公同样遭遇了警戒者的盘查。小说写主人公的身份终于被村民确认之后进了村庄：

> 我渐渐走向千家村的中心，也渐渐走近我们的老屋，见到熟人也渐渐多了。他们都对我露着亲切的笑容，但都像有什么要事似的，只和我打一个招呼就匆匆的分开。我看出好些人的脸上都显露着一种阴沉的紧张，每个人的心头都好像压着一大块沉重的石头似的。这是什么呢？三次的战争，敌人的暴行，我看着这情形，我的心也渐渐沉重起来了。故乡还不会毁灭，那是真的，我至少已经看见了它的一部分都还和往年一样，可是生活在这里的人呢？他们遭遇了什么呢？……

显然，战争不仅对人的身体造成了伤害，更对人的心灵也造成了伤害，对人性造成了伤害。生活在贫困和疾病中的王鲁彦，他对战争的控诉，确实比大多数作家更深沉，也更有切肤之感。

茅盾在桂林时间并不长，从 1942 年 3 月至 12 月，不到 9 个月时间，创作了长篇小说《霜叶红似二月花》和短篇小说《耶苏之死》《参孙的复仇》《列那与吉地》《虚惊》《太平凡的故事》和《过封锁线》。

《霜叶红似二月花》当时即被公认为"中国文艺之巨大收获"，权威的中国现代小说史家都对它有极高的评价。夏志清认为："全书对于中国人家庭中的复杂性，亦作了彻底又亲切的窥探，同时又怀旧式地重现了 30 年前各种重要课题和冲突。"①杨义认为它"初步展示了'五四'运动前后一个江南县城的社会变动和变动之艰难，思潮嬗变和嬗变中的新旧夹杂"，"徐纡从容地把这个县城中的张、黄、赵、王、朱、许六家和城郊钱家聚于笔底，灵活穿插，姑长媳短、夫懦妇怨、主嗔仆笑，写来细致绵密，沉著蕴藉，天衣无缝。它写得如同生活本身一样清淡琐屑，也如生活一样真切、沉重"，"是令人神往的艺术精品，圆润精致，风姿绰约，别具丰采。"②李洁非极赏这部长篇小说的语言，认为它"首先是一种'回归'，但充分生活化，与生活融通无碍，绝非士大夫书面化的旧文人体；其次，汉语的笔墨韵味、文野之致，又天然妙成地渗于小说语言骨缝之内，每令人恍然如对《红楼梦》，但又不存在任何直接对应的关系，而是神韵暗通"③。

1942 年 3 月，端木蕻良与骆宾基一同到达了桂林。这时的端木蕻良，至少承受着人生的三大悲苦。一是经历了香港战争全过程的悲苦，二是丧妻的悲苦，他的妻子是比他文名更盛的萧红，三是因为萧红之死而受到众人指责的悲

---

① 夏志清：《中国现代小说史》，上海：复旦大学出版社，2005 年，第 233 页。
② 杨义：《中国现代小说史》第二卷，北京：人民文学出版社，1988 年，第 123~124 页。
③ 李洁非：《典型文案》，北京：人民文学出版社，2010 年，第 33 页。

苦。就是在这种接近精神崩溃的状态中,他在桂林三多路 13 号二楼找到一套传闻“闹鬼”的住房,在门口贴上“谢绝来宾”的纸条,过了一段离群索居的生活。直到 7 月份,他忽然用整整一天的时间完成了短篇小说《初吻》。《初吻》的出现,既表明端木蕻良走出了丧妻之痛的打击,恢复了创作的欲望,同时,也以一种全新的风格,开始了端木蕻良创作新的阶段。

在桂林期间,端木蕻良创作了《初吻》《早春》《雕鹗堡》等一批短篇小说,续写了长篇小说《科尔沁旗草原》第二部的前五章,还写了《林黛玉》《晴雯》等剧本以及一批学术散文。

《初吻》和《早春》都是以少年兰柱为主人公,堪称姊妹篇。《初吻》中,兰柱爱上了一个他称之为灵姨的女孩,但最后发现这个女孩是被自己父亲抛弃的情人。《早春》写兰柱在挖菜的时候喜欢上金枝姐,回家后即刻把金枝忘得一干二净,直到晚上母亲问起他白天做了什么时他才想起金枝姐,等一个月后他从姑姑家回来,再问起金枝姐,才知道金枝姐已经去了遥远荒凉的北方。

这两部小说写出了“爱情的复杂性和虚幻性”①,“既有一笔呵成的气度,又有精功细雕的工笔画似的描绘”②,被公认为中国现代短篇小说的精品。

艾芜和司马文森是在桂林生活时间最长、小说创作成果最丰硕的小说家。

艾芜在桂林生活了五年多时间,甚至放弃了去延安和香港的机会,心无旁骛创作了数十部短篇、多部中篇和 3 部长篇,是抗战时期较为高产的小说家。其中,长篇小说《山野》自 1940 年动笔,1947 年完成。与这部长篇相映证的是,艾芜曾经在《救亡日报》发表过一篇题为《南宁附近的游击队是怎样生活着的》的文章,《山野》正是取材于作者从友人口中听来的广西农村游击战争的事迹。现代小说史家杨义认为:“它的的结构艺术更是富于独创性,它以韦茂和一家为结构的中心点,从他本人、妻子、两个女儿、女婿、亲家的身上,辐射出一束束结构线索,在相互纠结中形成紧凑缜密的蛛网式布局,而又能灵活穿插,遂使山寨一昼夜间大事迭来,波谲云诡,确乎非高手无以达到如此境界。”③

司马文森在桂林期间创作了 4 部长篇、9 部中篇、5 部短篇集。其中,长篇小说《雨季》和《人的希望》都与作者的桂林生活有较大的关联。《雨季》中方海生无意中闯进了孔德明与新婚太太林慧贞的生活,方海生的生活态度和生活经历使林慧贞决心走出家庭,争取“做人的权利”。《人的希望》中的主人公朱可期因为运动会不幸身残,仍然凭着顽强的意志成长为一名美术家。朱可期这个

① 王富仁:《端木蕻良小说·前言》,见《端木蕻良小说》,杭州:浙江文艺出版社,2007 年,第 15 页。

② 孔海立著:《端木蕻良传》,上海:复旦大学出版社,2011 年,第 136 页。

③ 杨义:《中国现代小说史》(第二部),北京:人民文学出版社,1988 年,第 493~494 页。

小说人物同样有着生活中的原型,即从广东流亡至桂林的画家余所亚。这两部长篇小说的一个共同之处是受了罗曼·罗兰长篇小说《约翰·克利斯朵夫》的影响,《雨季》通过一个可能引起争议的爱情故事探讨人的生活现状和内心世界;《人的希望》则试图通过身残志坚者的成长激励青年人向上的意志和战斗力。

抗战 14 年,一批又一批来自全国各地的知名作家云集桂林,用他们的文学作品建构了一道壮烈的抗战风景线,诠释着中国抗战文化中心的精神内涵。他们的作品不仅丰富了中国现代文学的内容,而且为广西本土作家提供了与各地作家交流的绝好机会,有力地促进了广西本土文学从旧文学向新文学的转型,同时,也为八桂大地留下了一笔丰厚而宝贵的文学财富。

桂林抗战文化城内的广西本土小说家*

高　蔚*

[内容提要]　桂林抗战文化城中的旅桂作家，为广西文坛带来了一个前所未有的小说创作高潮。但“文化城”内的广西本土小说家也是筑建“文化城”的一块块坚实基石，他们自觉接受新文学传统影响后的艺术实践，一改广西籍作家现代小说文体意识迟滞的现状，其审视生命的视角和处理生活细节的艺术方式，不同程度地濡染有鲁迅、沈从文、郁达夫、沙汀、郭沫若等大家作品的神采，显示了广西小说融入主流文学、走进革命文学轨道的初步成果。

[关键词]　桂林文化城　抗战文学　广西籍小说家　区域文学

新文学诞生后的前二十年，广西籍小说家的文体意识相对迟滞，当主流文学界已将西方现代小说的叙事方式纳入小说文体创作时，广西籍作家的叙事还在抱守文言的话语方式，现代白话小说的尝试在文言传记、文言翻译小说和文言创作小说之后才有人涉足，直至桂林抗战文化城云集茅盾、巴金等大批小说家，广西文坛才迎来了一个前所未有的小说创作高潮。然而，广西小说在桂林抗战文化城时期的空前繁荣，除旅桂作家的大量创作外，广西本土作家，如陈迩东、胡明树、曾敏之等人的战时生命体验，也是“文化城”中一块块坚实的基石。他们或在家乡自觉接受新文学传统影响，或走出家乡汲取全新的文化理念。抗战爆发后，当他们倾力直视战争背景下古老国土上那些痛苦灵魂的挣扎与抗争时，他们的小说风格已不同程度地濡染有鲁迅、沈从文、郁达夫、沙汀、郭沫若等大家作品的神采。

陈迩冬(1913~1990)，原名陈钟瑶，广西桂林人，著名学者，古典文学评论家。20世纪30年代开始发表作品，著有小说集《九纹龙》，历史剧剧本《战台湾》，诗集《最初的失败》，传记文学《李秀成传》等。抗战爆发时陈迩东在桂林，

*　本文为国家社科基金重大招标项目“桂学研究”(12&ZD164)、广西第三批特聘专家“广西抗战文化暨桂林文化城研究”、广西人文社会科学发展研究中心哲学社会科学服务地方经济社会发展特色基地桂林抗战文化研究与教育实践基地、广西人文社会科学发展研究中心“桂学研究团队”阶段性研究成果。

*　高蔚(1963~　)，女，文学博士，现为广西师范大学文学院教授，硕士生导师。主要研究领域：二十世纪中国文学、中国新诗。

1939年底“中华全国文艺界抗敌协会桂林分会”(简称“桂林文协”)成立时当选为理事,历任《战时艺术》《风雨》《大千》等刊物主编,开辟《桂林日报》的副刊《每周文学》,做《力报》副刊编辑,创办了桂林最早的诗刊《拾叶》,并任主编。1944年湘桂大撤退,他离桂赴重庆,在重庆《新民报》编副刊《西方夜谭》。抗战胜利后,他于1947年回到桂林,任广西艺专教授兼艺术馆主任,直到1949年初。

在抗战时期的桂林,陈迩冬是这个人才辈出,有着深厚传统文化积淀的桂林培养出来的最活跃的文化人之一。他国学修养深厚,深受来自各地的师专教授们的影响,接受了新文化思想,于创作新诗的同时,也创作小说。陈迩东的小说数量不多,已收入他的短篇小说集《九纹龙》的仅有六篇。这六篇小说中,历史小说《南华拟梦》和《枕中续记》写于1936年,《当炉外史》《得阳小景》《九纹龙》和《贳阿勾》四篇均写于抗战时期。

创作于抗战之前的《南华拟梦》和《枕中续记》就颇有鲁迅作品的风采。《南华拟梦》的取材,从庄周的“无用”、清高、不能流俗、陷身污浊现实、深感“无涯的寂寞”,到最终不免要怀疑自己的价值观,小说赋予了庄子新的寓意,艺术构思明显来自鲁迅的“故事新编”。《枕中续记》在主题上对正统历史观的质疑酷似《狂人日记》,而艺术上所选用的荒诞手法,又明显染有《野草》的印迹。抗战时期,面对严酷战争的惨烈现实,陈迩冬虽仍有《当炉外史》和《浔阳小景》两篇历史小说问世,但创作方法已有所改变。他不再像先前那样一味地浪漫讽喻,而是转向了冷峻的现实审视与讽喻。

《当炉外史》的现实批判锋芒,颇具郭沫若历史剧的格调。小说从《史记·司马相如传》和葛洪的《西京杂记》撷取题材,通过巴蜀临邛道上阳昌酒家来的一位生客拜访司马相如,向他讨教赋的问题,却不料司马相如不但谈不出新意,而且自身生活难保,打算不再写赋,开临邛酒家以应付生活的“外史”解构“正史”,解构历史人物。作者着意安排的酒客碎语,如司马相如凭着“赋人”的身份,临邛酒家果然生意兴隆;武帝继位,赋人再次得势,司马相如一手好赋,却用于后宫争宠,欺骗蜀郡百姓;司马相如离赋越来越远,贪污被罢官,讨姨太太,抛弃卓文君,等等。这些侧面叙写,都是为了小说的揭露与批判主旨。显然,作者所书的世风不堪,知识分子随波逐流、蝇营狗苟,逐渐放弃作为知识分子的良知,被混浊的社会所染渍,虽揭的是司马相如的隐私,但实际上是对现实中无德文人和无耻政客卑鄙行径的针砭!小说经由酒客之口所述社会环境:“仕宦钻营升迁,商贾囤积居奇,盗贼遍藏,乞丐满街”,“这年头万般皆下品,唯有经商高,……谁重儒术”等,也无疑是对抗战时期国统区黑暗现象的揭露。

在这个意义上,另一篇“故事新编”《浔阳小景》,也是犀利的现实讽喻。小说依据《宋书·陶潜传》的史实进行新构思，写义熙元年的冬天，当差的彭泽县衙以小人之心度君子之腹，非议陶潜用公田种糯谷酿酒，裁减县衙冗员等做法纯属私欲，遂群起而攻击，却没想到陶县令“不为五斗米折腰”挂印归隐。有意味的是小说开篇对跛脚县衙“长官”的描画。这是个身心双重“残缺”的人，不仅脚跛，一出场便手不离五石散和健肾丸，灵魂也残缺，熟稔仗势欺人鱼肉乡民之道。他的缺乏生命力，宛若沈从文《八骏图》里的教授们。然而，就是这样一个身心双重不健全的人，却是这个县衙的“长官”。因此，尽管小说主人公陶渊明始终未出场，这一结构策略所隐喻的现实批判却不言而喻，即陶潜这样品行高洁的人，岂能被置身于如此污浊的世界！

《浔阳小景》的精彩之处在于颇得沙汀《在其香居茶馆里》的神韵。小说正面着力叙写属吏们的活动，而且更多是写属吏们的对话，让他们的对话从语气、语调、语态上，尽力展现各自的性情和趣味。作者紧紧抓住迎接督邮的事件，通过浔阳县衙一班属吏追名逐利、钻营巴结的种种丑态，让他们充分地自我表演、自我暴露。作者并未给这些属吏冠名张三或李四，他们只有官名（主簿、功曹、庭椽、录事、狱吏），然而这正是作者的良苦用心之处，小说所写一帮官员在国家官位上的集体堕落，无异是对当时国统区黑暗腐败官场现实的有力揭露。

陈迩冬所写反映抗战现实的小说，《九纹龙》的叙事集抒情、议论和记叙于一体，颇有艾芜《南行记》的神采，而《赍阿勾》着意剖析苗民狭隘的民族意识，更像是蹇先艾、台静农们的乡土小说在传达改造国民性的思想。

《九纹龙》写一个绰号“九纹龙”的乡村学童，经过多年的漂泊，最终投身抗日队伍，从一个羞涩的、单薄的青年成长为一个成熟稳健的战士的故事。小说以第一人称的视角展开叙说，“九纹龙”的三次正面出场，情节线索十分清晰。主人公林金定是“我”儿时的伙伴，他腼腆而胆小，身体单薄，因为胸脯上的刮痧印而得“九纹龙”绰号。后来这一帮伙伴各自走上自己的路，九纹龙也失去了音讯，直到“九·一八”事变，组织分队下乡宣传，“我”才在那里碰见了九纹龙。这次，他明确向“我”表达了想参加义勇军的想法。再一次见到九纹龙是在后方医院，“九纹龙”负伤在医院休养。这时的“九纹龙”已成长为一个不怕牺牲，即便作战负伤，依然重上前线的悍勇战士。

小说的叙事简洁而抒怀。由于选用第一人称视角讲述，忆念和抒怀都十分有利于对这个儿时伙伴的形象塑造。小说对乡村学童在沙滩上“埋窖”“寻窖”，在河水中玩“跳水篱”等嬉戏的描写，充满乡土气息。然而，作者的写作目标并不是抒写乡土，而是塑造抗战英雄。因此，小说着意将“九纹龙”的成长变化放进“九·一八”“卢沟桥事变”等历史进程。与那些具有宏大叙事结构的作品不同，作者并不正面叙写这些重大历史事件，无论“九·一八”还是“卢沟桥事变”，它们都仅仅是人物成长活动的现实背景，关于这些背景，作者甚至一带而过，但这样的略写或虚写，不仅不影响小说对英雄成长故事的讲述，而且十分契合人物的年龄身份和年轻人寻找个人出路等事件主体。小说概念化的地方在末尾欢送伤愈战士重上战场的场面，作者直接站出来热情歌颂“九纹龙”“是人人的九纹龙，是中华民族的‘九纹龙’”！尽管如此，林金定的“九纹龙”绰号依然有着不同寻常的意义。这是中国传统小说中经典人物的绰号，作者将它赋予一个羞涩、单薄，最终却成长为一名成熟稳健战士的青年，它就不仅仅是小说主人公这个个体的形象特征，而且象征了一种民族精神，一个民族的希望。

《贲阿勾》的主人公贲阿勾是作者着意塑造的人物，从不想让男友银拉提去当兵，认为日寇的飞机跟苗寨无关，到亲身经历轰炸后理解银拉提，并托人带话让他继续战斗，作品通过这个人物的情感纠结和变化起伏，实际上是为了写出苗寨人的醒悟：战争不只是汉人的事情。作者在这里是想用一个短小的故事说明，在民族危机深化的时候，任何民族都不能置身事外。但《贲阿勾》在传达这个创作主旨时，直接在小说里发号召：中华全民族应该团结起来抵御外侮！这使得小说在直奔抗战主题时，未能顾及政治宣传与生活内容的深度融合，思想的传达过于生硬。当然，这也是当时许多抗战文学作品普遍存在的弊端。

对于战争，“文化城”内另一位广西本土作家胡明树的审视视角则十分与众不同。由于抗战前胡明树曾留学日本，对日本人民的思想情绪有所了解，他的抗日题材小说不同于一般简单地发泄仇恨情绪和生硬地揭露粗暴杀戮的作品，而是能将笔触深入日本国民反战情绪的私密处。他的一些作品对战争的关注点，迄今都是抗战题材剧热衷的模本。

胡明树（1914～1977），诗人兼文学翻译家，广西桂平县大罗村人。1929～1932 年，胡明树在广州中山大学附中读书时即与友人创办进步刊物，并由此开始了他早期的文艺创作活动。1934 年，胡明树远赴东京政法大学文学科学习。在日留学期间加入东流社、新诗歌社，结识了日本左翼文艺理论家藏原惟人等，为日本《赤旗》等刊物写诗。1937 年抗日战争爆发后，胡明树随即由日本回国，先后在上海、广州、桂林等地从事写作、编辑工作，积极参加抗日文化活动。1938 年，胡明树由广州来到桂林，1944 年秋离开桂林，在桂林约六年。1939～1944 年，胡明树在桂林先后创办、编辑《诗月刊》和《诗》杂志。桂林“文化城”时期，胡明树主要从事进步刊物的创办和编辑工作。之后有短篇小说集《失意了的洋服》《甘薯皮》，童话集《大钳蟹》，长篇童话《海滩上的装甲部队》《小黑子失牛记》《小黑子流浪记》《小黑子寻母记》《模范团员毛美珍》等作品问世。

胡明树的中短篇小说，无论是否完成于抗战时期，内容上大多都与抗战有关。如写于 1940 年的《宇宙之光》所陷入的对民族战争中社会黑暗面的思考，所激荡的一种与山河共存亡的民族尚武精神。写于 1948 年的《瑶山里》把世外桃源般的瑶山生活放置在抗日战争的大背景下，让日本鬼子的烽火最终唤醒一心安于过太平日子的瑶族百姓的民族意识。《民间针灸法》站在民间群众的情感立场上教训日伪政府的县长，再现了民众的人生智慧。《鹦鹉的供状》运用滑稽手法让鹦鹉当见证人，描写战争中以革命青年的假面混入革命队伍的奸细给人们造成的短暂困扰。

胡明树是一个善于在质朴无华的农民生活和口语中建立自己艺术个性的作家，他的小说平易而秀朴，处处散发着新文学传统的泥土芬芳。在《生死日》中，胡明树把深沉的民族忧患溶解在人情世态、风俗心理之中，小说直接从肖司令的千秋之日切入，凭借一个大家庭在为肖司令祝寿时合伙上演的腐朽或新生的一幕，生动勾勒出抗战时汉奸的样子。整部作品情节冲突激烈，政治性审美判断峻急。而《文贵叔和文贵婶》，作者又将笔锋转向乡间农民的日常生活，展示了 20 世纪 40 年代中国偏远农村的文化景观、农民的自然心态，以及这些古老国度的儿女因无知而悉心崇拜神祇和法术的乡间历史陋俗。小说笔墨明白晓畅，虽然个别地方写得粗略，人物线索也略嫌紊乱，但作品揭露和批判的力度，在某种程度上弥补了作品所欠缺的艺术魅力。

胡明树的艺术追求，始终沿着新文学的大众化方向行进，他甚至不惜牺牲审美个性的某些成分，以期达到老年人亦能解的社会效果。但是在具体的创作中，他本人却非常善于描写心灵的细微颤动。短篇小说《百合子想哭》即书写了战争给日本人民造成的悲欢离合。小说写百合子与母亲、姐姐一起，为姐姐男朋友的出征送行时，一路上的所见与亲人被迫离别的心理感受。作者体味着艰难岁月的人事变故，对百合子的心灵窒闷以及女性内心情感的翻卷把握准确。小说吟诵的是一曲悲凉而沉郁的带有深秋情调的心狱曲，哀怨又缠绵。作品这样描写百合子郁郁寡欢的心情："看了看木村君，又看了看姐姐，百合子于是想：'哦哦，可怜相的两个苍白的脸呵！'"小说的语言近乎散文诗一般。胡明树的这类作品，一般不用浮艳的题材，不作华丽的雕琢，而是以忧郁、悲悯的心情，去聆听战争中人们的沉重呻吟，让作品自觉承担起直面人生、引导人生的新文学使命。

把这种内心探寻的悲郁和社会忧患意识较为绵密地交织起来的，是另一部短篇小说《二十世纪的野蛮痕迹——摩登占》。小说取材于抗日战争中一个日本兵的人生经历，是一部写得相当细密的心理小说。作品开篇用引子引出故事，交代日本伤兵菊川次郎临死时将一个"摩登占"和一册日记本送给 M 君，M 君又转送给"我"，而"我"则将它整理成这篇小说。"摩登占"外面贴着"阵中慰劳"字样，这实际上是胶制的小签筒，内装几十根写有签语的化学制品签条。故事采取第三人称的视角,讲述简洁完整。作家在一种深挚的人道主义同情中,体验着这个平凡人物心灵深处难言而痛苦的灵魂挣扎:战争使他自损人格,之后又以一个卑微者罕见的生命强力,去恢复庄严自我。小说格调阴郁,笔调于同情中夹杂着几分冷酷,因而具有陀思妥耶夫斯基的风格:把人物推向难堪的绝境,拷问他的灵魂,直至从他委琐的灵魂中拷问出极其珍贵的良知和人格的闪光。小说的语言策略别具匠心,大量类似生疏的日文翻译,进一步增强了故事的真实感。作者对主人公菊川次郎在战争中的意识错乱,描绘得十分细致,出自日本兵无奈又凄凉的反战情绪和徘徊于人与兽之间人格错乱的痛苦挣扎,曲折地将战争的残酷与日寇在华的暴行展现在我们面前。

即便处理反战题材,胡明树也不甘心只从一条路走向目标。中篇小说《初恨》就干脆将故事直接移去日本,把中国留学生和日本女孩在战争背景下的艰难爱情讲述得既细腻缠绵又曲折微妙。然而,无论故事多么浪漫,主人公的感情多么缱绻,战争阴影留给人们的依然是关于这段感情究竟能走多远的忧虑。虽然小说中的不少情绪是作者自己作为一个已经定型的知识分子的情感投射,带着浓厚的主观色彩,但由于这是一种浪漫的真实,作品所具有的情感张力明显。此外,小说中有很多富有浪漫气息的特写,这在很大程度上显示了作者的描写功力。例如第四章"雪地上的稽古",写男女主人公在雪花飞舞的林间散步,密密麻麻的屐迹伸向远方。二人回过头来看踏过的足迹,心生无限暖意。也正是这样绵密抒情的叙事氛围,令胡明树处理反战题材的匠心独运。

事实上,现代小说的抒情性被广西本土作家青睐,并率先将它转化为抒情体小说的是"文化城"内的曾敏之。

曾敏之(1918~2015),祖籍广东梅县,生于广西罗城。15 岁出任小学校长,16 岁赴广州半工半读并开始文学创作。曾敏之 1939 年秋到桂林, 1940 年后即开始报人生涯,先后任《桂林文艺》杂志助理编辑,《柳州日报》副刊编辑兼采访主任,桂林《大公报》特派记者、文教记者,重庆《大公报》记者、采访主任,广州《大公报》特派员,香港《大公报》华南版主编、评论员。1944 年 9 月,曾敏之于桂林大撤退时到重庆,抗战期间在桂约五年。曾敏之从十来岁开始走近文学,一部《全唐诗》伴随其大半生。他通读、熟读、吟咏、背诵、写赏析文字,旧体诗词与散文创作均丰,小说尝试较少。1938 年至 1942 年间写过小说《盐船》《孙子》等,其中《孙子》由茅盾选入《抗战小说大系》。之后,他从事散文、报告文学、杂文、诗词艺术写作与研究。1939 年写于桂林的抗战小说《芦笙会》,风格颇似郁达夫的《迟桂花》。

小说以舒缓的节奏直接把我们带入即便白日里也瘴岚笼罩、崇高险峻的龙额山,跟随抒情主人公一起亲临这里的一场别开生面的种麦竞赛:

是一个晴朗的天，白云像少女的丝带，间杂着秋阳的金光，飘绕在溶江南岸的龙额山上。

龙额山，我还未曾到过，虽曾听说是崇峻而高，在阴晴不定的白日里瘴岚会笼罩得看不见山上所繁殖的杉林。因此，当那位年长的罗汉约我在这龙额山上参加他们的活动的时候，我曾蹙着眉头表示我爬山的技术还有待于锻炼。

……

遥远的二十里尽是广阔的草原，杂花在野榛中点头微笑。……秋阳温暖地抚吻着我们，……。

龙额山，俯视着广漠的原野，离地四五千公尺的雄姿，令我想起了亚细亚古代骑士睥睨驰骋的神态。因为是深秋的缘故，野菊在蜿蜒曲折的山道两旁腰肢招展着，山道左右，有着无数参天的古柏，透过树隙，在临崖悬壁的半山，槎枒交错地架着一座座的板屋，那是可以居住的地方。

白云被阳光映射，远辽地集结在那些板屋顶上，我为杜牧的《山行》所描写的"白云深处有人家"的自然现象而羡慕起来了。

"第二高峰在什么地方呢？是不是那个山头？"我困惑地指着白云集结在板屋靠背的山顶，问我的同路人。

"要到了！那是岩寨。"

我折了一枝小树当手杖，伛偻地爬山，小鸟清脆地在欢唱着，混合着尖锐而复杂的歌声。

在将到第一个高峰的时候，歌声渐渐地豪放了，我的同路者告诉我，这个集会已在开场。

……

"我"还在一堆姑娘里发现了俾花姑娘。在"我"感到空前的饥饿时，年长的罗汉带来了今天担任芦笙会的评判员。歌声乐声一停，评判员就在中间宣布获胜的村子。然后打开布袋，拿出大麦种子，分给了村落，定了播种的日期，准备举行一个种麦竞赛。原来，垦殖龙额山下的这片广阔草原，就是为报效抗战。

小说内容显然是激励抗战的昂扬主题，但却旋律悠扬，结构散文化。它仿佛并不为写某一个人，而是写大时代里在后方为抗战献力的一群人。因而，如果说塑造人物形象，那应该是一组群像，众多人物只是一个为抗战而忙碌的化身。此外，作者为体现广西山寨地域特点还刻意加入了少数民族元素，比如小说中对俾花姑娘的描写。文中两次提到俾花姑娘，但她与抒情主人公"我"有着怎样的关系，为什么"我"要闪避她，小说自始至终没有交代。

桂林抗战文化城里的小说创作品类繁多,作品风貌各异。它们或贴近生活,反映现实各方面内容;或急就成章,宣传政治、宣泄感情;或沉入历史,体察沉浮世事,书写民族精神。在这个特殊时期的文化"特区"内,广西本土作家与旅桂作家共同逼视着战争中真实而具体的死亡与饥饿,他们承受着心灵的煎熬,在战火灾难的严峻考验中,通过自己的作品,寻找中华民族的精神支点。

民族与民生：西南剧展中的中国现代话剧*

唐迎欣*

[内容提要]　从节目的数量和演出的场次来看，话剧演出无疑是西南剧展戏剧展演活动的核心，而剧展所上演的二十一部现代话剧中，中国现代话剧就有十五部。在这十五部经过组织者精心筛选的中国现代话剧中，既有为民族抗战继续高歌呐喊的慷慨之作，也有反映战时民生艰难的写实之声。“民族”与“民生”是西南剧展中国现代话剧在内容表现上的两大关键词，同时也是经历战争烽火洗礼后的中国现代话剧在特殊的时代语境中所体现出来的主要特征。

[关键词]民族与民生　中国现代话剧　转折期

抗日战争时期，国统区戏剧运动有了飞跃的发展。从《保卫芦沟桥》联合演出到汉口十几个剧团的联合公演，从重庆的一年一度的“戏剧节”到 1944 年 2 月 15 日至同年 5 月 19 日在桂林文化城举行的西南八省戏剧展览（简称“西南剧展”），在数次的演剧高潮中，“西南剧展”演出时间长、参加人员广、演出团队和演出剧目多，盛况空前，堪称中国现代戏剧史乃至世界现代戏剧史上光辉灿烂的一页。当时美国著名戏剧评论家爱金生，曾在《纽约时报》撰文，详细介绍我国第一届西南剧展的经过，并称“这样宏大规模的戏剧展览，有史以来，除了古罗马时代曾经举行外，还是仅见的”，足见其认可度和影响力。

而在如此大规模、高规格的戏剧盛宴中，话剧尤其是中国现代话剧仍是戏剧工作者们在戏剧展演活动中的主打和首选：

> ……（西南剧展）演出节目计话剧二十一，歌剧一，平剧二十九，桂剧八，及民谣舞蹈、傀儡戏、魔术、马戏各项。演出场数：话剧一百三十三，歌剧六，平剧八，桂剧三，其他二十。总演出场数计一百七十场。

---

* 本文为国家社科基金重大招标项目“桂学研究”（12&ZD164）、广西第三批特聘专家“广西抗战文化暨桂林文化城研究”、广西人文社会科学发展研究中心哲学社会科学服务地方经济社会发展特色基地桂林抗战文化研究与教育实践基地、广西人文社会科学发展研究中心“桂学研究团队”阶段性研究成果。

* 唐迎欣（1977～ ），女，文学硕士，现为广西师范大学文学院副教授。

① 《新华日报》，1944-5-19。

② 《大公报》，1944-5-19。

从节目的数量和演出的场次来看,话剧演出无疑是西南剧展戏剧展演活动的核心,而剧展所上演的二十一部现代话剧中,中国现代话剧就有十五部。在这十五部经过组织者精心筛选的中国现代话剧中,既有为民族抗战继续高歌呐喊的慷慨之作,也有反映战时民生艰难的写实之声。“民族”与“民生”是西南剧展中国现代话剧在内容表现上的两大关键词,同时也是经历战争烽火洗礼后的中国现代话剧在特殊的时代语境中所体现出来的主要特征。

西南剧展的发起者和组织者是欧阳予倩、田汉、熊佛西、夏衍等中国现代话剧的先驱与中坚,他们亲历了中国现代话剧从无到有,从草创到逐渐成熟,从辉煌到徘徊的整个过程。1944 年,抗战胜利在望,中国现代话剧又将面临怎样的机遇与挑战?它的表现形式和内容又该如何与时俱进?在社会转型即将到来的中国大地,中国现代话剧在当时同样走到了一个重要转折的十字路口。早在 1943 年末,夏衍在《戏剧运动的今日与明天》就敏锐地提出了这个问题:

> 抗战对我们剧运开创了一个新的时代。在艰苦的七年间,在后方,在前线,在农村,在城市,由于千万青年戏剧工作者的播种与耕耘,只有二三十年历史的新戏剧不仅在质而且在量上也已经在大多数中国人民的喜爱之上获得了它长成的基础。于是,由于观众层的扩大,由于观众性质的改变,由于扩大了的、不断进步的观众的影响与要求,三十年来从革创到粗粗奠定了基础的戏剧运动必然而又自然地进入了一个必须基本地改进和蜕变的阶段①。

夏衍的兴奋与担忧恰恰也是 40 年代中期中国现代戏剧的现状:一方面是抗战仍未取得最终的胜利,和其他所有的文艺形式一样,中国的现代话剧应当而且必须发挥其宣传作用,继续承担爱国救亡的民族责任;另一方面,由于“观众层的扩大,由于观众性质的改变”以及时局的变化,话剧又必须将相当一部分的注意力转移到民众的日常生活中,以保证群众基础,实现“大众化”的目标。“民族”与“民生”对中国的戏剧工作者们的工作提出了更高的标准和更严格的要求,在从事话剧创作和研究中,他们必须做出权衡与调整,以期实现最佳的效果,而西南剧展则是一块很好的试验田。

西南剧展正式拉开序幕后,剧展的几位主要组织者率先在报刊上发声,为戏剧展演活动中所选定演出的十五部中国现代话剧定调。

欧阳予倩在《能否把圈子放得更大》一文中提到:

> 十五个中国剧本,其中关于前方的三个:《军民进行曲》《胜利进行曲》

---

① 《边鼓集》,美学出版社,1944 年。

《流寇队长》。关于敌后工作的四个:《水乡吟》《愁城记》《杏花春雨江南》《两面人》。关于后方一部分知识分子生活的一个:《鞭》。讨论戏剧工作者的工作的两个:《戏剧春秋》和《飞花曲》。以民族团结为题材的一个:《塞上风云》。写伤兵医院的有《蜕变》。写民元以前中等家庭的有《家》。写抗战时期中等家庭的有《旧家》。历史戏《天国春秋》。

一个时期能看到这样多的戏也算不错,大体可以看出近年来剧作者的动态。可是就这许多剧本的题材而论,似乎范围还小得很,还不免有许多被遗弃的好材料。①

欧阳予倩认为,在当时的时代语境中,剧展所选的十五部中国现代话剧所表现的内容还是太窄了:

有许多人在抗战中没落下去;有许多人在抗战中飞跃着在进步;有许多无名的英雄、无名的牺牲者在等待我们来表彰他们呢!

即以家庭剧而论,我们接触到的似乎只到中等家庭为止,如工人农民的家庭,难民们的家庭等,何以写得太少呢?

有许多忠诚的勇敢民众,譬如兵士、路工、矿工、公务员、作家等等、或因过劳,或因疾病,或因饥饿,牺牲了健康,甚至于生命,毫无怨言,这是什么力量在支持着他们?他们有的是怎样一种力量?这种超越的劳动力把一个积弱的国家扶持得强壮起来!②

他强调要"把圈子放得更大",实际上也体现了在话剧表现内容上的"民族"与"民生"并重的趋势与理念,两者不可偏废。

熊佛西在《戏剧大众化》专题演讲稿中则从剧本写作层面提出了话剧在内容上关注和反映当下人民群众生存状况必要性,他认为剧本写作"必须把握大众情绪,进入大众心理,了解大众的苦痛","总之,从事农民戏剧之每一剧工者,自身必须彻底大众化,始能感化大众"。此外,熊佛西还在他主编的《文学创作》杂志中,以编者身份谈从西南剧展看未来的剧运,其中首条意见便是"戏剧的演出必须更普遍地深入民间,剧本的内容必须是大众现实生活的反映。演出的水准也必须进一步地提高"。

剧作家焦菊隐在《扩展戏剧抗战的领域》一文中提到:

……我们必须在今年的戏剧节日,检讨我们以往的工作,确定今后应当努力的工作和应当采取的正确方向。我们不能否认,这一两年来的戏剧

① 《新文学》,1944 年第 1 卷第 4 期。
② 《新文学》,1944 年第 1 卷第 4 期。

运动,由于职业化的结果,已经侵蚀在市侩化的毒汁中。戏剧一经市侩化,必然离开它自己的战斗岗位。我们惋惜,戏剧确是离开了它的战斗岗位,虽然没有背叛它的岗位。我们为了维持经常演出的组织和开支,就不得不把演出本身作牺牲。我们确曾为了营业而演出过一些意识模糊或者毫无意识的戏剧;我们确曾专一在描写小资产阶级和一些知识分子的生活,而忽略了更多的受痛苦者;我们甚至为了迎合能以支持演出收入的主要顾客——暴发户和国难商人们之类,而在演出里成心渗进去若干合于这些观众胃口的低级趣味和噱头,甚至自动消灭了戏剧的战斗特质;我们确是有意无意地把自己的戏剧生命,建立在这些新起的商业资本者的手掌中。我们的危机就在这里。①

焦菊隐所提到的危机也是当时广大戏剧工作者所面临的共同危机,在那样一个时代,戏剧工作者既为民族抗战而无私奉献自己的力量,同时他们也是千百万遭受战乱迫害的普通民众之一,同样要面临生存的问题。他认为戏剧工作者切不可因民生的艰难而忘却了民族的责任,戏剧所反映的内容应同时坚定"民族"和"民生"两个原则和立场。

作家邵荃麟在给西南剧展开幕的祝贺信中,将苏联的戏剧运动与中国的戏剧运动进行了横向比较,提出了"然而我们也不能不检查一下,我们主观上是不是完全没有把今天的戏剧看成市民阶层的艺术的倾向呢?我们的剧作、导演、演技诸方面是不是也有点受到某种倾向的影响呢?如果有,那是值得深深警惕的",强调了戏剧内容应反映民生基本诉求。

重庆《戏剧时代》第1卷第4期、第5期合刊在西南剧展举行之际也适时地谈到了戏剧创作与现实生活的问题:

在如此紧迫的抗战现实中,历史剧与喜剧的大量产生,我们认为,并不是十分可喜的事情。这说明着,我们还缺少积极反映现实生活用以改善现实生活的可能——或者是主观力量不够,或者客观限制太多,二者必居其一,后者尤有决定作用。尊重戏剧,辅助戏剧,必须给戏剧以充分反映现实生活的环境。戏剧该是忠实的医生,不能被视为腊月二十三日的灶神。我们并不否认优秀的历史剧与喜剧的价值,却有理由要求更多的反映现实生活的剧本。我们向戏剧作家提出这一要求,我们更愿意协同戏剧作家一道获得这种可能。

基于20世纪40年代中国现代话剧所面临的特殊时代语境,西南剧展所上

---

① 《新华日报》,1944-2-15。

演的十五部中国现代话剧也基本体现了“民族”与“民生”两大主题并重的话剧演出理念。

《塞上风云》《天国春秋》《两面人》三剧是阳翰笙抗战期间的作品。《塞上风云》通过蒙古族青年迪鲁瓦和从东北流亡来的汉族青年丁世雄的矛盾纠葛，揭露日本特务挑动民族矛盾的罪恶阴谋，号召蒙汉青年应该联合起来打倒共同的敌人日本帝国主义。《天国春秋》则借古讽今，通过太平天国北王韦昌辉破坏农民革命团结的故事，讽喻蒋介石制造分裂，发动皖南事变、破坏抗日民族统一战线的阴谋。《两面人》写的是江浙半沦陷区茶山主人祝茗斋在游击队与敌伪之间所表现的摇摆性和两面性，批判了中间派对待抗日采取的两面派态度，指出骑墙的道路是走不通的，只有抗战才是出路的道理。这三出话剧都有着明显的“民族抗战”标签。主题相似的还有吕复编剧的《胜利进行曲》，以 1939 年的“湘北大捷”为背景，反映的是中国抗战前线的壮丽斗争画面。

而一部分上演的话剧则主要描写主人公如何完成从“民生”到“民族”的身份过渡，如夏衍编剧的《法西斯细菌》《愁城记》和《水乡吟》。《法西斯细菌》写的是沉浸在自己的科学世界里的细菌学家俞实夫是如何一步步走出自己的小圈子，投身到扑灭“法西斯细菌”的洪流中去的，“它在当时演出，对于团结教育广大知识分子，使他们更好地为抗战服务，有着深刻的现实意义”。《愁城记》和《水乡吟》都是以身处沦陷区和半沦陷区的人们的生活为背景，以主人公在家庭、亲情、友情和爱情间的纠葛矛盾为切入口，描写他们是如何最终做出了投身民族抗战的正确选择。主题相似的还有曹禺的话剧《蜕变》。

而另外一部分上演的话剧中的，“民族抗战”更多时候是以一个巨大的背景和符号出现在剧中，作者着墨更多的是战时民众在家庭生活的变化中所展现出来的精神状态。如欧阳予倩的《旧家》。《旧家》描写抗战期间西南某城市一个旧式封建士大夫家庭正在经历的巨大变化。我国旧家庭从“五四”开始逐渐瓦解，到抗日战争时期，由于战争局势的影响，社会经济的新波动，家庭成员之间彼此矛盾，各行其是，父子兄弟的伦理关系失去了维系作用，家庭秩序混乱。在抗战时期，这样的“旧家”比比皆是，但很少引起文艺工作者们的关注。欧阳予倩将话剧创作的焦点重新定位到“家庭”这一中国人在任何时候都无法规避的问题，可以算是对传统的一种回归。《旧家》中欧阳予倩虽然也写家庭成员间的算计、矛盾和斗争，但已不像“五四”时期那样，要全力毁掉家庭，打破束缚，在家庭因二哥的走私犯法而充公，老父亲感慨“再也没有家了”的时候，旧家的破灭并没有使得剧中进步青年老五欢欣鼓舞，他自始至终对家庭和家人抱有希望，作者要传递给我们的也许是中国人对于家庭更真实也更贴切的理解。再如宋之的编剧的《雾重庆》，描写一群北京爱国知识青年流亡到重庆后腐化堕落的情景。在抗战进入持久战阶段,人们尤其是知识分子的心态是很复杂的,出于对民族的责任,他们必须保持抗战的姿态,但现实的窘迫尤其是物质生活的匮乏会使得他们中的相当一部分人经不起诱惑,最终堕入黑暗。在民族抗战的大背景下,宋之的的《雾重庆》多少有点“唱反调”的意思,但剧中所描写的青年知识分子所面临的困境,内心的复杂和情绪中的微妙与暧昧却是他们生活的真实写照。此外林柯编剧的话剧《沉渊》则描写了一出家庭悲剧,它在故事情节与人物设计上与《雷雨》相似。

还有两出话剧,是描写戏剧工作者自己的生活的。夏衍、宋之的、于伶编剧的《戏剧春秋》可以说是中国戏剧工作者的自传之作。它概括了从辛亥革命到“八一三”二十多年来我国话剧运动发展的艰苦历程,表现了剧人们在开创和发展中国话剧运动中所表现出来的艰苦奋斗精神和自觉以戏剧艺术为国家、民族利益服务的高贵品质。冼群的《飞花曲》描写一支抗日艺宣队在战区的艰苦战斗生活,歌颂抗日剧人的爱国主义精神和在抗日宣传中所做出的贡献,控诉了国民党当局对剧人的刁难、折磨和迫害。作品抒情色彩浓重,故事真切动人,是形象化的剧人生活展览。

西南剧展的举行,不仅充分展示了中国现代话剧的力量,同时也使得广大的中国戏剧工作者们理清了站在十字路口的中国话剧所要做出的选择和所要坚持的道路,这对当时乃至今天的中国现代话剧的发展都有着深远的意义与影响。

广西文学创作与艺术研究

桂林山水文的兴起与唐代桂帅的山水景观开发

殷祝胜[*]

［内容提要］　与描写中原和江南地区山水的散文在南北朝时已相当发达的情形相比，桂林山水文的发展较为滞后，最早一批桂林山水文在中晚唐时期被创作出来，标志着桂林山水文的初步兴起。这些文章与当时桂帅对桂林山水景观的开发有密切关系，无一例外的都是因其时桂帅对桂林山水景观的开发而作，这不能看作偶然的巧合。山水文中的山水描写在细致性和具体性上有较高要求，使得桂林山水文的创作需要作者对桂林山水有深入具体的认识；而桂林山水地处岭南，其丰富多彩的美景不易为人所知，要深入具体地加以认识相当困难。唐代桂帅对桂林山水景观的开发创造了有利条件，桂林山水文也就应运而兴了。

［关键词］　桂林山水文　兴起　山水景观　开发

一

中国古代描写山水的散文，东汉初马第伯的《封禅仪记》一文已具雏形，到南北朝时期已蓬勃兴起。南北朝时期出现了许多模山范水的散文名篇，其中如孙绰的《游天台山赋》、鲍照的《登大雷岸与妹书》、吴均的《与宋元思书》、陶弘景的《答谢中书书》等都达到了很高的艺术水平；而郦道元的《水经注》一书，以地学著作的形式，将“千山万水，包举一编”，其中“写景各节，轻倩之笔为刻画之词，实柳宗元以下游记之具体而微”[①]，更被视为中国古代山水散文的经典之作。

这些山水文的表现对象主要是中原地区和江南地区的山水，今日誉满天下的桂林山水在当时则相当寂寞。《水经注》“漓水”篇中有曰：

> 漓水又南，合弹丸溪，水出于弹丸山。山有涌泉，奔流冲激，山嵁及溪

---

*　殷祝胜(1964~　)，男，安徽繁昌人，文学博士，现为广西师范大学副教授。

①　钱钟书：《管锥编》，北京：中华书局，1986 年，第 1456~1457 页。

中有石若丸,自然珠圆,状弹丸矣,故山水即名焉。验其山,有石窦,下深数丈,洞穴深远,莫究其极。溪水东流,注于漓水。①

这是流传下来的用散文形式描写桂林山水的最早文字。文中用"奔流冲激"来形容水流的形态,"石窦"诸句还注意到了桂林山多洞穴的特点,这比刘宋时盛弘之《荆州记》中"始安郡山坎中有弹丸,因以名弹丸山"②的简单记载,自然要具体生动一些,但与同时的江南或中原山水文相比,其简陋之状十分明显,还不能算作成熟形态的山水散文。然而即便像这样简陋的片段,在当时也只是昙花一现,不仅整个南北朝时期再觅不得,就是到了隋及初盛唐阶段,也仍旧未见这样的文字,更不要说有成熟形态的桂林山水文出现了。

成熟形态的桂林山水文直至中唐方才问世。建中元年(780),郑叔齐作《独秀山新开石室记》;元和十三年(818),柳宗元作《桂州裴中丞作訾家洲亭记》;宝历二年(826),李渤作《南溪诗序》,李涉作《南溪玄岩铭并序》,吴武陵的《新开隐山记》和韦宗卿的《隐山六洞记》也当作于此年③;会昌四年(844),元晦作《叠彩山记》,其《干越山记》与《四望山小记》约为同时作④。这些文章分别对桂林的著名山水景点独秀峰、訾家洲、隐山、南溪山、叠彩山的景致进行记录与描写,初步展示了桂林山水的具体特点和独有的魅力,标志着桂林山水文开始兴起。此后桂林山水文数量越来越多,历宋、元、明、清,最终发展成为中国古代山水文学中蔚为大观的一个分支。

二

桂林山水文在中唐以后兴起,与几位桂管观察使即桂帅对桂林山水景观的开发有密切的关系。

---

① [北魏]郦道元:《水经注》卷38,四部丛刊影武英殿聚珍本。

② [唐]虞世南:《北堂书抄》卷124引,文渊阁四库全书本。

③ [南宋]理宗时人陈思:《宝刻丛编》(文渊阁四库全书本)卷19"静江府"引《集古录目》:"唐《新开隐山六洞记》,唐都防御判官侍御史内供奉吴武陵撰,防御衙推韩方明八分书并篆额,李渤游于州之西山,其溪谷潭洞皆人所未尝至者,遂名之曰隐山,构亭榭于其上,以宝历元年八月立此记。"又引《诸道石刻录》:"唐《隐山六洞记》,唐韦宗卿撰,李方古书,宝历元年。"似此二文皆宝历元年作。然李涉《南溪玄岩铭序》说李渤"自给事中出藩于桂,一之年治乡野之病,二之载搜郛郭之遗,得隐山、玄岩"。据《旧唐书》卷17上《敬宗本纪》,李渤为桂管观察使始于宝历元年,则其发现并开发隐山等在宝历二年;李涉为李渤之兄,其言当不误,吴、韦二文当作于宝历二年或稍后。

④ 郑叔齐、李渤、李涉、元晦文署有写作时间,摩崖石刻分别存于桂林独秀峰、南溪山、叠彩山,下引文字依此;柳宗元、吴武陵、韦宗卿文石刻不存,下引文字分别依《柳宗元集》卷27(中华书局,1979年)、明代张鸣凤《桂胜》卷11(清钞本),柳文系年参施子愉《柳宗元年谱》第106页(湖北人民出版社,1958年)。

郑叔齐《独秀山新开石室记》是最早的一篇桂林山水文。文章所写的独秀山,得名于刘宋文学家颜延之的诗句“未若独秀者,峩峩郛邑间”,是最先获得诗人吟赏的桂林名山。山下有石穴:“神凿嵌窦,呀而为室。嚣滓可远,幽偏自新。”然而这些都不是激发郑叔齐创作此文的主要机缘。此文的创作缘起,在题目——《独秀山新开石室记》中已经标明,题中最重要的是“新开”二字,此文乃缘独秀山下石室的新近开发之事而作。因为若无“新开”之事,独秀之奇,石室之幽,终归“胜概岑寂,人无知者”,这一点文章中有反复的强调。文章以主要篇幅叙述石室的发现与开发过程,从中可知开发石室者是“保鄣南服”的“御史中丞陇西公”,检《旧唐书》“德宗纪”与“代宗纪”,知其人名李昌巙,于大历八年(773)九月至建中二年(781)二月任桂管观察使①。李昌巙在桂期间,于政治文化方面颇有建树,“有讨西原贼潘长安功,吏士为刻《平蛮颂》镇南山下;又尝修饰舜祠,祠后虞山亦有碑”②,而对桂林的山水景观似乎无太大兴趣。本文所写的独秀山石室,是他在山下为修建学校而剪除“丛薄”时偶然发现,其所谓开发其实做得很简单,不过是“壤之可跳者,布以增径,石之可转者,积而就阶”,修整了一下通往石室的道路而已;“景未移表,则致虚生白矣”,所用时间不过几个时辰。但就是这位对桂林山水似乎兴趣不高的桂帅的这次简单的工作,开启了桂林山水景观开发的历史,也促成了第一篇桂林山水文的诞生。

接下来产生的几篇桂林山水文,也全都与桂帅的山水景观开发相关。

柳宗元《桂州裴中丞作訾家洲亭记》一文的创作缘起,据作者《上裴行立中丞撰訾家洲亭记启》,知为奉御史中丞裴行立之命,为其开发訾家洲而作。裴行立于元和十二年(817)任桂管观察使,第二年在率领僚吏游览訾家洲时,发现此处为观赏桂林山水的极佳地点,“于是厚货居甿,移于闲壤。伐恶木,刜奥草”③,在洲上建造亭台楼阁,竣工以后,令柳宗元为记。柳宗元其时为柳州刺史,是裴的下属,曾至桂参加訾洲宴游活动。在接到上司下达的任务后,柳自称“涉旬摹拟,不得万一;窃复详忖,进退若坠”④,态度之郑重可以想见。今读此记,突兀而起,悠然而收,叙述简严,描写生动,确为精心结撰之作,堪称唐代桂林山水文中最优秀的作品。

吴武陵《新开隐山记》与韦宗卿《隐山六洞记》是为宝历时桂管观察使李渤开发隐山而作,隐山之名即为李渤所取。李渤“自给事中出藩于桂,一之年治乡

① 参《旧唐书》卷11《代宗纪》及卷12《德宗纪上》,北京:中华书局,1975年。

② [明]张鸣凤:《桂故》卷3,文渊阁四库全书本。

③ [唐]柳宗元:《桂州裴中丞作訾家洲亭记》,见《柳宗元集》卷27,北京:中华书局,1979年。

④ [唐]柳宗元:《上裴行立中丞撰訾家洲亭记启》,见《柳宗元集》卷36,北京:中华书局,1979年。

野之病,二之载搜郛郭之遗”①,发现了隐山六洞。他在隐山大建亭榭,广植花木,使之成为“邦人士女,咸取宴适”(吴文)的胜地。据晚唐莫休符《桂林风土记》记载,当时为此事撰碑碣的还有皇甫湜②,可惜其文不传。吴、韦二人其时在桂为李渤的从事。吴文说:“他日,会新亭之下,辱命纪事。”韦文说:“客有中席而言曰:‘……请执笔纪大贤独得之胜,并立碣垂隐山六洞之由。’”可见二文都是受命纪事之作,只是吴所受为李渤之命,情形略同于柳宗元撰《桂州訾家洲亭记》,而韦所受为某客之命。二文以游踪为序,写隐山之景都很详实,篇幅较长,有后世地理游记之风,在唐代山水文中尚不多见。

李渤《南溪诗序》与李涉《南溪玄岩铭并序》是为李渤在桂林开发的另一处山水景观南溪山而作,南溪之名也是李渤所取。这两篇文章的作者一为开发者本人,一为开发者之兄,因而其中说到开发者,便不必像下属之文那样恭维与客套,而可以尽情展露这位桂帅对山水的那份出于天性的嗜爱:他曾“游衡、霍幽遐之境,巢嵩、庐水石之奥,凡俗所觏,必皆砻磨大璞,剪凿遗病,意适而制,非主于名”(李涉文);当他发现南溪山,“若获荆璆与蛇珠焉”,“遂命发潜敞深,磴危宅胜,既翼之以亭榭,又韵之以松竹,似燕方丈,似升瑶台,丽如也,畅如也”(李渤文),完全沉醉于这奇丽的山光水色之中了。

《叠彩山记》《干越山记》与《四望山小记》三文,是唐会昌时桂管观察使元晦为自己开发此三山而作。元晦与李渤一样,是最热衷于桂林山水景观开发的唐代桂帅。他在桂期间,曾在宝积山建岩光亭,并有题诗;又在叠彩、干越、四望三山大兴土木,“建大八角亭,写其真院,砌台钓榭,石室莲池,流杯亭,花药院,时为绝景”③。《叠彩山记》等三篇文章,或考诸山得名之原由,或纪亭榭之创构与方位,但写得不算好。《干越山记》文多脱落,可不论;《叠彩山记》写法呆板,结尾诸句且意思晦涩;《四望山小记》结构散漫,语言也不畅达,艺术水平都无法与前面提到的那几篇桂林山水文相比。

这些最早的桂林山水文,无一例外地都因其时桂帅的山水景观开发而作,可见唐代桂帅对桂林山水景观的开发实为促成桂林山水文兴起的最重要的契机。

三

桂林山水文随唐代桂帅的山水景观开发而兴起,这不能看作偶然的巧合,

---

① [唐]李涉:《南溪玄岩铭序》,桂林南溪山摩崖石刻。
② [唐]莫休符:《桂林风土记》,“隐仙亭”条,清初传录明谢氏小草斋本。
③ [唐]莫休符:《桂林风土记》,“越亭”条,清初传录明谢氏小草斋本。

它是山水文在描写山水时的内在文体要求与桂林山水的自身特殊性相互作用的结果。

从文体特点看,山水文与同样以山水为题材的山水诗是颇为不同的。山水文的篇幅一般比山水诗要长,《昭明文选》中所收的山水文如木玄虚的《海赋》、郭璞的《江赋》和孙绰的《游天台山赋》都洋洋洒洒千言以上或接近千言,而所收谢灵运、谢朓等人的山水诗则罕有超过百言的,可以反映山水文与山水诗篇幅差异的基本情形。山水文中也有一些篇幅不长的,如南朝陶弘景的《答谢中书书》和吴均的《与施从事书》就特别短,但它们大多见于《艺文类聚》等类书①,从语气看似乎都非完璧,而是从这些书信中截取的片段,完整的作品应该更长。由于篇幅上的这种差异,山水文在写山水时自然比山水诗要更为细致,此其一。其二,山水诗多缘情而发,山水文多为事而作,这是二者在创作动机上的一个大致分别,进入唐代以后表现得非常明显。六朝时那种带有体物缘情意味的山水文体制形态——赋体和书信体在唐代山水文中被边缘化了,唐代山水文主要采用序体和记体形式,《全唐文纪事》卷45"游览"类提到的唐代山水文以序、记二体为主,反映了唐代山水文体制的基本态势。这些序、记体山水文多有确实具体的动机,或缘于某次文士的雅集,如王勃《越州秋日宴山亭序》、陶翰《仲春群公游田司直城东别业序》,或为了某处园亭的建造,如独孤及《卢郎中浔阳竹亭记》、符载《钟陵东湖亭记》,或由于某地山水的发现,如元结《朝阳岩铭并序》及柳宗元的《永州八记》等②,故其所描绘的山水也就与缘情即兴的山水诗中常见的一般山光水色、草木风云不同,而是带有了某地方乃至某地点的特色,在具体性上有更高的要求。山水描写的细致性和具体性,使得写作桂林山水文需要比写作桂林山水诗更具体深入地熟悉了解其表现的对象。中唐以前的宋之问、张九龄可以组合常见的"卷云""碎石"③或"猿声""风泉"④等意象写成《始安秋日》《巡按自漓水南行》等桂林山水诗;盛唐的杜甫、中唐的韩愈和白居易一生都没到过桂林,却可以凭借对桂林山水概略的了解分别写出《寄杨五桂州谭》《送桂州严大夫》《送严大夫赴桂州》等吟咏桂林风光的相当成功的诗⑤;而以桂林

① 陶弘景文见:《艺文类聚》卷37,吴均文见《艺文类聚》卷7,文渊阁四库全书本。

② 王勃、陶翰、独孤及、符载文分别见《文苑英华》(中华书局,1966年)卷708,卷310,卷824,卷824。元结文见《元次山集》(四部丛刊影明本)卷6,柳宗元"永州八记"见《柳宗元集》(中华书局,1979年)卷29。

③ [唐]宋之问:《始安秋日》,见《全唐诗》卷53,北京:中华书局,1979年。

④ [唐]张九龄:《巡按自漓水南行》,见《全唐诗》卷47,北京:中华书局,1979年。

⑤ 杜甫诗曰:"五岭皆炎热,宜人独桂林。梅花万里外,雪片一冬深。"韩愈诗曰:"江作青罗带,山如碧玉篸。"白居易诗曰:"桂林无瘴气,柏署有清风。山水衙门外,旌旗艛艓中。"这些诗句皆名句。分别见《全唐诗》卷226、卷344、卷442,北京:中华书局,1979年。

山水为题材的文,不仅没有到过桂林的杜甫、韩愈等人未见有作,即使到过桂林的能文之士如宋之问、张九龄等人也未留下一篇,究其原因当与山水文与山水诗在山水描写上的这种不同要求有很大关系,他们对桂林山水的了解应该还不够深细吧。而在唐代桂帅对桂林山水景观进行开发之前,要深入细致地了解桂林山水是相当困难的。

为什么这样说呢?这涉及桂林山水的自身特殊性问题。首先,与中原与江南等地的山水名胜比较起来,桂林山水位于偏远的岭南。岭南地区向来有瘴疠之乡的恶名,其整体形象在古人心目中不佳,受此影响,桂林也常被北方人视为可畏的"炎荒"之地,如中唐于邵被贬桂州,一再称桂林为"遐荒""炎方"①,直到南宋,范成大《桂海虞衡志序》中仍有这样的记载:"始余自紫薇垣出帅广右,姻亲故人张饮松江,皆以炎荒风土为戚。"②可见地理位置因素给客观地认识桂林所造成的障碍。怀着这样的印象来到桂林,在桂林山水景观还没有得到开发的年代,要发现并欣赏桂林山水之美当然是很难的,比如宋之问在桂林给朝中官员写信描述其所处环境说:"拙自谋卫,降黜炎荒。杳寻魑魅之途,远在雕题之国。飓风摇木,饥鼬宵鸣。毒瘴横天,悲鸢昼落。"③桂林山水之美被笼统的岭南恶地印象完全遮蔽了。其次,与中原与江南等地的山水相比,桂林山水的丰富多彩往往不易为人认识。范成大曾对各地名山进行比较,认为"其最号奇秀,莫如池之九华,歙之黄山,括之仙都,温之雁荡,夔之巫峡,然皆数峰而止尔",而桂林则众峰特立,"森列无际",尤其奇异的是"山皆中空,故峰下多佳岩洞,有名可记者三十余所"④。对桂林山水极有心得的《桂胜》一书的作者明代张鸣凤也有"桂以山闻,山以岩洞得称秀绝"⑤的看法,这可说是桂林山水的一个重要特点。而桂林山水的这种丰富多彩则不像其"江作青罗带,山如碧玉篸"的外在形貌那样容易认识,虽然其"去城不过七八里,近者二三里"⑥,但在未曾开发之前,人们一直失之眉睫间,不见其美。例如独秀峰当州城中央,然在桂帅李昌巎开石室之前,"胜概岑寂,人无知者"⑦;訾家洲在桂帅裴行立开发之前,"直治

① 二词出自于邵《与萧相公书》和《送盛卿序》,分别见《全唐文》卷426,卷428,上海:上海古籍出版社,1990年影清嘉庆内府刻本。

② [宋]范成大撰,严沛校注:《桂海虞衡志校注》,南宁:广西人民出版社,1986年,第1页。

③ [唐]宋之问:《在桂州与修史学士吴兢书》,见《全唐文》卷240,上海:上海古籍出版社,1990年影清嘉庆内府刻本。

④ [宋]范成大撰,严沛校注:《桂海虞衡志校注》,南宁:广西人民出版社,1986年,第5~6页。

⑤ [明]张鸣凤:《桂胜》卷16,清钞本。

⑥ [宋]范成大撰,严沛校注:《桂海虞衡志校注》,南宁:广西人民出版社,1986年,第6页。

⑦ [唐]郑叔齐《独秀山新开石室记》,桂林独秀峰摩崖石刻。

城，挟闤闠，车舆步骑，朝过夕视，讫千百年，莫或异顾”①；南溪山、隐山等，情况也差不多，这在初兴阶段那几篇相关的桂林山水文中都有交代。由此可见，宏观形貌之外的更为具体丰富的桂林山水美景不是一目了然的，它需要加以开发始能为人所认识和欣赏。

唐代桂帅对桂林山水景观的开发，为具体深入地了解桂林山水，欣赏其丰富多彩的奇秀风光创造了有利条件，自然有助于在山水描写的细致性和具体性上有更高要求的桂林山水文的产生和兴盛。桂林山水文随唐代桂帅的山水景观开发而兴起，是存在着某种必然性的。

① ［唐］柳宗元：《桂州裴中丞作訾家洲亭记》，见《柳宗元集》卷27，北京：中华书局，1979年。

从洪秀全诗歌创作看其思想之矛盾

何宇虹*

[内容提要]　太平天国运动留下了丰富的文书材料与文学作品,太平天国文学是中国近代文学的一个有机组成部分。作为一个中国历史上突出的广泛使用文书、具备完善文书制度的农民起义政权,对其领导人的创作实践展开研究,对于研究太平天国史具有不容小觑的价值,也为更为客观、理性地评价历史人物提供一个有益的角度。本文从洪秀全的创作实践出发,结合具体作品,分析了洪秀全思想的发展历程,明确了洪秀全的矛盾思想的几个表现:坚决反对儒家思想与抹不去的儒学烙印之间的矛盾;建立新型大同理想与浓厚帝王思想的矛盾;锐意进取的改革者与沉迷声色的昏庸君王的矛盾。

[关键词]　太平天国　洪秀全　诗歌创作　矛盾思想

太平天国运动对文书运用的广泛和深入在历代农民政权中是较为突出的,留下了丰富的文书材料与文学作品,太平天国文学是中国近代文学的一个有机组成部分。太平天国运动是中国近代史研究领域研究得最深入、最广泛的课题之一,对太平天国的研究,重点研究领域集中在对太平天国历史、疆域、政治、军事、外交、经济、宗教、历史功过、影响等方面。对于天王洪秀全的个人研究,主要从政治、历史的角度展开,相对而言,从文学角度出发对于太平天国及洪秀全进行研究的较少,甚至对于太平天国有没有真正意义上的文学也有不同意见。但是,作为一个中国历史上突出的广泛使用文书、具备完善文书制度的农民起义政权,对其领导人的创作实践展开研究,对于研究太平天国史具有不容小觑的价值,也为更为客观、理性地评价历史人物提供一个有益的角度。

洪秀全作为这次农民革命的主要领袖,他的一生与整个太平天国的兴衰历史进程紧密相连。他的思想庞杂而矛盾,既是这次农民运动的精神产物,又指导着革命的发展方向。新中国成立后,尤其是改革开放以后,伴随着思想解放、学术民主的研究氛围,学界对洪秀全思想领域的研究逐渐客观而深入,人们普遍认识到洪秀全思想是一个矛盾结构,这个矛盾主要体现在反封建、提倡平均

---

*　何宇虹,女,广西师范大学文学院2013级博士研究生。

平等的进步思想与封建主义、皇权主义的对立上。本文通过对洪秀全诗歌创作的分析,发现洪秀全思想中的矛盾具体体现在这些方面:坚决反对儒家思想与抹不去的儒学烙印之间的矛盾;建立新型大同理想与浓厚帝王思想的矛盾;锐意进取的改革者与沉迷声色的昏庸君王的矛盾。通过对洪秀全诗作的深入考察,可进一步揭示他在追求功名、建立新朝过程中矛盾重重的心路历程。

一、洪秀全的诗歌创作概况

作为一个失败的农民政权,经过一百多年的历史变迁,太平天国运动的文献资料散佚严重,虽经国内外学者的搜集整理,卷帙浩繁的史料得以呈现在世人面前,大大有利于丰富和加深我们对太平天国这段历史的了解,但这段复杂的历史仍有许多待研究之处。洪秀全以个人名义创作的作品,主要散见于《太平天国起义记》《钦定英杰归真》《钦定军次实录》《洪仁玕自述》中,较有代表性的有《述志诗》《金乌诗》《定乾坤诗》《吟剑诗》《十全大吉诗》《幼学诗》《天父诗》等,其中 1857 年颁布的《天父诗》,收录了洪秀全创作的 500 首诗歌。太平天国历史博物馆在《太平天国诗歌选》中收录了洪秀全较有代表性的诗歌 17 首。作为拜上帝教初期重要的三篇理论著作之一的《原道救世歌》亦采取通俗易懂的诗歌体进行创作。

学界对洪秀全诗歌创作的态度有两种观点:一种强调其诗歌的革命色彩,极力颂扬其革命性,把其归于现实主义文学创作予以肯定;而对太平天国文学持否定态度的人认为,以洪秀全为首的太平天国运动的领袖自身文化程度不高,在科举考试中连秀才都无法考中,所创作的诗歌是为了其统治服务的,宣扬其威严,且伪作、代笔现象较多,加之诗歌本身粗制滥造、浅白俚俗,因而认为太平天国称不上有文学,对洪秀全的诗歌予以全盘否定。笔者以为所谓“一代有一代之文学”,太平天国诗歌首先是太平天国革命斗争的产物,它真实地记录了这场农民运动的狂飙突进,是参与者革命情感的充分表达,它宣扬的内容、表达的情感、追求的志向无不植根于现实的土壤。洪秀全借助诗歌阐发了自己的革命理想和施政意图,“诗之美也,闻之足以观乎功;诗之刺也,闻之足以戒乎政”(皮日休《正乐府序》),笔者力图以客观的视角对洪秀全的诗歌创作进行分析,尽力通过其诗歌创作分析作者思想之矛盾及变化历程。

洪秀全创作的大量诗赋文章,对其文化观念的推广和典章制度的实施,起到了推波助澜的作用。唐代孔颖达在《毛诗正义序》中说:“夫诗者,论功颂德之歌,止僻防邪之训,虽无为而自发,乃有益于生灵。六情静于中,百物荡于外。情缘物动,物感情迁。若政遇醇和,则欢娱被于朝野;时当惨黩,亦怨刺形于咏歌。作之者所以畅怀舒愤，闻之者足以塞违从正。发诸情性，谐于律吕。故曰感天地，动鬼神，莫近于诗。此乃诗之为用，其利大矣。”太平天国诸王中，洪秀全、冯云山、石达开和洪仁玕等曾饱受传统文化熏陶，具有一定的文学功底，他们熟知诗歌的教化和美刺作用，知道诗歌在民间的力量，因此借助于诗文抒情言志，通过创作通俗易懂、朗朗上口的诗歌宣传太平天国的革命思想。

二、洪秀全诗歌中体现出的矛盾思想

洪秀全于 1814 年 1 月 1 日出生在广东省花县的一个普通农民家庭。家里希望他通过读书考取功名，显父母，光宗族。因此洪秀全从小熟读四书五经，接受的是传统的封建文化教育，科举成为这个家庭改变贫困低贱社会地位的唯一途径，追逐功名利禄的欲望构成了洪秀全思想中的封建性因素。但是屡试不第的挫折让洪秀全彻底告别了考科举取功名的道路。19 世纪中叶的中国社会在外部冲击和内部动乱双面夹击下，危机四伏。而居于这一变动社会，切身感受着社会危机的人不可避免地在某种程度上经历了人格危机，对传统人格危机感受最强烈的是知识分子阶层。而洪秀全正是未能踏上仕途的下层知识分子一类，他在动荡的社会中接受了西方基督教的某些形式和词句，筹建了反清的农民革命组织拜上帝会，领导了中国历史上规模最大的农民起义，创建了历时 14 年的农民政权——太平天国。处在这样的历史背景和现实条件中，洪秀全的思想体系矛盾重重，交织着封建与民主，积极与消极。

(一)坚决反对儒家思想与抹不去的儒学烙印之间的矛盾

1843 年，洪秀全在广州应试，第四次落第，回到家中将儒家经籍尽弃于地，转而研究在广州时从基督徒梁发处得到的《劝世良言》，把书中内容与自己以前大病时的幻觉对比，认为自己受上帝之命下凡诛妖，一气抛开了孔孟之书，不再做一名儒生而改信了基督教的教义，于 1843 年 6 月间创立“拜上帝教”。在拜上帝教独拜真神皇上帝的掩盖下，洪秀全把矛头直指维护封建统治的孔孟之道，不顾大逆不道的罪名，将私塾中的孔子牌位扔掉。他在《神天诗》(也作《毁冯云山书馆中偶像》)一诗中明确表达了这样的思想：“神天之外更无神，何故愚顽假作真！只为本身浑失却，焉能超出在凡尘。”①诗中体现了洪秀全与封建思想决裂之决心，这在当时是很勇敢的反封建行为，亦是洪秀全反孔排儒的一个标志性举动。

尽管洪秀全在《神天诗》诗中表达了与封建势力和传统儒家思想决裂之痛

① 太平天国博物馆：《太平天国诗歌选》，上海：上海人民出版社，1978 年，第 7 页。

快淋漓，但在这种看似势不两立的坚决下，他的作品仍旧暴露出了儒家思想在他身上打下的抹不掉的烙印，例如他在《原道救世歌》中说道："颜回好学不贰过，非礼四勿励精神。过而能改方无过，古人所以诲谆谆。自古君师无异任，只将正道觉斯民。自古善正无异德，只将正道淑其身。凡有血气心知者，何可乱常而败伦。凡属顶天立地者，急宜返璞而归真。""第四不正为盗贼，不义不仁非所宜，聚党横行天不佑，罪恶贯盈祸自随。君子临财无苟得，杨震昏夜尚难欺。管宁割席因歆顾，山谷孤踪志不移。夷齐让国甘饿死，首阳山下姓名垂。古来善正修天爵，富贵浮云未足奇。"这些诗句中所言之事、所举之例、所倡导的价值观，如"颜回好学"、"管宁割席"、"夷齐让国"、非礼四勿、仁义纲常等，都是传统儒家思想的表现，洪秀全在诗中使用这样的典故教化大众，可见在他的思想中，传统封建思想和儒家精神影响是无处不在的。

（二）建立新型大同理想与浓厚帝王思想的矛盾

在1843年7月，洪秀全请铁匠铸造两把宝剑，上刻"斩妖剑"三字，同时作诗一首，以示其希望通过武力斗争，建立"太平一统"理想社会的愿望："手持三尺定山河，四海为家共饮和。擒尽妖邪扫地网，收残奸宄落天罗。东西南北敦皇极，日月星辰奏凯歌。虎啸龙吟光世界，太平一统乐如何。"①洪秀全在诗中明确地说明了要通过"手持三尺（剑）"武装斗争的形式达到擒妖收奸斗争的目的，更描绘了"四海一家""太平一统"的美好蓝图。这种新型的大同理想与他在《原道醒世训》提出的美好理想是吻合的："遐想唐虞三代之世，天下有无相恤，患难相救，门不闭户，道不拾遗，男女别途，选举尚德。"洪秀全选择在宗教外衣的掩护下，宣扬政治平等，反对封建特权和等级制度的思想。在《原道醒世训》中，他宣扬"天下多男人，尽是兄弟之辈，天下多女子，尽是姐妹之群"这样否定封建等级制度的思想，号召兄弟姐妹们冲破旧思想的束缚，为理想的太平社会而奋斗。洪秀全的这些创作和主张，以及他在政治领域采取的改革措施，颁布的《天朝田亩制度》等行动看来，他确实在积极寻求治国方略，维护理想天国的统治，描绘了地上天国社会的理想蓝图，这个蓝图融汇了儒家的大同思想，处处体现出"不患寡而患不均，不患贫而患不安"和"公则天下平"的原则。

与他所努力宣扬的反封建和提倡平等的思想格格不入的、集中充分显示了洪秀全建立新型大同理想与浓厚帝王思想的矛盾的作品是《天父诗》。《天父诗》是1857年太平天国刊印颁行的经典官书之一，收选了洪秀全诗文500首，除极少量作品是起义初期，杨秀清假托天父帮助洪秀全排解后妃纠纷的口述诗文外，其余470余首是洪秀全进入天京初期三年中写给后妃的夫权独白，都是

① 太平天国博物馆：《太平天国诗歌选》，上海：上海人民出版社，1978年，第7页。

教训、惩戒嫔妃如何守妇道，如果不按照他的话做要受到怎样的刑罚。在这些诗中，没有反封建的呐喊，没有破旧立新的壮志，只有身为天王的洪秀全的暴虐、残忍和荒淫。

《天父诗》中的诗歌类似民俗口谣，十足俗俚，十足浅白，单纯从文学角度探究意义并不大，我们将其看成是作者思想的一个载体，它们体现了洪秀全矛盾思想的诸多方面。

洪秀全在《原道醒世训》中说“天下多男人，尽是兄弟之辈，天下多女子，尽是姐妹之群”，提倡的是人与人之间的平等，到了《天父诗》中，却是这样一种关系：“服事不虔诚，一该打。硬颈不听教，二该打。起眼看丈夫，三该打。问王不虔诚，四该打。躁气不纯静，五该打。”(《天父诗》十七)。“讲话有大声，六该打。有喙不应声，七该打。面情不欢喜，八打该。眼左望右望，九该打。”(《天父诗》十八)。这种对妻妾制定的规矩条款，是洪秀全夫权思想的一种极致体现。所有的规矩就是以符合他的喜好为标准，不合规矩的就要受罚，没有所谓的平等。洪秀全的霸道体现在对后妃的随意打杀，不合意的就打，再严重的就杀，还作诗对她们进行恐吓和教化：“问尔怕打不怕打，怕打莫练曲恶假。问尔怕斩不怕斩，怕斩心莫邪半点。”(《天父诗》四八二)。他对后妃的言行举止提出了苛刻的要求：“看主单准看到肩，最好道理看胸前。一个大胆看眼上，怠慢尔王怠慢天。”(《天父诗》二三七)。诗句中无处不体现出洪秀全对人的苛求，嫔妃抬眼看他都是罪过。除了这种对后妃外在言行举止的要求，洪秀全对她们内心的想法也要做出限制：“朝晚拜爷拜在心，心先拜敬道理深。心拜更真身拜假，各练真真贵如金。”(《天父诗》一一七)。对于评判是非的标准，洪秀全也有自己的规定：“只有媳错无爷错，只有婶错无哥错。只有人错无天错，只有臣错无主错。”(《天父诗》三七八)。这是一种绝对的话语权，绝对的权威，他把自己当成是上帝的代表、人间的至尊，掌握生杀大权的天王，这样的作品在《天父诗》中比比皆是、不胜枚举。这些诗歌具体而细微地反映出洪秀全的专制帝王思想、空虚可怜的精神世界和森严恐怖的宫廷生活，这类诗是宗教愚昧思想和帝王专制思想相结合的产物，充分暴露了洪秀全唯我独尊的封建糟粕思想，严重的皇权、夫权思想，与前期揭竿起义时宣扬的反抗压迫、平等仁爱思想大相径庭。

（三）锐意进取的改革者与沉迷声色的昏庸君的矛盾

洪秀全早期有一首著名的《述志诗》：“手握乾坤杀伐权，斩邪留正解民悬。眼通西北江山外，声振东南日月边。展爪似嫌云路小，腾身何怕汉程偏。风雷鼓舞三千浪，易象飞龙定在天。”①这首诗作于 1837 年，23 岁的洪秀全第三次赴

---

① 太平天国博物馆：《太平天国诗歌选》，上海：上海人民出版社，1978 年，第 3 页。

广州投考失利后。洪秀全在这次投考中同样是初考时名列高榜之上，复考则又落第，这对于一心一意考功名的洪秀全是个巨大的打击。屡试不第的悲愤和怀才不遇的失落让他精神沮丧，痛苦到极致，从而对科举制度和清王朝产生了愤恨和不满，回家后得重病卧床四十余日，一度昏迷，病中幻觉有一老人对他说：奉上天的旨意，命他到人间来斩妖除魔，即所谓"手握乾坤杀伐权，斩邪留正解民悬"。加之当时的社会背景是帝国主义千方百计地将鸦片倾销到中国，广州是当时鸦片输入的总口，人民群众反侵略的斗争格外激烈，所以也有观点认为到广州赴考的洪秀全看到了清朝政府的反动统治和腐败无能，以及压制人民斗争的反动面目，黑暗的社会现实和坎坷的科举之路，对他产生了极大的冲击，因此他萌发了反对清朝统治和建立美好新社会的愿望。因此把此诗看成是洪秀全要翻天覆地，扭转乾坤，拯救人民于水深火热之中的宣言之作。

除了《述志诗》外，1837 年洪秀全应试失败、落魄患病之时，梦中见到"天父上主皇上帝"，蒙赐金玺、金剑，封为"太平天子"，醒来时，"太阳照身"，于是吟诗一首："鸟向晓兮必如我，太平天子事事可。身照金乌灾尽消，天将天兵都辅佐。"①诗中洪秀全以"太平天子"自称，因为"身照金乌"（金乌者，太阳也），所以不仅灾难消尽，更是可以得到天将天兵的辅佐，也体现了浓厚的替天行事、宣扬个人英雄主义的封建思想。

从 1843 年洪秀全又一次参加科举考试的行动上看，他 1837 年写下《述志诗》《金乌诗》的初衷，不全是反抗压迫、决意革命的宣言，更多的应该是表达个人发愤图强、出人头地的意愿，是个人奋斗的励志之作。当洪秀全第四次到广州参加秀才考试仍是名落孙山之后，他在回家的船上做了一首诗《龙潜》："龙潜海角恐惊天，暂且偷闲跃在渊；等待风云齐聚会，飞腾六合定乾坤。"这首诗表露出他更加坚定的信念，当然具体的目标仍旧是模糊的。"龙"为自指，有自视甚高，必成大事之意。将一时之不如意看成是"暂且偷闲"，有朝一日风云齐聚，必将"定乾坤"，那就是要等待合适的时机，干一番惊天动地的大事业的豪情壮语。

在他的诗作中所常用的意象，带有浓烈的个人英雄主义的色彩，选用"天""龙""神"这类意象的诗句很多。再如《述志诗》一诗中，开篇第一句，即"手握乾坤杀伐权"，通常的理解是它展示了洪秀全想打破黑暗的社会现实的决心，是他"斩邪留正解民悬"的手段，但客观地说，在真实反映了农民反抗现实的合理诉求的背后，这句诗隐含了他个人独裁和暴力的特点，只是由于它隐藏在"斩邪留正"的追求下，人们往往抬高了它进步性、革命性的一面，成就了洪秀全意在破旧建新的改革者的形象，忽略它的局限性。这种独裁和暴力，在洪秀全日后

① 太平天国博物馆：《太平天国诗歌选》，上海：上海人民出版社，1978 年，第 5 页。

的行为和创作中日趋明显。

与洪秀全在前期诗歌中体现出的意气风发的改革者形象大相径庭的是他在《天父诗》中表现的耽于声色、荒淫无度的昏庸形象。太平天国取得阶段性胜利,政权建立后,洪秀全一改革命者的形象,醉心享受其梦寐以求的帝王宫廷生活。他宫中后妃无数,他通过一首又一首的诗对她们提出要求:“洗身穿袍统理发,疏通扎好解主烦,主发尊严高正贵,永远威风坐江山。”(《天父诗》二百)“手不顾主该斩手,头不顾主该斩头。些不顾主些变妖,周身顾主福已求。”(《天父诗》三百五十五)宫女为他拨扇驱蚊,他作诗叫她们记清:“日夜拨扇扇莫停,莫拨榻底要记清。拔由已不拔由已,大胆逆天不成人。”(《天父诗》二百七十二)《天父诗》中这样的诗歌比比皆是,这位太平天国农民起义领袖,他的专制、暴虐、残忍、荒淫,从这些诗中也可体现出来。

三、洪秀全矛盾思想的成因及其影响

通过这些诗歌,我们清楚地看到洪秀全思想发展的轨迹,他从希望通过考功名的科举之路当上清王朝的臣仆,转变为企图推翻这个封建王朝的“叛逆”思想,他希望推翻黑暗腐朽的清王朝,建立太平一统的新王朝,实际上却建立了更加专制昏庸的政权。从洪秀全的这些创作实践中,我们不难发现他从迷恋科举功名到形成反清革命意识,从一个普通的知识分子转变为一个农民运动的领袖,是经过了一个艰苦的探索过程的,从仕途破灭后那种内心深处萌发的叛逆思想,到借助宗教形式创立了一种基于朴素的以追求平等为内容的农民革命理论,是进步的,有积极意义的。也正是由于有这样的思想,他才能团结广大的农民阶级,将太平天国运动推到顶峰。但是洪秀全思想中的这些错综复杂的矛盾,致使他始终不能真正解决中国的困境,未能带领太平天国运动取得最终的胜利。

究其矛盾思想的根源,概括地说可从客观和主观两方面进行探讨。就客观方面而言,转型社会给洪秀全这个科场失意的文人带来了强烈冲击。鸦片战争以后,西方列强相继入侵我国东南沿海地区,西方宗教和文化也随即登陆和传播。现实的昏暗,传统迷信的危机,西方文化的入侵,这种种因素都使得站在中西文化交汇点上的洪秀全痛苦而矛盾,在这样的社会土壤中,他的思想既有中国传统文化的熏陶,又有西方基督教文化的冲击,加上古代农民的斗争意识的影响,多重因素相互对撞冲突,融合渗透,都是洪秀全思想复杂而矛盾的客观原因。就主观方面而言,洪秀全独特的个性特征亦是导致其思想矛盾错综复杂的根源所在。从其参加科举考试屡战屡败、屡败屡战的经历来看,他的性格中有坚韧的一面；从其多次落榜后重病在床、举止癫狂的行为来看，他性格中有极端、偏执的因素；从其砸毁私塾中的孔子牌位来看，他性格中还有离经叛道的因子。基于他独特的个性，在时代变化的冲击和中国传统儒家思想的熏陶下，洪秀全的思想既有强烈的变革意识，又有顽固的传统封建伦常以及享乐意识，多种意识交织在一起，使其思想呈现出复杂性和矛盾性，既有积极的平等观念、善恶观念，又有落后的等级观念、皇权观念。

从以上对他诗歌创作的具体分析中，我们可以清楚地看到，由于洪秀全的思想是一个复杂的矛盾体，其结果必然是他反对封建而脱离不了封建，追求平等却又制造了不平等，他既非先知而伟大的神，亦非一无是处的魔。通过他留下来的文字，我们看到了他思想的发展历程，也看清了其中无法回避的矛盾存在。他的思想始终有着两面性，既有农民朴素的反抗压迫、平均平等思想的一面，也有封建主义、皇权主义的一面，加上若干新的时代因素，形成了这样一个矛盾的结合体。洪秀全受到阶级、时代和自身条件的制约，因此他领导的太平天国运动无法使农民得到彻底的解放而最终摆脱封建制度的羁绊。他找不到一条挽救灾难深重的中华民族的正确道路，加上他自己严重的皇权主义倾向、宗教迷信等因素，导致其思想的矛盾结构在太平天国运动后期，不可避免地向封建化的方向运行。

论秦似的桂剧编创艺术*

朱江勇*

[内容提要]　秦似是中国现当代文坛上引人注目、著述颇丰的作家、诗人、翻译家、戏剧家,他还集著名学者和大学教授于一身。秦似在中国古典文学上有精深的研究,同时谙熟戏剧艺术,他编创的桂剧体现出浓厚的文学色彩、鲜明的剧种和地域特色、简练的戏剧结构形式等艺术特色,可以说秦似是继唐景崧、马君武、欧阳予倩之后对桂剧艺术做出较大贡献的戏剧家。

[关键词]　秦似　桂剧　编创艺术

秦似(1917~1986),广西博白人,原名王辑和(又名王扬,小名阿水),是著名语言学家王力之长子,曾用过茹雯、碧珊等三十多个笔名。秦似是中国现当代文坛上引人注目、著述颇丰的作家、诗人、翻译家、戏剧家,他还集著名学者和大学教授于一身。秦似最突出的是他在中国杂文和散文界的地位和贡献。20世纪40年代,他和夏衍等人主编的《野草》月刊,曾经是当时中国杂文界的一面旗帜。秦似一生创作了大量的杂文和散文,在多灾多难的旧中国,他的杂文风格直接继承了20世纪30年代"鲁迅风"的直面现实的战斗精神,"他以年轻人火一般的激情和犀利的笔触直指社会生活的方方面面,鞭挞丑恶与黑暗,歌颂进步与光明"①。内容主要包括对抗战期间国内外政治局势的关心、谈古论今的思想杂感、抨击文化界的种种丑恶现象以及对光明世界与崭新生活的渴望。新中国成立后,他的杂文或是新社会的赞歌,或是鼓励先进、指责落后之作,视野更加开阔、语言趋于圆熟、形式上长短自如,许多篇章成为传世之作,令人百读不厌。

秦似在杂文和散文的创作上挥洒自己才情的同时,还将自己的才华纵横于诗歌、戏剧、小说翻译和学术研究中,而且各方面均有建树。纵观目前对秦似的

---

*　本文为广西哲学社会科学课题《桂剧文学研究》(13FZW005)、广西高等教育教学改革工程立项项目"校园戏剧教育在旅游高等院校人才培养中的应用研究"(2013JGA291)和"大学本科戏剧创作课程教学范式与创新研究"(项目编号:2013JGB110)阶段性成果之一。

*　朱江勇(1976~　),男,汉族,江西瑞金人,文学博士,桂林旅游高等专科学校教授,研究方向:戏剧与区域文化。

①　徐治平:《广西散文百年》(上),北京:民族出版社,2004年,第29页。

研究,主要集中在对他的杂文和散文、治学方面研究,对他在戏剧方面的贡献关注较少。就他对戏剧的贡献而言,包括戏剧改编与创作、戏剧评论与杂谈、领导戏剧工作等几个方面。他先后改编了京剧《牛郎织女传》、粤剧《小二黑结婚》,改编桂剧《西厢记》《秋江》《演火棍》,创作历史桂剧《冼夫人》,还润色了《拾玉镯》《抢伞》《白蛇传》等桂剧传统剧目;戏剧评论与杂谈有《太平天国》《西南剧展的前前后后》《粤剧改革的方向和几个实际问题》《正确对待桂剧艺术遗产,全面发掘桂剧传统剧目》《50 年代的桂剧》《打金枝》《还需要戏改工作》《戏剧和"时代节奏"关系》《湘剧在广西》《人和戏》等;1950 年到 1957 年他主持广西戏曲改革工作,兼任广西戏曲改革委员会副主任,1953 年广西国营桂剧艺术团(广西桂剧团的前身)成立后兼任团长职务,1956 年担任广西文化局组织的桂剧传统剧目整理委员会主任,为广西戏曲传统剧目的整理与保存,以及《广西戏曲传统剧目汇编》的编纂出版做出巨大的贡献。本文主要从以下三个方面来论述秦似的桂剧编创的艺术。

一、浓厚的文学色彩

桂剧自清乾嘉年间形成以来,受到流行区广大观众的喜爱,但是桂剧演出的剧目长期遵循旧本,或沿用高腔、昆腔剧本,或借用秦腔、汉剧、徽剧、湘剧等兄弟剧种的脚本,只是在语言和音乐唱腔稍加变化,文字简陋粗糙。直至清末"桂剧第一个剧作家"唐景崧的出现,文人开始介入桂剧剧本的润色、改编和创作,唐景崧的《看棋亭杂剧》具有较浓厚的文学色彩。抗战期间,中国现代历史文化名人马君武在桂剧改革时意识到整理剧本的重要性,他对很多旧本做了大量的史实考证和文词修饰方面的工作,还亲自将传统桂剧《抢伞》改编,更名为《离乱婚姻》,成为以后桂剧《抢伞》整理本的基础。随后,欧阳予倩在桂剧改革期间整理、编创的 16 个桂剧,主要可以分为艺术性强的传统戏和战斗性强的抗战戏两类,"这两类风格的桂剧剧本都体现了欧阳予倩对剧本艺术形式的革新"①,它们翻开了桂剧文学史上崭新的一页。秦似对桂剧的编创,继承了唐景崧、马君武、欧阳予倩等前辈对剧本文学性的重视,这一点在他改编的《西厢记》和《秋江》中尤为突出,体现出浓厚的文学色彩。

《西厢记》是我国古典戏曲遗产中最优秀的作品之一,深受中国观众的喜爱,许多剧种都有对《西厢记》的改编。桂剧《西厢记》是秦似在保持原作思想性和艺术性的基础上,根据桂剧风格进行的再创造,成为雅俗共赏的改编之作,

---

① 朱江勇:《欧阳予倩桂剧剧本风格论》,载《戏剧文学》,2012(5),第 91 页。

其最大特点是具有浓厚的文学色彩。

王实甫《西厢记》(以下简称原作)的文辞十分优美,明代朱权《太和正音谱》称:“王实甫之词如花间美人。铺叙委婉,深得骚人之趣,极有佳句,若玉环出浴华清,绿珠之采莲洛甫。”①剧中不仅有写九曲黄河的雄浑、磅礴,还有“长亭送别”中凄婉缠绵、意境深远的风格。因而桂剧《西厢记》(以下称改编本)成败的关键,是能否将原作中那些文学价值很高的语言,改编成现代戏曲的语言。改编本既借鉴原作语言又注重符合桂剧演出的语言,正如秦似自己说“每一句唱词和道白,都应该考虑到雅俗共赏,既不能酸溜溜的,一味是酸秀才的语言,又不能写成都是大白话。这确是得费一点力气的。”②改编本对原作文辞出采处基本上保持原貌,如第十三场《饯别》的开头与结尾:

“张珙(上引)悲欢聚散一杯酒,南北东西万里程!
(唱)碧云天,黄花地,
西风紧,北雁南飞。
晓来谁染霜林醉?
恰便似,恰便似离人珠泪。
想着昨宵,合欢未已,
(插白)好烦恼人也啊,
(唱)叹今朝却匆匆别离!
问寒烟衰草,败柳长堤,
可知道愁滋味?”③

莺莺(唱)闷沉沉一处来,
哭啼啼独自归。
夕阳古道衰柳堤,
瑟瑟秋风送马嘶。
人去也,
一鞭残照里,
遍人间烦恼满胸臆,
这大小车儿,

① 朱权:《太和正音谱》,载《录鬼簿(外四种)》,上海:上海古籍出版社,1978年,第124~125页。
② 秦似:《50年代的桂剧》,载《秦似文集·戏剧》,南宁:广西教育出版社,1996年,第214页。
③ 秦似:《西厢记》(桂剧),载《秦似文集·戏剧》,南宁:广西教育出版社,1996年,第47~48页。

大小车儿如何载得起!”①

改编本《饯别》和王实甫《西厢记》第四本第三折相比,在语言和意境的营造上都较为接近,熔炼了很多古典诗词,将大自然的景物与男女凝重的离愁相融合,创造了委婉深沉、令人感伤的悲凉意境。改编本还将原作中崔莺莺所唱【正宫·端正好】改为张生唱,将崔莺莺眼中的秋景改为张生、崔莺莺眼中的秋景,带着无可奈何心情的人眼中的秋景。改编本的语言运用,整体上既不改变原意和桂剧风格,又体现自身较浓厚的文学色彩,1956年夏衍在桂林观看桂剧《西厢记》时曾对秦似说:“剧本的文学色彩很好,是迄今为止最好的改编本。”②

《秋江》是根据明代戏曲家高濂的传奇作品《玉簪记》中的《追别》一折反复加工提炼出来的。《玉簪记》演绎道姑陈妙常与书生潘必正的爱情故事,陈妙常(原名陈娇莲,法名妙常)在金兵南下时与家人离散,入金陵女贞观成为道士。观主之侄潘必正会试落第来女贞观暂住,陈、潘二人经过茶叙、琴挑、偷诗等波折后,私自结成连理,后潘必正被观主催试乘舟前往临安,陈妙常雇小船追赶。该剧《琴挑》《秋江》等几出成为各种地方戏的保留剧目,盛演不衰。秦似对桂剧《秋江》改编本沿袭原作对陈妙常形象的塑造,将她对爱情既热烈追求又害羞畏怯的复杂心理描写得玲珑剔透。在剧本语言运用上,桂剧《秋江》改编本与原作相距较远,但是同样具有浓厚的文学色彩,如第四场《琴挑》、第七场《偷诗》、第十场《秋江》唱词富有诗意,尤其是第十场《秋江》唱词优美,多处为情景交融之作:

“潘必正(唱)愁看那,碧波中,秋江向晚。
恨只恨,别时容易,见时难。
今日里,愁默默,离情千万。
积相思,恰便似,两丛山。”③
“陈妙常(唱南路赶板)秋江一望泪潸潸,
恨他野水隔平川;
两行不断相思泪,
眼下怕看别离船。”④

---

① 秦似:《西厢记》(桂剧),载《秦似文集·戏剧》,南宁:广西教育出版社,1996年,第50页。
② 秦似:《50年代的桂剧》,载《秦似文集·戏剧》,南宁:广西教育出版社,1996年,第215页。
③ 秦似:《秋江》(桂剧),载《秦似文集·戏剧》,南宁:广西教育出版社,1996年,第99~100页。
④ 秦似:《秋江》(桂剧),载《秦似文集·戏剧》,南宁:广西教育出版社,1996年,第101页。

二、鲜明的剧种和地域特色

秦似对桂剧的编创是直接为桂剧演出服务的，绝非作为案头读物，体现出鲜明的剧种和地域特色。首先，他的桂剧编创在语言和唱腔运用上都根据桂剧的风格化用原作，体现了桂剧南北路的唱腔特色。桂剧南北路的唱腔，基本是十字格（三三四）和七字格（二二三）较整齐对称的韵句。间或也有三、五、六字句出现，但不能作为整段，只能作为一种过渡垛句。南北路的词曲结合，关系异常密切，旋律的起伏惯服于字句四声音调的起伏，因而地方色彩、韵味非常浓厚，做到在不改变原意和桂剧风格化的基础上，体现了桂剧唱腔的色彩，如《西厢记》中第一出《惊艳》：

“张珙（唱）适才间，随喜了，上方佛殿，
大钟楼，罗汉塔，名不虚传。
东一弯，西一转，回廊绕遍，
春光下，又听得，燕语莺喧。
（红娘引莺莺捻花枝上）
莺莺（白）红娘，你看，好春光呀。
（唱）散春愁，与红娘，来至前院，
又只见，春光下，红紫争妍。
撩裙儿，且把那，芙蓉来捻，
惊起了，粉蝶儿，对对飞旋。”①

这样十字格的唱词，是桂剧弹腔的南路慢皮句式结构。南路慢皮一板三眼，节奏徐缓，曲调委婉流畅，是抒情的主要板式，唱词一般为十字句，字少腔多过门长。慢皮唱腔有几种：一般慢皮较朴实，慢皮花腔则是在慢皮的基础上加花、装饰，使唱腔更宜于抒情。四门腔的结构与慢皮无异，所不同的是四门腔的四个行腔在腔后接锣鼓，再接慢皮过门，专供踩四门用。秦似编创的桂剧《西厢记》《秋江》《演火棍》《冼夫人》中，十字格的唱词比比皆是，在叙事和抒情时几乎都采用南路慢皮，既有较高的文学色彩又有桂剧唱腔特色。

桂剧源于湖南祁阳戏，在唱腔上主要是南北路弹腔，还包含昆腔、高腔、吹腔和杂腔小调等声腔，可以依剧情需要择腔选调。桂剧《秋江》原是高腔戏，秦似改编的桂剧《秋江》保存和利用了桂剧高腔，他发掘了原有的《偷诗》《来迟》两场高腔戏，唱腔很有韵味和特色，如同秦似自己说：“《秋江》的演出也是成功

---

① 秦似：《西厢记》（桂剧），载《秦似文集·戏剧》，南宁：广西教育出版社，1996年，第4页。

的，证明了桂剧的高腔是可以保存和发展的。”①但是桂剧《秋江》的唱腔并不单一使用高腔，而是依剧情还使用了吹腔和乱弹腔，更能体现桂剧唱腔特色。

地方剧种的特色除了体现在特色唱腔和语言（地方方言）的运用上，还有剧中的人物故事、典故、风俗等很多方面也体现出剧种的地域色彩，秦似编创的桂剧正是如此。如《秋江》中艄公和陈妙常的对话中，运用了一些桂北方言，像陈妙常提醒艄公时说：“公公，老成些，我的汗都被你吓出来了。”②“老成些”为桂北方言，“小心点”之意。艄公调侃陈妙常时说：“老汉今年 79，我把 60 岁的花甲丢到这秋江河下不要，就拿 19 岁来与姑姑打个老同。”③“打个老同”为桂北方言，“结同庚”之意。再如《演火棍》中杨摆风回应孟良时唱：“（唱北路二流板）摆风拿棍不用手，大脚挑起不费力。结褡嗤！”④“结褡嗤”为桂北一带的民间土语，“轻蔑”之意。

新编历史剧桂剧《冼夫人》在题材选择、风俗描写和典故运用上具有较浓厚的岭南地域色彩。冼夫人即谯国夫人，为高凉冼氏之女，嫁于当时的高凉太守冯宝。冼夫人自幼贤明，多谋略，先后参与平定侯景叛乱、协助陈霸先擒杀李迁仕、平定岭南大乱，隋朝建立后岭南各郡共举冼太夫人为主，尊其为“圣母”。冼夫人（在该剧中名字为冼云英）为俚人（也称“僚人”），是生活在粤西、桂东、桂南及越南北部等地的一个土著民族，因而桂剧《冼夫人》中的风俗描写具有地域和民族色彩。第一场《出猎相会》写冼云英与冯宝一见钟情，冼云英不顾当时流行着僚汉不通婚的习俗与冯宝折箭为誓破除陋习，她说：“僚汉同饮一江水，同是中国人，为何不能通婚？这等陋习，正应破除。”⑤第三场《赏菊判案》写了俚人擂铜鼓召集众人，用铜鼓行军布阵、号令指挥的习俗。第四场《论兵决策》、第五场《平叛会先》、第六场《祭夫责子》中的白果汤、艾饺、烧腊、米粽、白切鸡、牛肉巴、油炸鹌鹑等都是当地有特色的食物。

桂剧《冼夫人》第二场《进谏议婚》写盛产珍珠的合浦县，因珠户交珠不足，珍珠不能装船，冼云英之兄冼挺令合浦县尉逮捕抗交珍珠的珠户并严惩，冼云英用“合浦珠还”的典故来规劝兄长：“（唱）这珍珠，沉海底，深有千丈，采珠人，说不尽的凄楚奔忙。想前朝，为珍珠，也曾多次惩贪枉，合浦珠还，人人赞那，清廉的孟尝。我冼家，得人心，必须爱民如子仁义广，岂能够，贪珍珠，叫百姓海底

---

① 秦似：《50 年代的桂剧》，载《秦似文集·戏剧》，南宁：广西教育出版社，1996 年，第 215 页。
② 秦似：《秋江》（桂剧），载《秦似文集·戏剧》，南宁：广西教育出版社，1996 年，第 96 页。
③ 秦似：《秋江》（桂剧），载《秦似文集·戏剧》，南宁：广西教育出版社，1996 年，第 98 页。
④ 秦似：《演火棍》（桂剧），载《秦似文集·戏剧》，南宁：广西教育出版社，1996 年，第 117 页。
⑤ 秦似：《冼夫人》（桂剧），载《秦似文集·戏剧》，南宁：广西教育出版社，1996 年，第 131 页。

身亡!”①东汉孟尝曾为合浦太守,到任后革除先前的弊政,为民众谋利,不到一年迁至交趾郡界的珍珠又回到合浦海域,“合浦珠还”后成为比喻人去而复回或物失而复得的成语。

三、简练的戏剧结构形式

从唐景崧的桂剧编创开始,在戏剧结构形式的组织上就有别于传统的剧目,唐景崧“特别注意删削繁枝赘叶,然而个别作品又着意增添情节,其目的都是使主题更突出、清晰”。② 欧阳予倩的桂剧编创则将话剧的冲突说引入戏曲编剧,打破了传统戏曲那种素来平铺直叙故事、戏剧冲突相对弱的局面,但结构选择上欧阳予倩“不采用西方近代戏剧的分幕制,以便形成高度集中整一性的情节,而是采用与戏曲表现自由时空相适应的灵活简洁的分场形式”③。秦似在桂剧编创时继承中国戏曲剧本开放式的戏剧结构,也沿袭了唐景崧和欧阳予倩运用为主题服务、简练的戏剧结构形式的做法编剧。

桂剧《西厢记》改编本共十三场,每场都很短,包括惊艳、夜绣、酬韵、寺警、请宴、赖婚、琴心、闹简、递简、赖简、酬简、拷红、饯别,紧紧围绕张生、崔莺莺、红娘几个主要人物,略写老夫人和几个和尚,减去了郑恒这条线,虚写孙飞虎和贼兵。这样的结构安排和原作故事情节的展开一致,但是并没有削弱对主要人物形象的塑造,他们各有各的戏、各有各的性格。

桂剧《西厢记》改编本结构上的最大特点是以《饯别》结尾,没有落入王实甫《西厢记》和其他改编本“大团圆”的俗套。王实甫将原来始乱终弃的素材改为终成连理的喜剧,喊出了“愿普天下有情的都成眷属”的强音,张生和崔莺莺成了青年男女追求美满婚姻的榜样。然而,对王实甫《西厢记》“大团圆”结局持否定态度的人不少,明代就有徐复祚、卓人月、金圣叹等,他们都针对《西厢记》结局发表了自己的看法。徐复祚较早对《西厢记》第五本“大团圆”结局提出非议,认为让全剧结束于《惊梦》一折更好:“《西厢》之妙,正在于草桥一梦,似假疑真,乍离乍合,情尽而意无穷,何必金榜题名,洞房花烛而后愉快也。”④卓人月进一步指出:“夫剧以风世,风莫大乎使人超然于悲欢而泊然于生死。生

---

① 秦似:《冼夫人》(桂剧),载《秦似文集·戏剧》,南宁:广西教育出版社,1996年,第135页。

② 朱江勇:《论〈看棋亭杂剧十六种〉的思想倾向与艺术成就》,载《河池学院学报》,2012(3),第77页。

③ 朱江勇:《中西方戏剧碰撞与交流的美学通融——论欧阳予倩整理、编创桂剧的艺术特征》,载《山西大学报》(社会科学版),2012(2),第85页。

④ 徐复祚:《曲论》,载《中国古典戏曲论集成(四)》,北京:中国戏剧出版社,1959年,第241~242页。

与欢,天之所以鸩人也;悲与死,天之所以玉人也。当悲而犹不忘欢,处死而犹不忘生,是悲与死亦不足以玉人矣,又何风焉?又何风焉?"①他认为王实甫《西厢记》改编了唐人小说《会真记》而落入了"大团圆"俗套,因此有必要作《新西厢》,按照原来小说"始乱终弃"的情节写成爱情悲剧。金圣叹对《西厢记》第五本也持否定态度,在《惊梦》一折末批中,他就指出此书:"何用续?何可续?何能续?"②在第五本又批道:"然而又必云'不传'者,盖言费却无数笔墨,止为妙处;乃既至妙处,即笔墨都停;夫笔墨都停处,此正是我得意处;然则后人欲寻我得意处,则必须于我笔墨都停处也。"③桂剧《西厢记》则以《饯别》结尾,显得整出戏结构形式简练,全剧在男女离愁别恨中戛然而止。

《秋江》虽是《玉簪记》中的一折,但深受观众喜爱,在多个地方剧种中流传,桂剧《秋江》和其他地方剧种的《秋江》一样,情节上基本搬演了《玉簪记》的故事,著名戏曲史研究专家董每戡先生观看《秋江》后曾说:"《秋江》,其实是全部《玉簪记》,并不只演单出《秋江》。"④秦似改编的《秋江》包括戏蝶、见姑、茶叙、琴挑、猜心、问病、偷诗、来迟、催试、秋江等十场,每场都很简短,重点突出琴挑、偷诗、秋江这几出,十场合起来能给人有整体性的感觉。

秦似在创作桂剧《冼夫人》中,则用点面结合的写法,以时间为线索贯穿全剧,用出猎相会、进谏议婚、赏菊判案、论兵决策、平叛会先、祭夫责子、验物感怀、沙场哭将、巡州庆功九场戏来概括冼夫人的一生,突出她"向往国家统一、民生安定的崇高理想,透过一家三代,描绘了冼夫人伸张正义、抚爱百姓以及其治军的公正严明、对敌的勇敢智慧"⑤。

四、结语

秦似自幼喜欢地方戏,长期接触邕剧、粤剧、湘剧和京剧等多个地方剧种,曾追随田汉、欧阳予倩从事进步戏剧活动,1944 年在桂林文化城举办的西南剧

① 卓人月:《新西厢序》,载《中国古代戏曲序跋集》,北京:中国戏剧出版社,1990 年,第 298 页。

② 王实甫:《金圣叹批本西厢记》,金圣叹批改,张国光校注,上海:上海古籍出版社,1986 年,第 257 页。

③ 王实甫:《金圣叹批本西厢记》,金圣叹批改,张国光校注,上海:上海古籍出版社,1986 年,第 257 页。

④ 董每戡:《桂剧〈秋江〉观后》,《董每戡文集》(下卷),广州:广东教育出版社,1999 年,第 645 页。

⑤ 龚啸岚:《读秦似同志新作〈冼夫人〉》,载《秦似文集·戏剧》,南宁:广西教育出版社,1996 年,第 178 页。

展期间,他作为做评论工作的十人评议团①的成员之一,执笔写了参展的新编平剧剧评《太平天国》。新中国成立后他主持广西戏曲改革工作又主要把精力放在领导戏剧工作和编创桂剧上。秦似在中国古典文学上有精深的研究,同时谙熟戏剧艺术,他编创的桂剧体现出浓厚的文学色彩、鲜明的剧种和地域特色、简练的戏剧结构形式等艺术特色,他编创桂剧的成功主要得益于以下几个方面:第一,从实际效果出发编剧。秦似认为发掘、整理传统剧目要有全面的观点,“不能撇开表演,光看到剧本就去大改一通……不是为了改而改,改多改少,应从实际效果上考虑”②。第二,熟悉桂剧的风格,密切依靠艺人。秦似对桂剧艺术比较熟悉,但他编创剧本时不闭门造车,而是和对某出戏有心得的艺人共同研究,他将剧本的初稿念给演员和导演听,然后逐场逐段讨论。他还了解剧团里各个演员的性格,编剧时已经考虑到角色分派,让演员的性格和戏路相适应。第三,借鉴其他兄弟剧种的优点。欧阳予倩在桂剧改革中非常重视对兄弟剧种长处的借鉴,秦似也很重视这一点,他改编桂剧《秋江》时,艄公形象的塑造和《秋江》一场借鉴了川剧《秋江》,使得这一场无论是歌舞,还是在身段、意趣、动作上都是优美的,而在《偷诗》一场中则学习了常德汉戏《思凡》,将陈妙常内心应有的矛盾做了细致刻画。但是秦似对川剧和汉戏的借鉴并非只是形式的临摹,而是融会贯通,形成自己的独创性。第四,注重剧本的思想价值。戏剧艺术不是孤立地获得的,只有思想价值高,艺术才会取得相应的成就。秦似在编创桂剧时注重剧本的思想性,如《冼夫人》是僚汉和睦、民族团结的主题,《西厢记》是追求爱情的主题,《秋江》则是反封建反禁欲主义的主题。对于一些影响剧本思想性的地方则加以修正,如桂剧传统戏《演火棍》中孟良拿不起棍,是由于某些神怪作弄所致,秦似改编桂剧《演火棍》时则去掉这种带有迷信的成分,改为杨摆风同孟良开玩笑致使他拿不起棍。

可以说,秦似是继唐景崧、马君武、欧阳予倩之后对桂剧艺术做出较大贡献的戏剧家。

---

① 西南剧展戏剧评论十人评议团为:田汉、孟超、秦牧、韩北屏、华嘉、周钢鸣、陈迩冬、骆宾基、洪道、秦似。

② 秦似:《人和戏》(下),载《秦似文集·杂文散文》,南宁:广西教育出版社,1992年,第59页。

广西民俗与文化研究

漓湘文化圈与桂林民俗的文化特质*

杨树喆*

［内容提要］　桂林民俗作为“桂林人”或“桂林人的代表者”这一群体的生活文化中，体现着一定模式化或类型性的文化事象，在其漫长的传承与变异历程中，形成了因渊薮于西瓯（越）文化而古朴浑厚、因涵化于中原（汉）文化而开放兼容、因孕育于独特的岩溶山水之间而显得自然亲切的文化特质。

［关键词］　漓湘文化　桂林民俗　古朴浑厚　开放兼容　自然亲切

“漓湘文化，是指以漓江、湘江为主流，以湘桂走廊为大致范围，经过历史长河的交替、交流和交融形成的一种具有中原文化特征，融山地文化和水域文化、汉文化与少数民族文化、自然生态文化与历史人文文化、本土文化与外来文化于一体的文化形态。”“以自然地理的视角，桂北与湘南正好处于南岭的南北两侧。……灵渠的沟通，使岭南与岭北不再是鸡犬之声相闻、老死不相往来的各自独立区域，两千多年的经济往来和文化交流，使漓江和湘江流域连成一体，形成漓湘文化圈。”①本文拟漓湘文化圈为视点，探讨桂林民俗的文化特质。

一、古朴浑厚：渊薮于西瓯（越）文化的桂林民俗

何谓桂林民俗？“民俗是群体内模式化的生活文化。生活文化林林总总，既有昙花一现的东西，又有相对稳定的内容，其中只有那些体现着一定模式的事象才是民俗。”“民俗的根本属性是模式化、类型性，并由此派生出一系列其他属性。”诸如集体性、传承性、广泛性、稳定性、变异性、行业性、地区性、阶级性、时代性，等等。②据此可知，桂林民俗就是“桂林人”或“桂林人的代表者”这一群

---

*　本文为广西高校首批高水平创新团队及卓越学者计划项目“桂学与文化软实力”（桂教人〔2014〕7号）的阶段性成果。

*　杨树喆（1963～　），男，壮族，广西扶绥县东门镇人，民俗学（中国民间文学）博士，广西师范大学文学院/新闻与传播学院教授、博士生导师，学术研究方向：区域民俗学、民族民间信仰、多民族文学与文化、桂学研究。

①　潘琦：《漓湘文化的生长力量——桂北、湘南考察之旅纪行》，http://www.gxnews.com.cn/staticpages/20140603/newgx538cfcdc-10424471.shtml。

②　高丙中：《中国民俗概论》，北京：北京大学出版社，2009年，第7页。

体的生活文化中体现着一定模式化或类型性的文化事象。需要指出的是，这里的桂林应该包括市区所辖的秀峰、叠彩、七星、象山和雁山五个区，及临桂、阳朔、灵川、全州、兴安、灌阳、资源、龙胜、永福、荔浦、平乐、恭城十二个县，居民有汉、壮、回、苗、瑶、侗等多个民族。

地处岭南的桂林，最初的文化渊源是西瓯文化。先秦时期，我国东南部和南部，直到今越南的北部，是"百越（粤）"族群的聚居区。百越族群不仅分布广泛，而且支系众多，"百越"是这些族群的泛称。到了战国、秦汉时期，这些族群按其习俗、方言等不同，可分为吴越（包括东瓯、闽越）、南越、西瓯和骆越四大支系，①其中西瓯族群主要活动在包括今桂林市在内的广西东部地区及湖南东南部地区。以后虽然历代都有中原汉族移民南来，但直至南朝时期，整个岭南还是"民户不多，而俚、僚猥杂，皆楼居山险，不肯宾服"②，桂林地区也不例外。从东汉至隋唐朝时期，桂林地区的俚、僚等族群，其中一部分逐渐融合到汉族中去，另一部分则逐渐演变成现代壮侗语族的壮、侗、布依、毛南、仫佬、水、傣、黎族等民族。可见，桂林民俗与西瓯（越）文化不仅渊源很深，而且年代相当久远。漫长的岁月，使桂林民俗以西瓯（越）文化为渊薮，形成了质朴浑厚的文化特质。

例如，桂林民间育儿习俗中有"长尾巴""出花园门"的说法。"长尾巴"是对从周岁起过生日的叫法，大概是尾巴长、命长，所以在小孩过生日时，大人们总戏说"看看尾巴长出来没有"。"长尾巴"时，外婆送来一只"大糕"，取"大、高"之意，凡逢3、6、9、12、16岁为"大尾巴"，尤其以16岁为最大。因为孩子长到16岁时，可以"出花园门"了，意即已将孩子养育成人了，此时家人都要向孩子表示祝贺，并送给孩子衣服、鞋袜等礼物。③前述桂林历史上属西瓯（越）之地，西瓯（越）族群之现代后裔之一——壮族信奉的生育女神是花婆咪六甲。壮族神话叙讲，咪六甲是从花朵中生出来的，她的居处后面是一座花园，每个来到世上的人都是她的后花园里的花儿转世的。壮族民间婚后还没有生育的妇女，在农历二月二十九花婆生日的那一天，都到野外求"花儿"，途中遇上小沟或小溪时要做架桥仪式，把花儿从桥上接过来。生了小孩之后，还要到野外去请"花儿"——摘一把野花放到产妇的床头，同时安设一个花婆神位。此后，每逢初一、十五都要祭拜神位，以保佑小孩健康成长。事实上，直至明代现今桂林市区周边还有不少壮族村落，明初诗人解缙在《桂林大圩》中写道："大圩江上芦田

---

① 蒙文通：《越史从考》之《百越民族考》，北京：人民出版社，1983年。

② 《南齐书》卷十四，《州郡志》。

③ 李肇龙、苏韶芬：《桂林民俗》，北京：中央文献出版社，2006年，第97页。文中所引桂林民俗事象除特别注明外出自此书。

寺，百尺清潭万竹围。柳店积薪晨爨后，壮人荷叶裹盐归。”①诗中的“大圩”即今灵川县大圩镇，地处桂林市东南 13 千米处，距灵川县城 30 千米，是广西四大古镇之一。因此，“出花园门”实际上是花婆崇拜这一西瓯(越)古俗的遗存，衍变成为对孩子的一种关爱之情。

又如，地处阳朔县西部的白沙镇，北接桂林市，南通平乐县，从近代后期始就为商业贸易繁华的圩镇。1949 年以前，每逢农历六月二十三，这里都举办“六月二十三”会期，又称“试新节”，期间进行一系列的民俗活动，以祈求人丁兴旺，生意兴隆、益寿延年、如意结缘之福，并以促进本地商业贸易的发展为主要目的。会期活动大致分为三个阶段：一是前期筹备、文娱表演阶段。一般在五月底六月初进行，由民间组织负责人(称首事、执事)筹备各项事宜及邀请戏班子演出，为六月二十三营造气氛。二是游行阶段。六月二十三这天上午，先是到“关圣帝君”塑像前祭祀，然后由一些执事往镇各家各户送一张印有“武圣宫”“丁财旺”的红纸帖，紧接着首事们以首领身份走在游行队伍前面开始游行，首事身后是舞龙、独角兽，青少年化装成的刘备、孔明、张飞乘马而来，有一匹马身上虽披着红毡子，却无人骑在上面(据说上面坐着关羽，一般人看不见)。接下来是由男女儿童化装成仙童坐在纸扎亭里的“故事亭”，最后是四台“炮”(四份奖品)。三是“抢炮”阶段。“炮”其实是四个等次的奖励，或实物或奖金或二者兼有，价值几百至几千元不等，由上年会期获奖的四位户主捐助。之所以称之为“炮”，是因为决定奖励名次时，用一种小铁炮将一个直径约一寸的红铁环冲到天上，供各户主雇请的抢炮队去抢。这些抢炮队一般有十队左右，每队有十来位赤膊壮汉。只听得炮声一响，唢呐、锣鼓齐鸣，四周人山人海，呐喊声一时雷动。在未到首事台报到以前，不论哪队拿到红铁环，别的队都可以抢，充满着力量和智慧的较量，令人赞叹不已。其中，“抢炮”环节与今已演变为全国少数民族传统体育运动项目之一的现代壮、侗族“抢花炮”习俗有相同之处。《岭表纪蛮》记载：“醮会未日，于会场中放烟火，另以彩环置于烟火内之花炮上。烟火毕，炮声陡响，弹环于空中。须臾落地，群争拾之。得则亲友交贺，谓其人运遇必昌，故神默以环赐。于是会中以鼓吹、彩缎、镜座等物，送至其家。宴饮欢庆，谓之还炮愿。”②另据《壮族歌圩资料》载述：“每逢歌圩时，还有一种抢花炮活动，谁家抢得花炮便认为谁家可生好孩子。因此，没有生孩子的家庭，总要雇请一些大力士抢花炮。”民间传说谁抢得花炮，就会获天神赐福，五谷丰登，人畜兴旺。因此，每逢花炮会期，各村寨都挑选身强力壮、精明灵活的小伙子去参加争

① [清]汪森编，桂苑书林编辑委员会校注：《粤西诗载校注》，南宁：广西人民出版社，1998 年。

② 刘锡蕃：《岭表纪蛮》，上海：商务印书馆，1934 年。

夺,并以获得烧猪、镜屏等奖品为荣耀。来年会期,又由该村寨筹办如是的“还愿炮”。可见“抢花炮”习俗实为由来已久的一种求子祈福习俗,而进入20世纪初外埠商人给这一习俗注入了新的活力,使之成为促进白沙镇商业贸易的一个契机。

此外,桂林临桂县一带的村民过去在立春时节,要带上香、鞭炮和祭品到田头祭拜以祈求田公公赐予丰收。这种具有稻作文化特点的生产习俗表现为一种原始的自然崇拜,与现代壮族地区的迎春习俗大同小异。桂林属多雷区,与壮族先民敬奉雷神一样,桂林至今仍有崇拜雷神的原始崇拜遗俗。如人们称将每年正月初一后的响雷为“新雷”,新雷一响,便放鞭炮以迎接,与此同时,又是拍床板以赶虫豸,拍自个身体以驱病魔,拍口袋、米缸以期雷神带来钱财和安康。在人们的心目中,雷神能施云布雨,又能诛逆除奸,分辨善恶,多劈不义之徒。桂林傩舞《雷神》中有“贺神歌”唱道:“(雷王)布雨行云助太平,滋培万物育群生”,“诛恶安民是神明”。跳傩舞时鬼师所戴的雷王面具也淋漓尽致地外化出其威风凛凛的形象。灵川一带的跳神中的“贺歌”也这样唱述雷王:“天边打鼓四边和,惊动凡间世上人,神是中天雷祖帝,三十六部众雷神,春季雷鸣作大雨,夏季雷鸣大天晴,有风有雨民安乐,无风无雨便愁人。”人们通过傩仪活动把自己对雷神的信仰寄托在跳神的一招一式当中,以期年成风调雨顺,五谷丰登。这一文化心理与壮族先民的敬奉雷神应该是一脉相承的。

当然,渊薮于西瓯(越)文化的桂林民俗远不止以上所述,但立足于漓湘文化圈的视野,这些历史遗留下来的民俗事象已足以展现出桂林民俗的质朴和古老。

二、开放兼容:涵化于中原文化的桂林民俗

美国著名人类学家M·J.赫斯科维茨、R·雷德菲尔德、R·林顿在合著的《涵化研究备忘录》中对“涵化”下了这样的定义:涵化指的是“由个体所组成的而具有不同文化的民族间发生持续的直接接触,从而导致一方或双方原有文化形式发生变迁的现象”。也就是说,文化涵化作为文化变迁的一种主要形式,是指异质的文化接触引起原有文化模式的变化。当处于支配从属地位关系的不同群体,由于长期直接接触而使各自文化发生规模变迁,便是文化涵化。由于桂林处于重要的地理位置,较早就得到了开发,成为重要的交通枢纽。公元前221年,秦始皇在中原地区完成了对六国的统一后,进而发兵五十万进攻岭南。为了解决粮草运输问题,开凿了兴安灵渠,打通湘江与漓江的水路交通,沟通了长江水系与珠江水系。灵渠的开凿,又为南北的交流、为中原地区与百越地区

的交流提供了便利条件。公元前214年,秦始皇在岭南设置桂林、象郡、南海三郡并"以谪徙民,与越杂处"①。因此,当时地处桂林郡北部的今桂林也迁入了不少中原移民,带来了中原文化,并在以后的生产生活中与当地的西瓯(越)文化相融合。三国时期,今桂林隶属吴国荆州,楚风渐入,楚地尚巫风俗又与当地习俗相濡染,使桂林民俗进一步发生涵化。至唐代,今桂林是岭南西道桂管经略使及所辖桂州的治所,逐渐成为岭南的政治、经济和文化中心,"中原文化已经成为桂林文化的中轴,居于主导地位"②,从而也成就了当今桂林兼容性较强、交往需求旺盛的多元社会。

楚巫文化对桂林民俗的影响之深可从具体的民俗事象中去探寻。明朝诗人曹学佺的《桂林风谣》中有"风俗传鸡卜,春秋祀马人"的诗句,光绪三十一年重刊的《临桂县志》中也说当地人"笃信阴阳,尚巫术"。巫术信仰至今仍寄寓于桂林人的民俗生活当中,如民间自古就有在二月二"龙抬头"这一天要举行龙舟下水仪式,为"十年一大扒、五年一小扒"的端午节赛龙舟做准备,此时要以公鸡作为祭祀,借鸡谐音"吉"来保佑人人安康。又如民间孕妇临盆时,家人要吟诵这样一首童谣"肚子痛,毛毛拱,快点烧水杀鸡公",以祈愿公鸡保佑母子平安。

这种巫文化色彩在桂林人的祖先崇拜、神祇崇拜中表现得更为充分。旧时桂林乡间,"还大愿"活动是三年一度的祈福祓邪、祈子求吉、驱魔逐疫、酬神还愿的祭祀活动,也是民间的一个娱乐盛会。"还大愿"是指祈福于神许愿,事后实践诺言。许愿一般在农历二月,还愿则在秋收后的八月或十月,还的愿有"太平愿""丰收愿""人丁大愿""花愿"等。桂北地区农历十月二十日至二十三日,各村都有举办三年一度的"还大愿"跳神活动。虽为三年一度,但各村轮流举行,所以每年十月均能见到跳神活动。跳神活动的费用来自村子公田打下的谷子,谷子也就是跳神者的报酬。跳神由有威望的鬼师(鬼师佬或师公)执掌,鬼师也是还大愿活动的会首,节目的顺序也由鬼师指定,跳神则是还大愿活动的主要内容。跳神的内容取材广泛,节目繁多,融历史传说、神话故事、生产生活于一炉,尚存的节目有《开山》《先锋》《令公》《盘古王》《庙王》《土地》《山魈》《哪吒放风筝》《判官勾愿》《火烧灵官》《雷公舞》《鲁班架桥》《游江》《接潮水》《抱太子》《孟姜女》《纺织娘》《耕种郎》等。鬼师在跳神前两天要摘柚子叶和竹叶烧水沐浴。到案桌敬香的人要在柚子叶水中洗手解秽,前来看跳神时还要打蜡坛。跳神者一般是普通农民,由祖辈相传兼具巫人之职,也有少数师徒承袭

① [汉]司马迁:《史记·南越列传》。
② 钟文典主编:《桂林通史》,桂林:广西师范大学出版社,2008年,第8页。

的。跳神活动持续三天三夜，节目主要是一个人表演，也有个别两人或四人表演的节目，要将所谓三十六神、七十二相一一跳遍，才能了却心愿。民俗是社会群体之本能、本色的生活的外化，通过“跳神还大愿”活动这种外化，我们得以找寻出桂林民俗与楚文化及其他文化的涵化关系，进而领略其文化意蕴。

通过这种本能、本色生活的外化，我们看到了桂林民俗与中原文化之间的相互交融。桂林郊区大河乡星华村委上窑村每年八月十五日都举行庆中秋活动，这一活动主要是祭祀武则天和庆祝丰收。武则天是山西人氏，而这个村庄的祖先大多从山西迁来。祭祀开始时，人们从祖屋请出武则天的坐像游村，每到一户，都唱《唐朝国母帝娘》歌，歌颂武则天治理天下的功绩，歌唱罢，户主往坐像香案供香，待每户拜过坐像后，便把坐像放回祖屋，然后开始跳神、请神、祭神、送神等一系列活动，整个活动保持了山西迎神赛社的风格，把祭祀、娱神、娱人有机地结合在一起。清乾隆十二年程可则纂修的《桂林府志》载：“病，祈鬼神，丧用歌乐。（士夫知矫陋习，但乡间犹有存者。）临桂、灵川、兴安、阳朔多祀令公鬼。中秋大会，罄资不惜。又祀武婆，谓武则天也。”①这一酬神娱人的民俗活动在桂林市郊的产生和发展，也从一个侧面揭示出了“桂林傩”在宋代时之所以闻名京师，是因为古代岭南西瓯文化与中原文化两种异质文化持续直接接触而导致处于从属地位的西瓯文化产生规模变迁的结果。

同样，在《桂林山水的由来》和《老人山的来历》都有“赶山鞭”的细节，从中我们也能找到中原文化在桂林流传衍变的轨迹。以“赶山鞭”为母题的传说在全国各地流布极广，如河北南部的《秦始皇的传说》、山东招远县的《龙女盗神鞭传说》等，都有秦始皇赶山鞭的情节单元（即母题）。比较桂林和中原地区两地的同类传说，不难发现两点：其一，在中原地区的这类传说中，为民众解脱苦难的大多是神仙形象，如龙王的三公主等，而桂林的同类传说中除了神仙形象之外，在有些异文中如《老人山的来历》还出现了观音菩萨的形象，这或许是传说在桂林地区流传时间稍晚而加以附会的缘故。其二，就其主题而言，揭露秦始皇的暴戾，同情民众的苦难，是南北两地此类传说中的共同点，但流传于桂林的传说在环境描写等方面则根据地方特点加以改造，从而大大增强了作品的思想深度和可信性。如：

> 由于秦始皇赶山填海，就出现了桂林这片土地。不过那时候呀，到处都是烂泥和脏水，既没有河流，也没有像今天那么秀美的山峰。而老百姓受不了秦始皇的压迫，就纷纷逃难到这里来组织义军反抗，这里便渐渐有

---

① 程可则：《桂林府志》卷三《风俗》，广西艺术研究所编《广西傩艺术论文集》，北京：文化艺术出版社，1990年，第274页。

了居民居住。

这些人的勤劳和善良感动了龙王的三公主。三公主决定把这里建设成一个美丽的花园。她精心设计，用赶山鞭把大大小小的石山摆弄成长蛇、梅花……高高低低、大大小小互相衬托，像海里的浪花那样参差起伏。

摆布好了石山就要把石山的模样弄得好看些。于是公主又带领人们日日夜夜凿磨山头，终于把这些山弄得秀丽奇特起来。三公主还带领人们在石壁上雕刻花纹，画上了许多图案。她还带着人们在山上开凿了许多雅致的洞府，又从天上、海里弄来许多稀奇的东西来装饰这些洞府。

有了奇山，当然还要配上秀水。三公主问龙王要了甘露把大地清洗干净，又借来犀牛角，从天上引来了一股仙泉。

后来三公主由于操劳过度而死去了。她死后，在埋葬她的地方长出了许多桂花树，于是这个地方便叫做桂林。

三公主的眼睛化作一汪流水，流到那股仙泉里，为了纪念三公主，就叫那汪流水为相思江，那股仙泉为漓江。①

由此可见，桂林民俗既不是封闭性的，也不是一成不变的，其扎根本土、善于兼容并蓄的风范表现出自己的特质。这种特质又较好地促进了当地经济发展。现在作为旅游名城的桂林，民俗文化已成为丰富桂林旅游文化的人文资源。

三、自然亲切：孕育于山水文化的桂林民俗

十里不同风，百里不同俗。桂林山水在孕育桂林人的同时，也孕育了桂林民俗。桂林民俗以其鲜明的山水文化特色，谱写了一个令人感到自然和亲切的"桂林山水文化圈"。

桂林民俗中最能体现其山水文化特色的当首推民间口头创作。民间口头创作是以口头形式传承和保存的民俗事象，一般分为三大类：一是散文的口头叙事文学，包括神话、传说和各种民间故事；二是韵文的民间歌谣、抒情的或叙事的民间长诗、谚语和谜语；三是综合叙事、抒情、歌舞，具有较多表演成分的民间说唱和民间戏曲。②源远流长的桂林民间口头创作中不乏吟咏桂林山水的作品，如《桂林八景谣》咏述道："奇峰美景月牙山，回头相望七星岩。眼观花桥人来往，河水滔滔如戏滩。木龙腾云空飞过，渔翁直钓伏波潭。独秀紫金王城坐，

---

① http://majsma.blog.163.com/blog/static/95543582007517035330/。

② 钟敬文主编：《民俗学概论》，上海：上海文艺出版社，1987年，第241页。

老君洞内炉炼丹。”在大量的桂林民间口头创作中,桂林山水传说是最为人所称道的。早在一千多年前的唐代,莫休符在他的笔记著作《桂林风土记》中就记载有《欧阳都护冢》《延龄寺圣像》等山水风物传说。今人李肇隆、郭金良、秦焕艺三人不辞辛劳,深入漓江两岸的村寨和渔船,步行数百里,访问了近百位老农民、老渔民和老船工。被访老者,长者年近九十高寿,最少者也年届花甲,他们讲述了200多个作品。采访者遵照“全面搜集,慎重整理”的原则,将其中比较有特色的口头作品整理出来,汇成了《桂林山水的传说》一书并公开出版。①所收篇目如下:《桂林城的来历》《七星山》《七星岩》《龙隐岩》《木龙洞》《风洞山》《蜘蛛石》《还珠洞》《象山水月》《南门古榕》《老人山的来历》《渡口乌龟》《千人锅》《将军一箭定输赢》《白鹤洞》《花桥的来历》《龙隐洞中不隐龙》《骝马山和猴山》《芙蓉石和灵剑石》《老君戳洞涌清泉》《西山飞凤》《漓江九十九道湾》《鲤鱼挂壁》《鸡笼山》《寿星公公》《相思滩》《九牛看三洲》《斗米滩和望夫石》《冠岩》《绣山宝塔》《桃源村》《石龙拦江》《鸳鸯滩》《挂靛山》《出米岩》《老人收苹果》《并蒂蓬花》《荷包山》《九马画山》《蚂拐跳潭》《僧尼相会》《太白醉酒不朝皇》《与太白酒醉遗卓笔》《姜女梳妆》《莲花池》《古窖岩》《十八门楼水推上》《东岭朝霞》《鉴山》《八景窗》《钟灵山八洞》《碧莲洞》《天池》《竹莌山》《仙桃石》《故鹤亭》《螃蟹山》《龙懂仙泉》《神山》《平头山上姐成仙》《望江石》《书童山(一)》《书童山(二)》《玉屏白燕》《秀才着榜》《仙姑山》《金叙射虎》《砧板山》《刘女仙石》《金钩钓蛤蟆》《月亮山》《都乐山大十八面》《红颈山》《犀牛潭》《租公塘和蚂拐岩》《遇龙桥》《香花坳》《龙母岩》《仙人掌》《火烧胡麻子》共80篇。这些作品充分发挥联想和想象,运用民间现实主义与民间浪漫主义相结合的口头文学创作方法,以朴素的语言述说了象鼻山、穿山、九马画山、七星岩、莲花池、斗米滩和望夫石、犀牛潭等的来历,可谓“一山一景一传说,一洞一井皆故事”,编织出一篇篇绝妙好辞,表达了人民的喜与怒,爱与憎,悲与愤,欢乐与憧憬,使桂林山水“活”了起来,添了“灵气”,赋予了自然景观以人文价值,洋溢着人情味。如《七星岩》叙述:府台老爷为测试儿子的才学举行考试,见儿子名排七人之后,就查收前七人的书籍和文房四宝,谋害他们,让其拉车求生。神仙化作老人赠书和令崖壁的七星放光,照着七个书生读书成才,进京考试高中,而府台之子却名落孙山。府台气愤地凿岩取星灯而殒身。民众借此传说扬善惩恶,很有社会意义。《风洞山》叙述:孟风和尚每天烧茶挑往叠彩山半山腰凉亭供人解渴。一天,被老人撞倒弄得桶破衣烂。老人要赔偿他,问他要钱还是要衣服和木桶。孟风和尚说钱物都不要,只要凉快。当夜孟风和尚梦见老人来送衣

① 李肇隆、郭金良、秦焕艺搜集整理:《桂林山水的传说》,桂林:漓江出版社,2007年。

物,辞谢不收。老人发怒将衣物往石壁砸去。孟风和尚惊醒,见石壁出现一个洞,南北贯穿,凉风习习,孟风和尚在洞口乘凉化为石罗汉登仙而去。《将军一箭定输赢》中,伏波将军一箭射穿三山的传说,生动的情节将中华民族英勇无畏、气壮山河的气概跃然"景"上。总之,这些传说无论从哪个角度入手,都把桂林山水的奇山异洞的由来或形貌神化得惟妙惟肖,既描述得浪漫神奇,又具现实质感,把情和景、事和物契舍得入理切情,天衣无缝,给人们真实、生动的感觉。

在"山水甲天下"盛名之下生活的桂林人,在漫长的岁月中所形成的传统节日习俗早已和桂林山水融合在了一起。唐朝诗人宋之问在《桂州三月三》(一作《桂阳三日述怀》)诗中这样写道:"始安繁华旧风俗,帐饮倾城沸江曲。"史载汉武帝平定岭南后,在秦时桂林郡北部地方(即今桂林市区、临桂、兴安、灵川、阳朔、龙胜、永福)设置始安县,归荆州零陵郡管辖;东汉时改始安县为始安侯国(相当于县一级的行政单位)。三国时期吴国设置始安郡,郡治在今桂林市。两晋时期,始安郡隶属广州,南朝宋时改为始安县,南朝齐时复名始安郡;南朝梁时分广州置桂州,辖始安郡,州治在今桂林。隋朝时罢州而设始安郡,郡治在始安(今桂林市)。唐开元年间在今两广地区设置岭南东、西两道,今广西属岭南西道,其下设桂州、容州、邕州三管,桂州的治所在今桂林市。可见,诗中给我们留下的是唐时桂林人在三月三踏青春游之时到漓江岸边"帐饮"(即在郊野张设帷帐宴饮)的习俗和场面。在宋代,"白沙渔火"就被列为阳朔八景之一。漓江流至阳朔的碧莲峰后因受山峰阻挡形成了一道河湾,称之为白沙湾。附近的居民基本是渔家,昔时每当夜幕降临,漓江边的渔民们乘上竹筏,点上火把,带上几只鸬鹚,成群结伙地在江上捕鱼。他们利用鱼在夜间趋光的习性,划竹排于江中,引鱼汇聚,然后放下丝网将其团团围住,继而放下鸬鹚,渔夫在排上蹬排呼喊,并以浆击水,鸬鹚在水中箭一般地穿梭,叼上鱼儿就露出水面引颈而吞(颈子被绳索套住,鱼儿吞不下),这时,渔夫伸竹篙把鸬鹚挑上竹排,把鱼挤吐进鱼篓。这种围渔方法一般是群体出现,少则八九张竹排,数十只鸬鹚,多则几十张竹排,成百只鸬鹚。竹排在江上游弋,江面灯火辉煌,水下波光形成游龙晃柱,夜空回荡着人声、拍水声,与四周的青山岩壁构成一幅有声有色的立体图画,别有一番诗情画意。资源县农历七月半河灯歌节(农历七月十二至十四),历史悠久,是当地民间一年一度富有特色的传统节日。歌节起源于五排地区的烟竹村。资源县的车田、两水、河口三乡所在地俗称五排地区,是浔水发源地,历来为苗、瑶、汉等多民族杂居地。相传,在宋代,五排地区最大的苗族家族杨氏祖先就为躲避兵乱迁居两水乡的烟竹村,垦荒开地,落户安居,子孙渐渐兴旺,同时山歌也在这里流传。五排山区交通不便,生活贫困,人们往来交通不便。烟竹苗族群众便在七月半祭祖期间,男女老少欢聚一堂对唱山歌,一来祭祀祖先,二来感叹生活的艰辛和憧憬未来,年轻人则趁机以歌传情,借歌示爱。此外,现如今的桂林人还养成了清明时节到尧山踏青、七月半水边祭祖、八月十五中秋节登山赏月或夜游漓江赏月等习惯。透过这些民俗事象,我们不难发现桂林人的许多民俗活动都是与山水联系在一起的,因而这些民俗活动的文化意味也就变得和桂林山水一样令人感到自然亲切。

广西清代碑刻中的古戏台

——“广西碑刻与戏曲研究”之四

阙 真*

［内容提要］ 无论古今，戏台都是戏曲演出的重要场所，通过对广西清代石刻中记载的戏台资料的探讨，我们可以获得对我国古典戏曲更丰富、具体的了解。一是古戏台形制崇尚富丽堂皇；二是古戏台具有辟邪佑民的功能；三是古戏台的宗教色彩明显突出。

［关键词］ 石刻 古戏台 清代

石刻作为一种重要的文献形式，具有极其珍贵的史料价值，在戏曲研究中也得到了人们的重视。有学者对存在戏剧内容的石碑铭文做过梳理，发现内容大致可以分为记修建戏台、戏楼之过程；述梨园、会馆的成立始末及戏神崇拜或演剧活动；官方告示或乡规民约、演戏禁忌、罚戏等几类。在这些碑刻中，很多戏曲现象得以还原，戏曲研究得以深入。无论古今，戏台都是戏曲演出的重要场所，通过对广西清代石刻中记载的戏台资料的探讨，我们可以获得对我国古典戏曲的进一步认识。

一

广西北流将军庙戏台位于北流县城将军庙前。《中国戏曲志・广西卷》载，将军庙戏台始建年代不详，由于“岁久榱题剥落，无以整饬”，清同治元年（1862）众信士筹款重建。同治三年（1864）竣工。[①]这个戏台演戏活动十分活跃，据杨恩寿《坦园日记・北流日记》中记，同治五年五月初三日，“……闻土人缚彩为龙船，正在河干演习；兼之自前月廿间始，将军庙无日无戏……”[②]这里反映的只是传统端午节期间的演戏活动概况，没有更多具体的交代，但是，“将军庙无日无戏”，寥寥数语，当时演出之盛况可想而知。这是怎样的一个戏台呢？现存清同

---

* 阙真（1955~ ），女，广西师范大学文学院教授、硕士生导师。主要从事中国古代戏曲的研究。

① 中国戏曲志编辑委员会：《中国戏曲志・广西卷》，中国 ISBN 中心出版，2000 年，第 483~484 页。

② 杨恩寿：《坦园日记》，上海：上海古籍出版社，1983 年，第 168 页。

治七年(1868)勒刻《重建戏台收支碑记》石碑①,记录了这一戏台重建的情况,其碑文如下:

尝考汉新息侯伏波将军。功德巍巍,载在史策者。固足以抗云台而越千古矣。其流风余泽,沦浃人心者,于岭表尤著。故三江五岭间,庙貌俎豆为独盛焉。北邑崇祀祠宇,由来已久。盖创自前人,几经修理,规模颇称雄壮。庙前旧有戏台,以为岁时歌舞之所。体制亦无不备具,但岁久榱题剥落,无以整饬。岁在壬戌善信首事者等谋于众,欲更新之。于是,鸠工庀材,踊跃庀事。经始于甲子年七月,越十二月而工竣。于庙宇则黝垩之、粉饰之,戏台则从新更置之。费金八百有余,遂已无役,前人顿改旧观矣。窃尝谓,吾人生际盛时,得享升平之福何?莫非神明默佑所致。则思所以崇极功德者,其敢不竭力乎?今幸斯役告成,瞻貌之辉煌,睹歌台之巨丽,不特春秋享祀,对几筵而生敬。而四时歌舞,听和平之曲,亦藉以昭格神明而欲扬功德。则所以和神人而襄景福者,不在斯乎?是皆可书记者也。受列叙董事之勤劳,捐金之踊跃,诸绅信芳名,俾勒于石垂不朽焉,是为记。

庚子科副榜李观德薰沐敬撰

玉林榜山杨大典书丹镌字(下略)

这块碑文中关于戏台有两个方面内容值得注意。一方面说明为什么要重建戏台。其中"庙前旧有戏台,以为岁时歌舞之所",可见这一戏台,于岁时年节的意义,在此观戏已经成为人们生活中的一个重要内容。正因为如此,戏台历经风雨、榱题剥落才能引起人们的重视,于是"岁在壬戌善信首事者等谋于众,欲更新之"。另一方面介绍修建戏台的状况。从碑文来看,原有戏台已经是"体制亦无不备具",从实用的角度看,戏台似乎没有存在什么不足。但是,碑文令我们看到在对待将军庙与戏台的修建措施却是不一样的。"于庙宇则黝垩之、粉饰之,戏台则从新更置之"。显而易见,对于庙宇只是做一般的修补、粉刷,以致更新,侧重于"修"。而"戏台则从新更置之",即不再是在原来基础上的修葺,而是重建,立足于"建"。既然要重建,就说明原有戏台已经不符合发展的需要了。尽管我们不知道戏台过去的面貌,但重建后的戏台"瞻貌之辉煌,睹歌台之巨丽",突出了其外观的辉煌、华丽。不言而喻,繁华富丽是重建戏台的崇尚与追求。广西平乐县一块立于清乾隆三十五年(1770)的《重修粤东会馆天后宫竝鼎建戏台碑记》②,对重修后的粤东会馆及其戏台,亦有"气象轩翔,规模宏

---

① 碑文引自中国戏曲志编辑委员会:《中国戏曲志·广西卷》,中国 ISBN 中心出版,2000 年,第 484 页。

② 《重修粤东会馆天后宫竝鼎建戏台碑记》,砌在平乐县粤东会馆墙上。

敞”的描述。清乾隆年间所建(1954 年被拆除)的隆安儒浩村大王庙戏台,“戏台以料石为台基,台面以上均为枕木结构,檐式四面瓦顶,瓦脊上塑有八仙,雕有龙凤等吉祥动物和花鸟虫鱼之类,巍峨壮观”。① 由此可见,崇尚富丽的趋向并不是个别现象。从一个目前保存完好的古戏台——广西恭城武庙戏台的现状也可证明这一点。恭城武庙戏台始建于明万历三十一年(1603),清康熙五十九年(1720)重修,咸丰四年(1854)毁于兵燹,同治元年(1862)再重建。戏台为全木结构,台基全以完整的料石垒砌而成,约高一点五米,台基正面料石上有《渭水访贤》《天官赐福》《三顾茅庐》三出戏文故事的石刻浮雕。屋面重檐起翠,屋脊山花四面分饰《薛平贵战士吉》《吕布戏貂蝉》《刘金定杀四门》《六郎斩子》等戏文故事的泥塑,顶盖黄绿色琉璃瓦,雄伟壮观。②

集造型美、彩绘美、图案美、雕刻美于一身的古戏台,凸显了戏曲这种独特艺术形式的特征。有论者在讨论中国戏曲艺术的美学问题时认为:“话剧艺术是心理的因素重于感觉的因素,而戏曲则是感觉的因素重于心理的因素。心理的因素取决于内容,感觉的因素取决于形式。”③戏台形制作为戏曲外在形式的一个部分,主要是对观众的视觉产生冲击。戏台的富丽堂皇可以与佳辰令节众多人们聚集在一起观戏的热闹喧腾的气氛相吻合,使观众节日观戏的愉快、兴奋的心情得到更好的呼应,戏台形制富丽堂皇,也就成了观众的心理需求。另外,庙宇戏台造立,通常与正殿相呼应。“无戏楼则庙貌不称,无戏楼则观瞻不雅”④,所以,许多戏台的修建是根据庙宇的需要进行的,如太行长子县色头镇王晃村的《重修成汤大帝庙碑记》记:“……又增建舞楼东西四间,共计九间,与正殿九间相配……鸟革木飞,榱桷辉煌于一旦,是不特一院之庙貌森然,且巍巍乎据村之胜,系擅一方之大观也。”⑤这也说明戏台崇尚富丽的趋向是没有什么南北地域之分的。

二

《礼记·祭统》载:“夫祭有三重焉:献之属莫重于裸,声莫重于升歌,舞莫重于武宿夜,此周道也。”⑥既然神庙是祭祀——向神鬼、祖先供奉祭品之处,那么,神庙中的戏台用于向神供奉歌舞戏曲,是一个非常重要的功能,这已经成为

---

① 中国戏曲志编辑委员会:《中国戏曲志·广西卷》,中国 ISBN 中心出版,2000 年,第 439 页。
② 中国戏曲志编辑委员会:《中国戏曲志·广西卷》,中国 ISBN 中心出版,2000 年,第 437 页。
③ 秋文:《中国戏曲艺术的美学问题》,本社编《戏剧美学论集》,上海:上海文艺出版社,第 37 页。
④ 冯俊杰:《戏剧与考古》,北京:文化艺术出版社,2002 年,第 314 页。
⑤ 冯俊杰:《戏剧与考古》,北京:文化艺术出版社,2002 年,第 314 页。
⑥ 孙希旦撰,沈啸寰、王星贤点校:《礼记集解》,北京:中华书局,1989 年,第 1241 页。

人们的共识。但是,这并不是古戏台的唯一功能。在广西清代碑刻中,我们还可以发现神庙戏台的另一作用——辟邪佑民。广西灵川大圩镇毛村有一《重修天后戏台碑记》①,其碑文如下:

尝闻,莫为之先,虽美弗彰,莫为之后,虽盛弗传。夫祖庙乃世古之灵祠,一方之保障。惟赖神恩浩荡,德耀无疆。然昔建立之庙貌规模狭隘。至乾隆戊子春,前人同拟鸠工,革故鼎新,庙貌巍峨宏开,圣恩昫慈,秋实与春华并茂,新恩比往惠而加隆。越六旬,至道光七年春,吊屈原盛会。财通人和,百废俱兴,乃重修祖庙,又整傍宫,观夫庙貌胜状,圣德威严。然则南控横水,北枕长江,西则源泉直下,东又五汉牵流,衔远山、吞长江、浩浩荡荡,若非吉星屏障,安能锁住云山。然吾等尚闻前人先年已兴美举,造立戏台,可以挡凶而护村坊,挽风水而壮丁男,则又为演戏奉神之要,卫乎列神之威灵,彼时也,签题尚未多金,曷敢即兴土木?久矣,心期来许矣。际此丁繁枝茂,物阜年丰,龙彨集风雨之英,凤曦聚云霞之彦。是以吾等方兴土木如今日者也,再復签题,倘能一掷千金共勷厥成,功垂不朽云尔。

首事黄秀如、荣义(后40名首事、所有捐钱姓名,以及收钱总数、支出数字略)

道光拾捌年戊戌岁孟秋月吉旦立

天后,即天妃圣母,沿海地区称之为妈祖。相传她自幼聪明异常,羽化成仙后经常在海上显圣,保护海上作业之人。同时,她还兼有送子娘娘的职责。所以我国一些地方无论沿海,还是江河码头,大都建有天后宫或圣母宫,以祈保佑。在天后宫中建立戏台,应该是一种敬神行为。据相关材料介绍,毛村黄姓先辈早在明清时期即为桂林漓江捕鱼的纳税户之一,后来逐渐发展成为在漓江、桂江乃至珠江上从事水运业。② 为了祈求平安与富足,尊天妃、敬圣母成为他们的必然选择。换言之,毛村黄姓之民尊天妃、敬圣母,目的就是要祈求平安与富足。碑文是这样表达他们的愿望的:“吾等尚闻前人先年已兴美举,造立戏台,可以挡凶而护村坊,挽风水而壮丁男,则又为演戏奉神之要,卫乎列神之威灵。”仔细读来,这段文字给我们提供了两个信息,一是修造戏台以辟邪佑民是他们祖祖辈辈的“美举”;二是毛村建造戏台,从前辈开始首先考虑的就是借此挡凶邪、挽风水、护村坊、佑百姓;其次才是“为演戏奉神之要,卫乎列神之威灵”。总之,“造立戏台,可以挡凶而护村坊,挽风水而壮丁男”是大兴土木,重修

① 该碑在大圩镇毛村圣母宫墙上,共两方,高均为1米,0.9米。戏台原建在圣母宫,后拆毁。碑文引自曾桥旺编著《灵川历代碑文集》,北京:中央文献出版社,2010年,第294~295页。

② 曾桥旺编著:《灵川历代碑文集》,北京:中央文献出版社,2010年,第295页。

天后戏台的主要原因,毛村黄姓民众更看重的是戏台的辟邪佑民的特殊功能。

至于百姓为什么认为戏台具有挡凶邪、挽风水、护村坊、佑百姓的作用,原因应该是多方面的。一个原因是造立戏台可能有一定的风水考量。如果说这还只是一种猜测的话,那么,戏台在神庙中的地位重要,可以认为是一个不可忽略的因素。神庙的出现,对中国文化产生了极大的影响,神庙不但用于祭祀神鬼或祖先,而且渐渐发展为集会、贸易、娱乐之处。随着戏曲地位的不断提高,被融于神庙建筑之中,成为神庙不可或缺的部分的戏台,是一种独特的戏曲演出场所。从某种意义上说,戏台也成为神庙文化的一部分。戏台毁坏后,必须修复或重建,"不为之修葺,不惟戏无以演,神无以奉,抑且为一村之羞"①。戏台的修建几乎得到了与庙宇同样的重视,因此在我国各地,一般庙宇的戏台都能与其正殿相媲美。当神庙与戏台被视为一体时,其功能作用也就走向一致了。

三

从上面两个部分所涉及的碑文来看,我国古戏台与宗教有着密切关系的特点,也得到进一步的证实与展示。

首先是很多古戏台建于庙宇之中,成为其建筑的一个组成部分。

有论者曾指出:"我国现存最早的舞台为元代所建,它们无一例外地都建在庙宇中。"②其实,我国"各处城乡庙宇,多有戏楼"③,已经为现存戏台遗构所证实,在广西也是一样。如前面所提到过的关于隆安儒浩村大王庙戏台的《众修庙宇两庶戏台碑记》(清道光十八年十二月十八日立)中载:"……去年秋,爰议再整,新增两庶各三间。竖壁神像,砌戏台饰回而增其美斯,见庙宇巍峨壮彩,焕乎巨观……"④北流将军庙的《重建戏台收支碑记》碑文:"尝考汉新息侯伏波将军,功德巍巍,载在史策者。……故三江五岭间,庙貌俎豆为独盛焉。北邑崇祀祠宇,由来已久。盖创自前人,几经修理,规模颇称雄壮。庙前旧有戏台,以为岁时歌舞之所。体制亦无不备具……"诸如此类的记载还有很多,在此不再一一列举。戏台与神庙建筑融为一体,实际是将演出歌舞戏曲活动置于神庙的庇护之下,这对戏曲的发展是有利的。

其次,造立戏台为的是酬神还愿、人神沟通。

---

① 冯俊杰:《戏剧与考古》,北京:文化艺术出版社,2002年,第314页。

② 郑传寅:《传统文化与古典戏曲》,武汉:湖北教育出版社,1990年,第206页。

③ 余治:《得一录·翼化堂条约》,傅谨主编、谷曙光副主编;陈恬、谷曙光本卷主编《京剧历史文献汇编》清代卷八《笔记及其他》,南京:凤凰出版社,2011年,第70页。

④ 中国戏曲志编辑委员会:《中国戏曲志·广西卷》,第439页,中国ISBN中心出版,2000年。

洪子泉的《演戏敬神说》中有这样一段话:“演戏敬神为世俗之通例,既曰戏,敬于何有?既曰神,戏岂欲闻?然则演戏敬神之说,其果有耶?无耶?而吾曰:有之。有之于神不厌人演戏之深心,有之于人不忘敬神之至意,此其说可得而言矣。今夫神之为灵昭昭也,神不能与人言,而有可代神立言者,莫如戏文。所演忠孝节义等事,盖能一朝一夕,移风易俗,劝得千万人回心向善,宜其神听和平。而又许愿而来者,无不各如其愿而去也。此神不厌人演戏之深心有明证也。”①这段话可以说是对庙宇戏台演戏现象的一种阐释。人们通常认为,庙宇戏台演戏无非是敬神、酬神。就祭祀活动中一项重要的仪式——献戏而言,它一般在一些人们所认为的大事、要事,如春祈、秋报、神诞、开光、迎神、谢雨之时举行。因此酬神还愿,戏剧随之。其实,这仅仅是参与祭祀的人的单方面的情感行为付出,只是从一个角度反映了古戏台与宗教的密切关系。《演戏敬神说》里则提出了演戏是人神互动、沟通的一个重要方式的观点。“神不能与人言,而有可代神立言者,莫如戏文”,因为庙宇戏台的戏文演出可以“移风易俗,劝得千万人回心向善,宜其神听和平。而又许愿而来者,无不各如其愿而去也”,如此,神当然不厌戏,人也欢喜如愿。庙宇戏台演戏达到了娱神娱人的效果。

为了实现神人相和,百姓敬神如尊君,不仅要隆崇殿宇,还要雄峙戏台。广西北流将军庙戏台的《重建戏台收支碑记》(清同治七年勒刻)说:“今幸斯役告成,瞻貌之辉煌,睹歌台之巨丽,不特春秋享祀,对几筵而生敬。”以实现“而四时歌舞,听和平之曲,亦藉以昭格神明而欲扬功德”,“则所以和神人而襄景福者,不在斯乎”?广西灵川大圩镇毛村的《重修天后戏台碑记》亦言:“造立戏台,可以挡凶而护村坊,挽风水而壮丁男,则又为演戏奉神之要,卫乎列神之威灵。”“卫乎列神之威灵”,除了指戏台建筑外在壮观可衬托庙宇之威严外,戏台演戏之教化功能可使神灵昭昭,造福人类之意亦寓其中。

我国古典戏曲与宗教文化有着千丝万缕的关系,在此仅就广西清代碑刻中的一些印迹,来进一步了解古戏台的面貌。

---

① 余治:《得一录·演戏敬神说》,傅谨主编、谷曙光副主编;陈怡、谷曙光本卷主编《京剧历史文献汇编》清代卷八《笔记及其他》,南京:凤凰出版社,2011年,第69页。

广西客家非物质文化遗产保护策略的启示*

黄桂凤*

［内容提要］ 广西是客家人聚居比较密集的一个地方，客家人遗留了丰富的非物质文化遗产。在调查研究过程中，我们总结出一些保护非物质文化遗产的策略：一是政府重视，加强宣传，教育到位；二是建立保护与发展的平台，为保护非物质文化遗产创造条件；三是善于保护，鼓励传承，引入市场运作模式。

［关键词］ 客家 非物质文化遗产 保护 策略

2006年5月20日，国务院批准文化部确定的第一批国家级非物质文化遗产名录，全国共518项。广西博白的桂南采茶戏的申报工作，是相当不容易的。当时玉林、博白政府和文化局请专家调查不少于四次，为了保证申报工作的成功，还要把桂南采茶戏的知识、特色以及一个一个的传统剧目刻录成光盘，光刻录的光盘就有好多。为了刻录一个光盘，就要专业作家写剧本、导演指挥、剧团排练多次然后表演（有时表演都要反复多次）、专业人士拍摄、刻录、编辑等，是要花费很多财力、人力、物力、时间、精力的。因此可以看出，为了申请非物质文化遗产保护成功，当地的花费是很高的。

非物质文化遗产保护申请下来之后，各地都做过保护工作。比如，2008年10月，博白举行客家文化节，国内外游客人数达到几十万，不少游客是海外回来看望老家的客家人。在文化节的那几天，每天街道上人山人海，戏台前水泄不通。客家节目表演精彩，参观的人也很多，旅游收入很可观。这是非常典型的文化搭台、经济唱戏。2010年7月，台北举行了桂台（贺州）客家文化旅游经贸合作恳谈会，时任中共广西壮族自治区委员会书记郭声琨率领1000余人的广西经贸文化代表团7月1日~7月5日在台湾参访，这是海峡两岸经济合作框架协议（ECFA）签署后大陆第一个赴台的经贸文化代表团。客家人聚居的广西

* 本文是2008年广西哲学与社会科学规划项目“旅游开发与北部湾客家非物质文化遗产保护研究”（项目编号：08FMZ010）、“旅游资源与贵港客家非物质文化遗产保护研究”（编号：G20120011和2011YJZD02）成果之一。

* 黄桂凤，女，玉林师范学院教授，文学博士。

贺州市也由时任市委书记彭晓春率贺州代表团随广西团一起赴台。政府参与甚至说主持的痕迹很明显，这给我们不少的启示：客家非物质文化遗产的保护可以有一些较为成功的路子。

一、政府支持保护非物质文化遗产是重要的策略

政府的支持，包括两个方面：一是经济的直接支持，二是给予政策的支持。有时候不一定要给予很多经费，能在政策上、策略上支持就相当有效果。具体来说，可以做以下工作：

(一)政府重视，加强宣传，教育到位

随着文化生态环境的改变，广西客家大多数非物质遗产的生存环境恶化，许多非物质文化遗产在不经意间消失，加强非物质文化遗产的保护与传承工作刻不容缓。而且，非物质文化遗产资源大多散存或流传于民间，主要是依赖口传身授的方式得以延续和传承。在我们的调研中发现，现有客家非物质文化遗产的发展多属民间艺人自发行为，处于自生自灭的状态。目前除客家山歌、桂南采茶戏、博白杂技等少数项目外，大多数项目的传承人年事已高，很多珍贵的非物质文化遗产正处于人亡艺绝的边沿，非物质文化遗产保护工作形势严峻。

因此，玉林市政府和有关专家多次深入客家非物质文化遗产比较浓厚的地方，进行专门的宣传和教育，让客家人首先要懂得客家非物质文化遗产为什么要保护，然后要教育他们如何保护，如何开发。这样一方面可以增加客家人对非物质文化遗产的认识，增加客家人的自豪感，另一方面可以加深与群众的关系，处理好民族关系，为建立和谐社会做贡献。

(二)建立保护与发展的平台，为保护非物质文化遗产创造条件

比如，在2010年桂台(贺州)客家文化旅游经贸合作恳谈会上，时任贺州市委书记彭晓春重点介绍了桂台(贺州)客家文化旅游合作示范区的情况。他说，天下客家一家亲，台湾与贺州是重要的客家人聚居地，台湾有客家人460多万，占总人口的20%；贺州是广西唯一的客家人聚居市，境内居住有客家人80多万，占总人口的38%。台湾与贺州的客家人同根同宗、同源同流、血脉相融、语言相通、文化相同。一直以来两地客家人寻祖互访、文化互动，各类交流活动频繁开展，形成了台湾与贺州客家文化广泛交流的良好局面。就在2010年2月，广西壮族自治区政府批准实施《示范区发展规划》，为客家文化打造一个崭新的交流平台，进一步丰富和传承两岸客家人同根、同源、同宗的文化记忆。为了把合作示范区打造成为具有重要影响的“客家文化旅游”品牌这一目标，重点规划建设世界客家文化公园、姑婆山客家风情小镇、桂台客家文化生态旅游合作示

范村三大板块，不断扩大示范区及客家文化的影响力和渗透力，使客家文化发扬光大、灿烂多彩。通过这一次交流会、恳亲会，贺州的客家旅游资源，像姑婆山、黄姚古镇（生态资源）等就名扬海内外了。不仅是客家人来寻找同根记忆，对于非客家人来说，这些也是旅游景点。这就是建立保护与发展非物质文化遗产平台的成功典范，政府为保护非物质文化遗产创造了很好的条件。

（三）善于保护，鼓励传承，引入市场运作模式

为了做好非物质文化遗产的保护和传承工作，我们要建立以民间艺术家、优秀民间艺术工作者的命名、表彰、奖励制度，鼓励传承和传播优秀民族民间文化；设立某些基金项目（基金可以是政府支持，也可以由民间先富起来的企业家等赞助，但是政府要给予相当的鼓励），从而改善生活困难的传承人的生存状况；要建设一批非物质文化遗产传承基地，并从基础教育着手，将客家非物质文化遗产内容编入乡土教材。

尽快制定一些客家非物质文化遗产重要项目保护传承管理办法，研究制定促进非物质文化遗产资源保护、合理开发和利用等规章制度，将客家非物质文化遗产的保护传承纳入制度化和规范化轨道；通盘考虑非物质文化遗产和物质文化遗产的保护，拟定物质文化遗产和非物质文化遗产总体保护规划方案，创建“客家文化生态保护区”；建立政府主导、社会参与、财政投入与社会资金投入相结合的良性、长效投入机制，推动非物质文化遗产保护项目的社会化运作。

要挖掘非物质文化遗产潜在的经济价值，让非物质文化遗产的传承人或从事非物质文化遗产保护的组织获得必要的经济回报，鼓励更多的人尤其是年轻人组织参与非物质文化遗产的保护和传承。比如，可以做大一批非物质文化遗产展示活动项目、培育一批非物质文化遗产旅游景区（前文提到贺州的姑婆山、黄姚古镇是客家旅游景点，其实，客家围屋、土楼，陆川谢鲁山庄都可以成为旅游景点），建设一批非物质文化遗产产业基地，发挥旅游景区和全市各大小商店展示、交易民间艺术作品（比如，博白的芒编、钦州的陶瓷工艺）的功能，通过实施文化经济政策，扶持民间艺术特别是手工艺生产企业走向市场。吸引社会资本投资开发非物质文化遗产产业，促进非物质文化遗产产业化发展。

二、非物质文化遗产保护的原生态及其原因

非物质文化遗产的保护，是要在原生态情形之下的，实际上就是保护非物质文化遗产在原生态的情形之下继续存在，甚至能繁荣发展。什么是原生态？“原生态”这个词来自科学领域，生态是生物和环境之间相互影响的一种生存发展状态，原生态就是一切在自然状况下生存下来的东西。比如北京四合院这种

建筑,作为物质文化遗产保存的话,留下两三座四合院就可以了,但是,这种保护跟非物质文化遗产保护是不一样的。四合院这种建筑,它代表的是一种生活状态,是一种独立而又自然,独立而又和谐的文化。站在这种建筑里面,就会想起老北京的一家人聚在一起吃饭,老少等级虽然分得清楚但又很自然,其乐融融;晚饭后一家人坐在天井一起聊天,东家长西家短,也会说说国家大事,说到激昂处可能还声情并茂,晚了才各自回房休息。因此,四合院可以保存,但是如果没有了这种文化氛围,没有了这些老北京人的生活,那么四合院就不是原生态的,也就只能是物质文化遗产而不是非物质文化遗产了。又比如广西壮族的山歌,如果仅仅把这些歌曲收集起来,编订成册,甚至打印出来人手一册,这虽然也是保护,但是,这不是原生态的。山歌就是为了唱,在传唱的过程中可能个人会有所修改,随心所欲又有一定规则。人们唱歌是为了抒发情怀,酝酿一种气氛,或者放松自己的心情。总之不是为了放在纸上。

这就是非物质文化遗产保护的原生态。为什么非物质文化遗产的保护要原生态呢?

(1)原生态保护是保护非物质文化遗产的"文化基因"。非物质文化遗产的原生态保护,就像那些文物的保护一样,保护的是原始的、古老的、优秀的文化,它们往往是不可再生的。保护有幸的文化载体,然后才能保护后面的"文化基因"。中国古代人讲究天人合一,广西因为文化、经济相对落后,所以,天人合一的思想保存比较久远。现在还有不少地方的吃穿住行都很讲究"合一"思想。也正因为如此,广西的非物质文化遗产相对于其他地方更能在原生态下保存。

(2)文化与人是共存的,相依为命的。没有文化的人就是动物而已,没有人的存在就没有文化。按照进化论,自然的一切是先于人的存在而存在的,但是那时并不叫做文化,当人们为了使得生活更美好,开始创造文化、改造自然,物质文化遗产是这样产生和相传下来的,而非物质文化遗产是隐含在物质文化遗产背后的精神文化的存在。原生态是人与自然共存、融合,你中有我,我中有你,人也是自然的一部分。

(3)原生态的非物质文化遗产才可以打上"绿色"的标志。只有"绿色"才可以健康,才可以发展久远,过度开发有可能会造成文化伤害。比如,一些地方一谈民间文化就往经济效益上靠,把保护项目开发成旅游项目,民俗生活方式被当成节目来推销。比如成人礼、婚俗、祭祀仪式被打造成日复一日的表演,男女对唱的情歌变成苍白的、带稿纸(就是人工创造的,不是歌手欣赏从而随口唱出的原生态的东西)的舞台歌唱……一些民族村寨"打造"(加上了很多现代的东西,目的是为了吸引人的眼球)的舞台表演并不能引起参观者的情感共鸣,反而伤害了其原汁原味的文化内涵。所以必须强调"原生态保护"的概念,建立文化生态区，让非物质文化遗产在这片土壤中自然生长。比如，在20世纪八九十年代，马山县的红旗桥歌圩还十分热闹，后来，由于歌圩点的草坡被开垦为甘蔗地，歌圩也随之消失；再比如疍家婚礼，随着疍家人逐渐上岸居住，这一习俗也面临消失的困境。

三、非物质文化遗产保护与旅游开发结合的实践和意义

（一）原则

非物质文化遗产保护和旅游开发，要坚持以下几个原则：

（1）持续发展原则。旅游开发与非物质文化保护是一把双刃剑，稍有不慎，就会把非物质文化遗产伤害得体无完肤。所以，绝对不能为了旅游开发的眼前利益而不考虑非物质文化遗产的持续发展，这是首要原则。

（2）文化效益、经济效益、社会效益相结合的原则。旅游开发主要是为了经济效益和社会效益，而文化也是可以为这个经济效益、社会效益推波助澜的。非物质文化遗产是发展旅游资源的重要项目，不但是旅游景点，而且，客家人的衣食住行、民情风俗等富有特色的方面，都可以成为旅游开发的项目。旅游本身是文化与审美并存的，现在人们的旅游目的，不纯粹是看看山水了，也会在文化大餐中充实自己。像博白文化艺术节，吸引游客的绝不纯粹是博白的自然山水，而更多的是博白客家的文化，如采茶戏、杂技，还有在文化艺术节提供和展示的博白客家小吃、博白的芒编，这些都是游客们也就是顾客们的首选。这样，在文化艺术节里面也有经济效益了。所以，这几个效益是可以互相促进，相得益彰的。

（3）参与性与观赏性并重的原则。客家文化本身就是风景。在游客的观赏中鼓励他们参与一些保护节目，更利于传承与发展。比如，在2010年桂台（贺州）客家文化旅游经贸合作恳谈会上，有政策的鼓励，下面也有很多活动，观众可以参与，可以观赏。在博白客家文化节的时候，顾客看着客家工人熟练地织造芒编，有时候三五分钟就出一个玲珑小巧的鸟笼，他们在叹服的同时也很想试试。然后工人会让他们试试。参观采茶戏的不少海外游客，因为本身就是客家人，看着看着，自己也想摩拳擦掌试试，那就上去嚎几嗓子，满足他们的愿望。甚至有就因为这次文化艺术节而喜欢上采茶戏，因而成为戏迷或者采茶戏的忠实保护者与宣传者。

（4）民族性与地方性结合的原则。该原则就是要因地制宜，因为每种非物质文化遗产都是在特定的环境中产生的，也必然要在特定环境中发展下去。比如，广西非物质文化遗产之一的钦州的坭兴陶，它是必须利用钦州的某种特定

的土壤才可以制作的，地方性很明显。因此，保护的原则要因地制宜。

（二）意义

保护非物质文化遗产的方式有很多，但是关键在于实施。把保护非物质文化遗产与旅游开发相结合，只是其中的一种方式。这种保护策略有它的意义：

（1）更好地保护人类精神家园的栖居地。一个民族的存在，必须有它的文化个性，否则就是非正常状态的存在。保护好一个民族的非物质文化遗产，实际上就是保护一个民族的文化精髓，保护精神家园。人与动物最大的不同就是，除了动物所具有的动物性，物欲方面的追求与满足，还要有精神的追求与满足。人类创造的文化，包含了过去人类积累的文化信息与经验，是对传统文化很好的总结，我们保护非物质文化遗产就是以另一种形式来保护我们民族文化的多样性和民族性，弘扬我们的中华民族文化，使之永远流传下去，这也是我们尊重历史、尊重传统文化的一个体现。

（2）非物质文化遗产旅游的开发可以繁荣经济，发展经济。非物质文化遗产作为我国宝贵的资源，有各种价值。我们借助旅游开发，一个是生产非物质文化遗产的产品，创造经济价值，比如博白的芒编、钦州的坭兴陶等，可以开发成旅游纪念品，这是一个增加旅游收入、促进经济繁荣的途径。另一个是把非物质文化遗产直接纳入民俗旅游项目。像北海民间传说《珠还合浦》已列入广西第一批非物质文化遗产保护名录，民间歌舞《耍花楼》，人生礼俗《疍家婚礼》，民间音乐《咸水歌》《东海歌》《西海歌》，民间曲艺《老杨公》《公馆木鱼》等20项已列入北海市第一批非物质文化遗产保护名录。北海本身就是个旅游城市，如果开发这些民俗旅游项目必然是锦上添花，趣味性也就更强了，也就更能吸引人。

（3）非物质文化遗产旅游与保护相得益彰。非物质文化遗产旅游开发促进社会的可持续发展，增强非物质文化遗产的生命力。非物质文化遗产的保护和旅游开发，必然会带来新的价值观念，也就会有新的经济增长点。这样，非物质文化遗产保护就有了坚实的经济基础。同时，非遗文化旅游开发，丰富人民的文化生活，创造文化学习的氛围。非物质文化遗产的保护是一项长期的活动，我们要在人民中加大宣传力度，提高他们对非物质文化遗产的保护意识。使得人人是非物质文化遗产的继承人，人人参与保护。

广西非物质文化遗产保护与旅游开发如果能结合，会是一条光明无限的道路。

清前广西美术概论

黄国乐*

[内容提要]　广西美术的发展历史悠久，以画家为主体进行的美术创作在清代达到了一个高峰，这是逐渐发展而形成的，但清前的广西书画家有资料记载的并不多。本文搜集和梳理广西从唐代至明代一千余年中，有史料记载的十七位书画家的材料，其中桂籍书画家五位，旅桂书画家十二位，他们来自天南海北，各种文化相互交融，为此后广西美术的发展与成熟，奠定了较坚实的基础，做出了较大的贡献。

[关键词]　广西　清前　美术

广西的美术发展历史悠久。据考古发现，在新石器时代前后的人类遗址中，就有体现壮族先民审美意识的绘画。广西是一个少数民族地区，少数民族文化和来自中原的文化相互交融、发展，形成了自己独特的风貌。广西美术包含两个部分，一是少数民族美术，二是以画家为主体进行的美术创作。本文主要论述后者。

广西从唐代至明代一千余年中，有史料记载的书画家有十七位。其中桂籍书画家五位：释水月、丁方钟、蓝祥、朱守谦和瞿观至。旅桂书画家十二位：褚遂良、黄庭坚、米芾、宋杞、陈伯献、周思谦、李开芳、凌必正、夏美、莫汝涛、沈政和瞿元镜。这十七位书画家中，唐代被贬至桂林的褚遂良和出家人释水月是有史料记载的广西最早的书画家，褚遂良的书法成就和知名度都很高，研究者众多；释水月是一位出家人，做过桂林开元寺住持，关于他的资料则十分匮乏。还有丁方钟的孔子像，是有明确记载并留存下来的最早的绘画作品。明靖江王朱守谦在书法方面也有相当的造诣。瞿元镜与瞿观至是亲兄妹，他们是瞿式耜的子女，来自江苏，在史料中将他们分别归类为旅桂与桂籍画家，应该是从女性婚嫁的因素考虑的。还有曾做过临桂尉的米芾和被贬宜州的黄庭坚，都是宋代著名诗人、杰出的书画家，学界关于这几位知名度极高的书画家各方面的研究成果已经很多，也很深入，此文仅做简要概述。还有一些知名度不高的书画家，对他

---

*　黄国乐(1975~)，女，福建永定人，硕士，现为福州大学厦门工艺美术学院教师。

们的记载往往只有只言片语,本文一并记录,有待新材料的发现与挖掘。

一、桂籍书画家

1.释水月

关于释水月,仅见《粤西画识》有记:

> 释水月,能诗画,与齐己、贯休同。未详何许人。住持桂林开元寺青碧上方。寺为隋时所建,舍利函记作兴善寺。有唐松一株,荫薪蟠结极数亩,松后有塔,藏舍利九枚。褚河南有记,字体遒劲,观者几如布毯坐卧。厥后,松为风拔,化龙飞去,僧亦圆寂。①

释水月,不知何许人。《粤西画识》记其"与齐己、贯休同",齐己(863~937),晚唐著名诗僧。贯休(823~912),唐末五代著名画僧。释水月"与齐己、贯休同",一是指他们的身份与地位相似,都是出家人;二是指生活的年代相似,应为唐末五代;三是都有书画方面的才能。释水月能诗擅画,住持桂林开元寺,此地为古桂林八景之"青碧上方"所在。寺为隋朝所建,舍利函记作兴善寺。寺中有唐松一株,枝干蟠结,荫蕱宽阔,占地数亩之广,松后有塔藏舍利九枚,褚河南有记,字体遒劲,观者如云。褚河南即褚遂良(596~659),唐朝著名书法家,曾被贬为桂林都督。据说兴善寺曾藏有其石刻金刚经。② 后来松被飓风拔起,传说化龙飞去,释水月亦圆寂。

2.丁方钟

《粤西画识》记:

> 丁方钟,桂林人。善人物,有孔子象。元至正乙酉,刻于独秀峰之读书岩。

丁方钟是桂林人,史料记载很少。他善画人物,画有一幅孔子像,在元至正乙酉年(1345),刻于独秀峰的读书岩。这幅石刻画像依然保存到了今天,是广西有明确记载并留存下来的最早的绘画作品。

3.蓝祥

《粤西画识》记:

> 蓝祥,广西人。善画,年百四十余岁犹能作大幅。梁山舟先生得其寿

---

① 孙鼘:《粤西画识》,1966年手抄本,现藏于广西壮族人民自治区图书馆,本文所引《粤西画识》皆为此本。

② 参见:农夫:《褚遂良万寿寺写〈金刚经〉》,桂林日报,2010-08-08(3)。

星一轴，题识以传。

蓝祥不仅善画，还特别长寿。一百四十余岁还能画大幅作品。画有《寿星图》轴，此图由梁山舟收藏。俞剑华《中国美术家人名辞典》也有记载，蓝祥生活于明代，善画人物，梁山舟即梁同书（1723~1815），钱塘人，梁诗正之子，清代书法家。得其寿星图一幅之事亦载于《熙朝新语》。

4.朱守谦

朱守谦（1361~1392），少名铁柱，又名炜，安徽凤阳人。明洪武三年（1370），封为靖江（洪武五年更名为桂林）王。能诗善书。桂林图书馆藏有其行书八言联“静以有神勤而作则，文饱于德义润其身”，纸本，规格为178.2厘米×25.3厘米。①

5.瞿观至

《海虞画苑略》记：

> 瞿观至，临桂伯式耜女，适吴江杨艺子一宁。工书善画能诗。②

《桂林画录》记：

> 瞿观至，元镜妹，式耒侄女，临桂伯式耜女也，亦精绘事。适临桂杨艺。案：《海虞画苑略》作吴江人。

瞿观至，是瞿元镜之妹，即瞿式耜之女，瞿式耒之侄女。工书、善画、能诗。《桂林画录》记其许配于临桂人杨艺，《海虞画苑略》记为许配吴江人杨艺之子杨一宁。不知孰是孰非。在《桂林画录》里，将瞿观至归类在“桂籍”，而其兄瞿元镜则为“旅桂”。

二、旅桂书画家

1.褚遂良

《旧唐书》卷八十有传记曰：

> 褚遂良，散骑常侍亮之子也。太业末，随父在陇右，薛举僭号，署为通事舍人。举败归国，授秦州都督府铠曹参军。贞观十年，自秘书郎迁起居郎。遂良博涉文史，尤工隶书，父友欧阳询甚重之。太宗尝谓侍中魏徵曰：“虞世南死后，无人可以论书。”徵曰：“褚遂良下笔遒劲，甚得王逸少体。”

---

① 杨邦礼：《广西壮族自治区桂林图书馆馆藏精粹·书法》，北京：商务印书馆，2010年，第54页。

② 鱼翼：《海虞画苑略》，《画史丛书》第四册，上海：人民美术出版社，1963年，第25页。

太宗即日召令侍书。太宗尝出御府金帛购求王羲之书迹，天下争赍古书诣阙以献，当时莫能辩其真伪，遂良备论所出，一无舛误。

……帝乃立昭仪为皇后，左迁遂良潭州都督，显庆二年转桂州都督，未几又贬为爱州刺史，明年卒。官年六十三。①

褚遂良(596~658)，字登善，钱塘(今浙江杭州)人，唐朝著名书法家。贞观二十三年(649)，褚遂良与长孙无忌同受太宗遗诏辅政。唐高宗欲立武则天为皇后，褚遂良与长孙无忌坚决反对，后遭贬潭州(长沙)都督。武后即位后，转桂州(桂林)都督，再贬爱州(今越南北境清化)刺史，显庆三年(658)，卒于任所。

褚遂良青年时楷书为欧阳询所赞赏，视其为难得之材。又曾师虞世南，精研羲之笔法。还曾师从以"疏瘦"见称的书家史陵。据载建于隋朝的桂林兴善寺曾藏有其石刻金刚经。②

2.黄庭坚

《中国美术家人名辞典》记：

黄庭坚(1045~1105)，字鲁直，自号山谷道人，洪州分宁(今江西修水)人。举进士，历事神宗、哲宗、徽宗，仕至史部员外郎。善草书，楷法亦自成一家。悬腕书深得兰亭风韵，然行不及真，草不及行。自云："余学草书三十余年，初以周越为师，故二十年抖擞俗气不脱，晚得苏才翁(子美)书观之，乃得古人笔意。其后又得张长史(旭)、僧怀素、高间墨迹，乃窥笔法之妙。"工诗词。有《山谷集》。卒年六十一。③

宋徽宗靖国元年(1101)，湖北转判官陈举因有求于黄庭坚而遭拒，怀恨在心，后摘其《承天寺塔记》中数语上挺之，而挺之在德州与黄庭坚有怨，正好找到口实，于是黄庭坚被羁管宜州。④

崇宁二年(1103)十二月，黄庭坚从鄂州(今武昌)出发赴贬所。崇宁三年(1104)三月到永州(今零陵)。四月经全州，五月初抵达桂林，黄庭坚到桂林，曾系舟古南门榕湖畔。在桂短暂停留后于五六月间到宜州。崇宁四年(1105)九月三十日，黄庭坚病逝于宜州。黄庭坚逝世后，宜州人民在城西北建了山谷祠、衣冠墓以示敬仰与怀念。

---

① 刘昫：《旧唐书·卷八十·列传第三十·褚遂良》，(文渊阁四库全书本)，上海：上海人民出版社，1999。

② 参见前文释水月一节。

③ 俞剑华：《中国美术家人名辞典》，上海：人民美术出版社，2009年，第1150页。

④ 卢俊勇，陶青：《试论黄庭坚仕途生涯"失败"的原因》，载《玉溪师范学院学报》，2005(05)，第57页。

黄庭坚才学精深，为江西派创始人，诗与苏轼齐名，世称“苏黄”，书善行、草，与苏轼、米芾、蔡襄并称宋代书坛四大家，为北宋时期著名的文学家、诗人、大书法家。黄庭坚从出发前往宜州到在宜州病逝，去掉途中所费时间，实际上在宜州只生活了一年又四个月，过着贫病交加的困顿生活，但仍坚持诗文的创作，亦常作书法。

有记载的黄庭坚书法作品有不少，例如黄庭坚初到宜州时常无钱买米为炊，向钱铺贷钱买米并立据为凭，即《贷钱帖》。店家将此帖视如至宝，精心收藏，世代相传，但于清顺治十五年（1658）被郡守所夺，后杳无音信。还有黄庭坚曾手书行楷《后汉书·范滂传》赠俞若著，后流传他处，于嘉定壬申年（1212）刻石存世。此帖为黄庭坚代表作之一，大气豪放，笔力雄强，充分体现了黄庭坚用笔纵横奇倔、侧险取势、内收外张的特点。据载黄庭坚还有不少书法作品传世，惜多已无法得见。①

3.米芾

《中国美术家人名辞典》记：

> 米芾（1051~1107），自署姓名米或为芊，芾或为黻。翁方纲谓自元祐辛未，始书用芾，以前皆书黻。字元章，号鹿门居士、襄阳漫士、海岳外史。世称米南宫。吴人，祖籍太原，后徙湖北襄阳。晚居江苏镇江，建海岳庵。宣和时擢为书画学博士。天资高迈，人物萧散，好洁成癖。被服效唐人，多蓄奇石。初于无为州有巨石奇丑，芾见大喜，具衣冠拜之，呼之为兄。世号米颠。不能与世俯仰，故从仕数困。书画自成一家。精于鉴别。所作山水，其源出董源，天真发露，怪怪奇奇，枯木松石，时出新意。以山水古今相师，少有出尘格，因信笔为之，多以烟云掩映，树木不取工细。作画不专用笔，或以纸筋，或以蔗滓，或以莲房，皆可为画。纸不用胶矾，不肯画绢。然妙于薰染缣素，能以古为今。尝从人借古书画自临拓，拓竟并临本真本归之，俾其自择，而莫可辨认。所作人物，喜画古圣贤像。尝曰：“李伯时（公麟）病右手后，余始作画。以李常师吴生终不能去其气。余乃取顾高古，不使一笔入吴生。”又言：“生平作画，不过三尺，裱出不为椅所蔽。人行过肩汗不著。”更不作大画。无一笔关仝、李成俗气。其矜重如此。工诗文，语无蹈袭，奇情险句，清雅绝俗。书为宋代四大家之一。书学羲之，篆宗史籀，隶法师宜官。晚年出入规矩，人争珍玩。尝对徽宗问，自称：臣书刷字。又自谓善书者只有一笔，我独有四面。生平自负能提笔作小楷，笔画端谨，

---

① 黄庭坚一节参见：1.谭绍鹏：《黄庭坚贬宜山及在宜创作》，载《学术论坛》，1988（4），第72~75页。2.祝万里：《黄庭坚宜州书艺略记》，载《文史春秋》，1994（5），第16~17页。

字如蝇头，而位置规模，皆若大字。然不肯多写，尝奉诏仿黄庭小楷，作周兴嗣千字韵语。又以两韵诗草书御屏，次韵乃押中字，行笔自上至下，其直如线。徽宗称赏曰："名下无虚士。"明董其昌尝得李公麟《西园雅集图》，有芾蝇头题后，董称其甚得兰亭笔意。著《宝晋英光集》、《书史》、《画史》等书。①

米芾，山西太原人，是我国古代久负盛名的文人书画家，尤以书法最为著名，与苏轼、黄庭坚、蔡襄并称宋代书坛四大家。从 20 世纪 60 年代至今，在关于米芾的家世生平、书法绘画成就、书画理论与美学思想以及收藏与鉴定等方面，都有许多有价值的研究成果，尤其在米芾的书法成就方面所占比例最大。

米芾与桂林，与漓江山水结下了一段不解之缘，据学者研究，米芾在神宗熙宁三年庚戌（1070）二十岁时，由秘书省校书郎改临桂尉，任期至少到神宗熙宁七年甲寅（1074）的五月。后来米芾离开桂林前往广东任含光尉，任含光尉时间很短，到神宗熙宁八年乙卯（1075）十月即官长沙掾。②

方信孺所作《米公画像记》石刻谓："芾以宣仁后旧恩补校书郎及含光尉。□□来桂林。复得僧绍言《诗序》及伏波岩与潘景纯同游石刻（题名）。公尝尉临桂，秩满寓居西山资庆寺，颇与绍言游，故有此作。"据研究，米芾二十四岁携画笔游桂林，寓居西山资庆寺，与诗僧绍言游，曾画《阳朔山图》，可惜已无法见其真迹。今天尚有三件石刻可见米芾在桂林的行踪：熙宁七年与潘景纯同游还珠洞题名；建中靖国元年送李端臣之桂林诗；自画像宁宗嘉定八年米秀实刻，方信孺跋。③

4.宋杞

《粤西画识》记：

宋杞，字授之。钱塘人。举进士。明初以孜礼授官，知全州。善画，通易，尤邃于史学。

明人唐肃与宋杞同科进士，与其交往颇密，在唐肃的《丹崖集》中有"宋授之画扇二首"，对宋杞有更详细的记载：

宋杞，授之，钱塘人。予同举进士也。国初以考礼召偕留，南京既而授官知全州。未及仕，旅死于涂。授之通易，于史学尤邃。平生介特寡合，又不娶，无嗣，可悲也。予方欲从其犹子，考求家世之详为小传，而其同郡白

---

① 俞剑华：《中国美术家人名辞典》，上海：人民美术出版社，2009 年，第 242 页。
② 魏平柱：《米芾年谱简编》，载《襄樊学院学报》，2004(1)，第 86 页。
③ 林半觉：《北宋大画家米芾桂游石刻考释》，载《广西师范学院学报》，1981(1)，第 72~73 页。

以中出授之所画便面，观感之余，因为二绝句以写予哀云。

六十无成白发毶，俄将紫绶换青衫；衡潭一去无消息，裹骨归来有阿咸。

十一年前共榜名，又同召命入南京；只今零落丹青扇，正似山阳笛里声。①

由上述记载可知宋杞为元至正年间进士，明初以考礼召授官知全州。其时宋杞年已六十。令人惋惜的是宋杞在去往全州的路途中去世了，未及到任而卒。宋杞一生孤独，无妻无子。性格孤高，不随流俗，不易与人相处。宋杞富有才华，工诗，通易，尤其精于史学。善画，山水得马远、夏圭之神韵。元至正壬寅年(1362)尝跋于宋代画家李唐所绘《伯夷叔齐采薇图卷》，跋云：

宋高宗南渡，创御前甲院。萃天下精艺良工画师者亦与焉。院画之名盖始诸此。自时厥后，凡应奉待诏所作总目为院画，而李唐其首选也。唐河阳人，在宣靖间已著名，入院后遂乃尽变前人之学而学焉。世谓东都以上作者为高古，良有以夫。余总角时，见乡里七八十老人，犹能道古语，谓唐初至杭，无所知者，货楮画以自给，日甚困。有中使识其笔，曰：待诏作也。唐因投谒中使奏闻，而唐之画杭人即贵之。唐尝有曰：雪里烟村雨里滩，看之如易作之难；早知不入时人眼，多买燕脂画牡丹。可槩见矣。至正壬寅，余获此于沈恒氏，爱其虽变于古而不远乎古，似去古详而不弱于繁，且意在箴规，表夷、齐不臣于周者，为南渡降臣发也。呜呼！深哉！昔米南宫嗜画，病世无真李成，乃拟无李论，以祛其惑。余他日见唐画，亦多率皆抱南宫之憾，而此画者所谓，吾无间然者也，因书颠末于左，且以告夫来者云。是岁九月既望，乡贡进士钱塘宋杞授之记。②

《伯夷叔齐采薇图卷》是李唐的重要代表作，也是我国古代绘画宝库中杰出的人物画之一。这一幅画要表现的故事内容是殷的贵族伯夷、叔齐在殷亡以后，誓不投降灭殷的周王朝，并认为吃周朝土地上生长的粮食都是耻辱。于是隐居在首阳山，采薇而食，最后一同饿死。至正壬寅年，宋杞从沈恒氏处获得此画，视为珍宝。此画现藏北京故宫博物院。

5.陈伯献

《粤西画识》记：

陈伯献，字惇贤，莆田人。明弘治己未进士，为吏部给事中广西提学副

① 唐肃：《丹崖集·卷四》，明末祁氏澹生堂钞本。

② 郁逢庆：《书画题跋记·续题跋记·卷一》，文渊阁四库全书本，上海：上海人民出版社，1999。

使。画山水宗摩诘。

陈伯献,字惇贤,福建莆田人。明弘治己酉年(1489)乡荐第二,己未(1499年)进士,为吏部给事中广西提学副使。画山水取法摩诘(王维)。著有《峰湖集》。

6.周思谦

《粤西画识》记:

> 周思兼,字叔夜,号莱峰,私谥贞靖先生。华亭人。明嘉靖丁未进士,为广西提学副使。工书画,善行草,小景云山类米敷,文高尚书。

《粤西画识》目录记作"周思谦",正文记作"周思兼"。周思谦为华亭(今上海松江)人,明嘉靖丁未(1547)进士,官为广西提学副使,工书画,擅长行草,画山水小景和云山之类的题材象米敷的风格,米敷即米芾。

7.李开芳

《粤西画识》记:

> 李开芳,字伯东,号远素,人称鹏池先生,闽永春人。明万历癸未进士,授部曹迁南京太仆,历两广藩臬。书法不减素师,游戏山水,气韵风生。

李开芳,字伯东,号远素,人称鹏池先生。闽永春(今福建泉州永春县)人,明万历癸未(1583)进士,授部曹迁南京太仆,历两广藩臬,为官清正廉洁。李开芳善诗文,著有《天风堂集》数十卷。并工书画,所写狂草可媲美怀素,奔放流畅,一气呵成;他在泉州清源山赐恩岩欧阳洞题刻隶书"高山仰止"。还题刻有"清源""孔泉",并作题记。所绘山水,笔墨自如洒脱,气韵风生。①

8.凌必正

《粤西画识》记:

> 凌必正,字蒙求,号贞卿,太仓人。明崇祯辛未进士,仕至广西提学副使。山水设色妍疋,位置精密,接轸宋人花鸟,迥出时流。

凌必正,字蒙求,号贞卿,太仓(今江苏太仓)人。明崇祯辛未(1631)进士,官至广西提学副使,善绘画,所绘山水设色明丽,秀美雅致;善于布局,花鸟画取法宋人的绘画传统,也相当不俗。

9.夏美

《粤西画识》记:

---

① 参见:林联勇:《永春"世德流光"坊》,载《泉州晚报》(海外版),2008-08-28(风情)。

> 夏美，字宗美，号半邨，慈溪人。明季知浔州贵县，喜吟咏，兼及绘事。

夏美，字宗美，号半邨，今浙江慈溪人。明代知浔州贵县，喜吟咏，兼及绘事。此外暂无更多史料可循。

10.莫汝涛

莫汝涛，《粤西画识》目录记为“莫汝涛”，正文姓名记为莫汝俦，应是莫汝涛。记云：

> 莫汝俦，字南怀，号芷崖，廷韩后人。由绘图馆议叙得官广西司首领。写生骨秀思沉，合白阳包山两家法。见墨香居画识。
>
> 案：莫汝俦乃独山莫友芝之父，字犹人，未能画也。又，图绘宝鉴续纂载有：莫可俦，字云玉，武林人善画竹，另为一人。此当是华亭莫是龙裔孙，名汝涛，非汝俦也。余藏有其松石直轴，笔颇隽逸，类石田翁，款署华亭莫汝涛，钤有朱文芝厓二字画印，附识更正。

《墨香居画识》则记：

> 莫汝涛，字南怀，号芷厓，华亭人，为廷韩先生裔孙。吾郡写生家自叶雪渔、童原山、瞿又涛、邹春谷诸人后，久已绝响。芷厓骨秀思沈，能合包山白阳两家法而斟酌出之，可称后来之俊矣。芷厓由绘图馆议叙分发广西候补司首领。①

从上述所记可知史料载有莫汝涛、莫汝俦、莫可俦三人，在流传的过程中时有混淆。莫汝俦是贵州独山莫有芝的父亲，字犹人，此人是不会画画的。另有莫可俦，字云玉，武林人，善画竹，这是《图绘宝鉴续纂》里提到的。此处所说应是莫汝涛，字南怀，号芷崖（或芷厓、芝厓），华亭（今上海市松江）人，是莫廷韩后人。莫廷韩即松江莫是龙（1537～1587），字云卿，改字廷韩，号秋水，又号后明。“松江画派”创始人之一。莫汝涛十岁能文，有“圣童”之称。工诗画，善草书，喜散曲，精鉴赏。莫汝涛由绘图馆议叙得官广西候补司首领，擅长写生，《墨香居画识》赞其为继上海著名写生家叶雪渔、童原山、瞿又涛、邹春谷诸人之后，少有的后起之秀。莫汝涛之作骨秀思沉，融合白阳（陈淳）、包山（陆治）两家的画法，笔墨俊逸，有石田翁（沈周）之神韵。

11.沈政

清金鉷《（雍正）广西通志》记：

---

① 冯金伯：《墨香居画识·卷六》，载《清代传记丛刊》，周骏富编，台北：明文书局，1985。本文所引《墨香居画识》皆为此本。

> 沈政，字以正，常州人，以少卿左迁郡佐，寓居桂林。善书画，风格超逸，桂人宝之。①

《桂林画录》也有相似的记录：

> 沈政，字以正，常州人，以少卿左迁郡佐，寓居桂林。书画风格超逸，桂人宝之。

《桂林画录》中，对于沈政的记载缺一个"善"字，应是在传抄的过程中有所遗漏，但大意相同。对于沈政的记载极少，只知其为江苏常州人，以少卿之位被贬官为郡佐，因此寓居桂林。其工书善画，风格不流凡俗，桂林人皆视其书画为珍宝。

12.瞿元镜

《历代画史汇传》记：

> 瞿元镜，字端叔，常熟诸生，忠宣公式耜子。善写花鸟，兼篆刻。②

《桂林画录》记：

> 瞿元镜，字端叔，常熟人，临桂伯式耜子也。工篆刻，善花鸟。

瞿元镜是瞿式耜之子，常熟诸生。瞿式耜（1590～1651），号稼轩，明末诗人、官员。瞿式耜1616年中进士，曾任广西巡抚、兵部尚书等职，后封临桂伯。1651年，清兵自全州进，桂林失守。瞿式耜与总督张同敞同在桂林风洞山仙鹤岭下英勇就义。殉国之后，永历帝追赠粤国公，谥文忠。乾隆四十一年（1776），追谥忠宣。瞿元镜和其妹瞿观至都在绘画上有所成就，瞿元镜擅长花鸟画，并且工于篆刻。

三、结语

广西以画家为主体进行的美术创作，是随着少数民族文化和中原文化的相互交流、影响、融合而产生的。在不同的历史时期，由于各种不同的原因，各地的官员、文人、画家陆续来到广西，以明清时期为主，尤以清朝为最。

广西独特的地形地貌、山清水秀的自然环境、与中原迥异的民俗民风，深深吸引和影响了远道而来的文人、艺术家们，进而也影响了他们的艺术创作和风貌，民族绘画艺术与中原汉民族的绘画艺术得到交流与融合，并互为吸收。

---

① 金鉷：《广西通志·卷八十六》，文渊阁四库全书本，上海：上海人民出版社，1999。

② 彭蕴璨：《历代画史汇传·卷十一》，清道光刻本。

广西的美术从唐代开始有史料记载,至明清逐渐发展到了顶峰,这一历史过程和广西的社会、文化的发展历程是相一致的。广西自古便是“瘴乡”“南蛮”,长期都是官员的贬谪流放之地。唐代以来,许多历史名人都曾被贬至此,他们的到来,为广西带来了先进的文化,逐渐提高了广西整体的文化水平,也包括美术。南宋以后,因贬谪流放至此的官员不断减少,因任职到此的官员不断增加。这些掌握实权的官员更是大力发展广西的经济、文化、教育。宋、元、明和清代初期,随着北方大量移民进入广西,更是从整体上提高了广西的人口素质和文化水平。可以说,到了明代和清代初期,广西部分地区的文化、教育水平已基本达到了当时全国的中等水平,粤西虽为边疆,但开辟已久,早已不是原来的蛮荒之地了。绘画艺术作为文化的重要组成部分,也得到了长足的发展。广西清前的这十七位书画家,来自福建二人,江西一人,江浙九人,山西一人,安徽一人,加上广西本地二人,出家人一位。他们从天南海北来到广西,尽管不少人史料记载极少,但他们都为此后广西美术的发展和成熟以及清代广西美术发展高峰的到来,奠定了较坚实的基础,做出了较大的贡献。

桂林文化产业发展的几个问题
——以临桂五通农民画为例

陈雪军　何利娜*

［内容提要］　随着社会经济的发展，桂林的文化产业也在不断发展壮大。一些具有区域文化品牌效应的文化产业示范基地纷纷确立。文化旅游业、特色工艺品业、节庆会展业以及动漫产业等方面也取得了较大的发展。论文以广西临桂五通农民画文化产业化的成功个案为例，就桂林文化产业发展中的成功经验、发展前景、可持续发展对策等诸问题进行探讨，以期为促进桂林文化产业发展提供可参考性的价值和意义。

［关键词］　**桂林文化产业　五通农民画　艺术产业链　多元化产业形态**

近来，桂林文化产业蓬勃发展，如实景演出"印象·刘三姐"，以自然造化为舞台，方圆数千米的漓江水畔十二座山峰为背景，广袤无际的天穹下，刘三姐的经典山歌、民族风情、漓江渔火等元素创新性组合，展示出人与自然的和谐关系，创造出天人合一的境界，让观众如痴如醉。又如"愚自乐园"，坐拥八千亩山水奇景，集艺术创作、展览、交流、会议、培训、休闲于一体，200多件当代艺术雕塑作品，与四周山水和谐地交融在松林里、湖畔边、绿地中、山脚下，被艺术家赋予了无限的生命力，成为自然与人文完美结合的一个奇迹。由此也以其绝美的桂林山水风光和浓郁独特的艺术氛围成为世界顶级的创作基地与度假胜地。又如五通农民画，家家户户弄墨作画，幅幅画作有着浓郁的乡村新气息与桂北农村民间特色，占据桂林书画市场，远销世界各地。这些文化产业是怎样发展起来的？其成功的原因是什么？其未来的发展又有着怎样的前景？需要政府哪些政策上的支持？本文以临桂五通农民画为例，进行深入探讨。

一、文化产业的项目须有历史渊源

文化产业的项目，有无文化底蕴，对其发展前景有着极大的影响。而具体

---

*　陈雪军(1976~)，女，广西师范大学文学院副教授，主要从事文艺理论研究；何利娜(1988~)，女，中国人民大学文艺学专业博士研究生。

来说,其文化底蕴又取决于该项目有无历史渊源。就五通农民画来说,五通镇是桂林临桂区的一个重镇,是桂北四大古镇之一。五通镇历史悠久,文化底蕴深厚,在五代时期就已经设为义宁镇,在后来的宋、元、明、清以至民国时候都是义宁县府驻地,新中国成立后才划归为临桂县辖区。目前五通镇已经是一个具有1.3万人口的大镇,是临桂区北部六个乡镇的政治、经济、文化中心和商品集散地。五通镇得天独厚的地理环境和经济文化培育了具有特色的五通农民文化,其中又以五通农民画最为突出。

五通农民画具有悠久的历史文化传统,文化底蕴深厚。五通镇的农民自古以来就有崇文重教的传统和舞文弄墨的习惯,不管是文人学子还是农民,平时空闲之余都喜欢泼墨书画,民间文化艺术源远流长。五通农民画作为一种民间工艺画,早在明朝时代就已经存在。相传在明嘉靖年间,五通镇的才子肖九成赴京赶考中了进士,为了表达“欣逢盛世,幸沐皇恩”的喜悦心情,伏案三天三夜,以故乡义江美景为题材,绘制出了一幅精美绝伦的山水画给主考官。后来主考官又将这幅画进贡给嘉靖皇帝。嘉靖皇帝得到这幅画后爱不释手,在画的上方题词“星耀南天”四字。① 这既表明嘉靖皇帝对这幅画作高度赞赏,也说明了他对五通镇的文化艺术给予了充分的肯定。这件事情后来传回五通镇,大大激发了五通人民的绘画热情,大批文人才俊纷纷学画作画,逐渐形成了五通书画艺术的文化传统。到了民国时候,五通镇出现了著名的“三章”:书法家康建章、诗词楹联作家苏永章和丹青大师黄孔章。其中黄孔章在桂林西门开设“黄记画苑”,作画卖画,是五通镇较早实现绘画制作、经营和销售的画家之一。黄孔章的这种作画卖画的行为直接影响了后来五通镇圩日摆地摊卖画的习俗,这种五通镇的文化产品制作和文化商品经销的传统,对五通农民画的商品化、市场化和产业化发展奠定了基础。

五通农民画在深厚的历史积淀与文化传统的影响下,一步步地形成了自己独特的艺术特色,艺术特色是文化产业发展的艺术产业价值所在,是艺术市场化的关键。五通农民画的产业化就是在其艺术特色的基础上发展起来的。五通农民画品种繁多,种类丰富,具有较高的艺术价值。如李国华的系列屏画,既有“红、绿、黄、白”梅花四条屏,也有“春、夏、秋、冬”山水四条屏和“风、晴、雨、雪”四条屏。李国华将传统的梅、竹、山、水题材以系列屏画的特殊方式从内容到形式都进行了创新,形成了不同画作的表现形态与艺术特色,具有很强的艺术创意。作为五通农民画杰出代表的“三皮画”更是独具神韵。“三皮画”是沈运香姐妹的独创,是用经过技术处理加工过的树皮、猪皮、牛皮直接作画。“三

① 李建平:《2009年广西蓝皮书·广西文化产业发展报告》,南宁:广西人民出版社,2009。

皮画”使用的媒介载体与传统的画纸、画布不同,呈现出不同的艺术特色。用“三皮”作画,质感和立体感比较强,色彩渗透和吸纳较好,颜色鲜艳明亮,不变色不褪色,易于保存和收藏,深受广大艺术收藏者的喜爱,也满足大众消费者的喜好。“三皮画”由于使用的介质不同,对作画技术的要求也较高,它既有中国的山水画的风格,也同时具有西方油画的特点,是中西方绘画技术的融合,是中西交互式的艺术,是“中国民间油画”,具有很强的民族特色和很高的艺术价值。绘画艺术作为文化产业,是艺术的市场化,是绘画作品的艺术审美价值转化为产业价值的过程。五通农民画文化产业的发展,应该加强对绘画艺术作品的创新,深入挖掘其深厚的社会历史文化内涵和审美元素,使文化与经济相结合、艺术与市场相结合。

而“印象·刘三姐”以刘三姐的对歌为历史渊源;愚自乐园以“甲天下”的桂林山水为历史渊源,以这些历史渊源为发展的起点,其成功也是有渊源的。

二、桂林文化产业成功的原因分析

文化产业是与文化消费紧密联系在一起的。人们需要欣赏歌舞艺术。当“印象·刘三姐”作为一种与传统歌舞表演不一样的歌舞艺术出现,深得人们喜欢是自然而然的。艺术家渴望走出创作室进行艺术创作,观众期望在更大的天地里欣赏艺术创作,而愚自乐园的出现,满足了艺术家与观众两方面的需求,愚自乐园不红火起来倒是奇怪的事情了。

就五通农民画来说,随着社会的发展,消费者对书画作品的需求在逐步增加,五通农民画在市场的推动下走上了产业化发展的道路,并且已经形成了一定的规模。五通镇目前有书画作坊近 30 多家,产品占桂林市自由书画市场百分之七十的份额,其产品甚至远销日本、韩国、美国等国家和港澳台地区。农民画已经成为五通镇经济的支柱产业,是当地农民经济收入的主要来源。五通农民画在发展过程中凸显了自己独特的艺术特色和审美价值,其发展已经取得一定成效,成功地实现了其艺术价值向产业价值的转换。

首先,五通农民画具有自己独特的艺术精品和特色产品。艺术精品是代表文化产业发展的一个特色品牌,是首先取得市场认同的文化产品,是赢得市场的重要原因。五通农民画在产业化发展中以独特的艺术精品和特色产品打开市场。除了李国华的系列屏画和沈运香姐妹独创的“三皮画”之外,还有五通镇林嘉瑞的具有桂林山水灵气的山水国画以及大洲村的李玉成融南派山水和北派冰雪的技法于一体的绘画作品,这些具有创意的艺术精品具有很高的艺术价值和审美价值,为五通农民画赢得了良好的口碑与市场,为五通农民画进一步扩大市场获得发展奠定了基础。

其次，五通农民画的产业化发展已经形成一定的规模。过去的五通农民画一般是家庭作坊式的生产，一般是父子、夫妻、兄弟、姐妹之间技艺相传，单独作画，规模比较小，生产效率比较低。现在五通农民画已经逐步跳出家庭作坊式的生产，形成了具有一定生产规模的画坊式的生产方式。画坊的生产模式不仅扩大了生产规模，而且能进行科学的分工管理，形成以技艺为基础的等级划分，分成三个层面：第一层面是专业的原创作画；第二层面是模仿与创作相结合的生产；第三层面则是专门的流水线式的生产，由多个人分工合作完成一幅画，比如画竹，有的专画竹叶，有的专画竹枝，画工们各司其职，具有较高的生产效率。这第三层面是典型的"商品画"，"商品画"形成了强大的产业优势。五通农民画文化产业把艺术与市场结合起来，艺术创作就是商品生产。

因此，以文化创意和审美价值为根基，并将其注入文化产品中，使得文化产品呈现出较为深厚的审美价值。与时俱进，不断创新，赋予艺术创作新的魅力，这是桂林文化产业发展的重要原因。

三、农村文化产业发展的对策建议

发展文化产业要深入挖掘文化产品的文化价值，以市场为导向，把文化艺术与市场结合起来，通过成熟的市场运作，使文化产品适应市场的要求，满足大众消费者的文化需求。① 任何一种文化产品都应该如此。因此，如何发展文化产业，突出文化产业的产品的文化价值，深入发掘其潜在的市场价值，才能实现文化产业的发展壮大。而就五通农民画来说，我们认为，有以下几个问题值得特别关注。

（一）建立完整的艺术产业链

文化产业的发展应该积极树立艺术产业链的概念。"产业链是有序的经济活动的集合，其本质是用于描述一个具有某种内在联系的企业集群结构。产业链中大量存在着上下游关系和相互价值的交换，上游环节向下游环节输送产品或者服务，下游环节向上游环节反馈信息。"②文化产业的横向产业链和纵向产业链的扩张都是提高文化产业企业竞争力的重要方式。临桂五通农民画文化产业的发展目前还处于比较低级的阶段，从纵向产业链来看，五通农民画的文化产品生产、文化产业运作以及文化产品的消费还没有形成一条完整的链条。五通农民画的生产主要是家庭作坊式的生产，以夫带妻、以亲带友，偶尔也会招

① 张胜冰：《文化产业经营管理案例》，青岛：中国海洋大学出版社，2007。

② 北京大学文化研究所编：《中国文化产业·2005年度发展报告》，长沙：湖南人民出版社，2005。

些学徒，生产规模较小，没有形成流水线式的生产，生产效率比较低。如沈运香的“三皮画”，由于制作过程比较复杂，完成一幅画需要很长的时间，往往都是商家来订购，文化产品供不应求，“三皮画”的销售量受生产的限制，市场份额比较小，不利于扩大其影响力。从横向的产业链来看，五通镇在基础设施和软件设施方面都处于初级的阶段，从硬件设施方面来说，五通镇现在还没有固定的作画场所和画展，也没有专门的装裱市场和书画交易市场，对于没有稳定客商的画坊而言，他们的画一般只是拿到桂林市自由书画市场展卖，销量往往不大。从软件设施方面来说，五通镇目前还缺少专门的管理人才、装裱人才，信息交流的平台不够完善，专门的绘画人才还比较紧缺，难以形成规模化的产业发展。五通农民画的文化产业的发展还没有形成集生产、销售、经营管理、技术保障和产品开发为一体的产业链条，产业链背后所蕴藏的价值没有开发出来。

一般来说，文化产业的链条越长，表明产业链开发的程度越深，产品生产的成本越低，效益也就越高，比较容易形成文化产业发展的规模效应。“由于文化产品和服务所具备的精神消费属性，文化产业领域还存在着另一非常重要的产业特征，那就是范围经济性。范围经济性的典型特征就是在同时生产多种产品或服务的情况下，平均成本不断下降的趋势。”①产业化发展，应该创造整条文化产业链条，集生产、交易、培训、旅游为一体，降低生产成本，形成文化产业的规模经济效应，实现绘画产业的规模化经营，带动其他相关产业如旅游业、餐饮业的发展。

（二）发展多元化的产业形态

五通镇利用自身绘画产业的优势，可以发展相关的产业，形成多元化的产业形态，发展复合型文化产业。发展绘画产业除了绘画产品的制作与销售以外，还有其他的相关的产业，如笔墨纸砚的销售、画笔颜料的制作、画框画布的生产以及装裱行业等。发展多元化的文化产业形态，有助于形成文化产业集群。“文化产业集群是指在文化产业领域中，大量产业联系密切的企业以及相关支撑机构（包括科研机构）在空间上集聚，通过协同作用，形成强势、持续竞争优势的现象。由于文化产业集群汇集了上下游的产业链，同时具备着横向产业环节的跨行业比较优势，因此，文化产业集群将是充分发挥文化产品和服务的规模经济效应与范围经济效应、提升文化产业竞争力的重要模式。”②

发展五通农民画绘画产业，还可以建立一个五通绘画产业园区，使生产、交易、产品展卖和消费等环节聚集在一起，集中于一个特定区域，形成文化产业集

---

① 北京大学文化研究所编：《中国文化产业·2005年度发展报告》，长沙：湖南人民出版社，2005。

② 北京大学文化研究所编：《中国文化产业·2005年度发展报告》，长沙：湖南人民出版社，2005。

群，形成规模效应与范围经济效应。专门的绘画产业园区有利于信息资源的共享，为画家们提供一个相互交流、相互竞争、把自己的绘画才华变成价值财富的平台。同时，在产业园区内可以发展与绘画产业相关的衍生行业和衍生产品，发展画纸颜料行业，如"三皮画"的树皮、猪皮、牛皮的生产制作与技术处理，发展装裱行业，生产与绘画相关的原材料，以及成立绘画产品展示区、绘画产品交易市场等，使绘画产业可以在本园区内实现一站式的全套工序和服务，集生产、收购、运作、销售、服务于一体，有效降低生产成本，提高生产效率，促进绘画产业的完善和发展。此外，积极创新发展，创作不同的绘画产业产品，如"三皮画"的内容除了民族风格的画作之外，还可以尝试其他风格的内容，发展不同的产品形式。在产业园区内有效形成产业的集群效应，形成多元化的产业形态，促使五通农民画的绘画产品更好地实现其产业价值，进而带动周边产业和整个五通镇经济的发展。

（三）树立文化品牌

品牌文化的概念来自企业文化，是企业整合营销的一种战略理念。"品牌是一个企业的核心竞争力，是企业发展壮大的关键所在。一个企业能否快速、健康、持续发展，关键看它是否有独特的品牌。"①品牌是一种文化，是文化产品的文化，是文化产业实现产业价值的关键。打造五通农民画文化品牌，有利于加大五通农民画文化产业的传播力度，从根本上提升五通农民画的核心竞争力，加快五通农民画的文化产业的发展。

发展五通农民画，要创立自己的文化品牌，扩大绘画产品的影响力，形成相应的品牌效应。文化品牌涵盖了品牌的文化特征，五通农民画的文化品牌则表现为五通农民画的整体画作在受众消费者心中的印象、感觉以及附加价值，是五通农民画绘画作品表现出来的审美因素、价值观等形态的总和。打造五通农民画的文化品牌，应该深入研究五通绘画作品表现出来的审美价值和文化内涵，分析其文化表征，建构以审美文化为基础的受众品牌关系。以独具文化特色的"三皮画"为例，"三皮画"是五通农民画中的精品，带动了整个五通农民画的发展，已经成为了独特的五通农民画的文化符号。"三皮画"是"中国式的油画"，是"中国民间油画"。它用经过技术处理的树皮、猪皮、牛皮直接作画，有些画作甚至不用画笔作画，而是直接在木板上用工具烫印而成，烫印出来的风景惟妙惟肖，这种特殊的媒介使用赋予了"三皮画"独特的文化内涵。"三皮画"看起来既不像西方的油画，也不像中国的山水画，既有油画般的浓厚饱满，又有

① 陆琳：《探究核心文化　精炼古镇品牌——构建具有竞争力的天津杨柳青古镇品牌文化》，载《商场现代化》，2009。

山水画般的飘逸洒脱，兼具有油画与山水画的双重特点，是“中国式的油画”，是中西交互式的艺术。这种特殊艺术和文化内涵是打造“三皮画”文化品牌的关键所在，是“三皮画”文化品牌的市场价值。构建“三皮画”独特的文化品牌，能使整个五通农民画以深厚的文化特质进行传播，提高五通农民画的知名度，从而具备较强的市场竞争力，实现其市场价值。

（四）发展培训行业

文化艺术的产业化发展是文化产业发展的核心。人才的培养与教育是实现文化产业持续发展的重要手段。五通农民画是规模较小的家庭作坊式的生产，大部分农民画家都没有经过专门的绘画训练，在绘画方面的技巧上提高较少，整体素质不高，创新发展不够。要提高五通农民画的整体素质与创新能力，应该积极发展美术培训行业，大力培养专业绘画人才。

美术培训行业作为绘画产业的一个衍生行业，是为绘画产业提供人才保证所必需的。它可以为绘画产业提供稳定的画工，输送绘画人才，同时为当地的绘画培养大量的文化艺术人才。美术培训行业在培训专业绘画人才的同时，也可以提高相关的理论人才，提高绘画研究的科研能力，用理论指导实践，从而提高绘画的作画技巧与画作的整体竞争实力。发展美术培训业是实现绘画产业持续发展、形成绘画产业规模效应的重要方式。五通农民画文化产业的发展可以仿效深圳大芬村的油画产业，画师在发展绘画产业的同时办起绘画培训班，扩展相关的业务。“三皮画”的创始人沈运香姐妹可以利用自身的优势，创办专门的“三皮画”培训班，培养专门的树皮、猪皮、牛皮技术处理人才，培养专门的绘画人才，这样既可以节省绘画所需要的“三皮”媒介制作的时间，也可以培养绘画“三皮画”所需要的画工，从而提高“三皮画”的产业化程度。发展美术培训业的同时还可以发展相关的绘画产业经营管理人才，来开拓绘画产品销售市场。发展文化产业，要充分认识到人才在文化产业中的作用，专业人才利用自身的专业素质，可以深入挖掘文化产品的文化内涵，把文化内涵与市场需求结合起来，推动文化产业的研究与开发，促进文化产业的发展与进步，把绘画产业提高到一个更高的水平。

（五）加强以市场为导向的发展策略

绘画艺术作为文化产业来发展，是艺术的市场化的过程。市场是使绘画艺术成功转化为财富的最终环节。发展绘画艺术文化产业，应该以市场为导向，把艺术与市场结合起来。“中国油画第一村”的深圳大芬村油画产业的标语是：“艺术与市场在这里对接，才华与财富在这里转换”①，把绘画和市场相结合是

---

① 张胜冰：《文化产业经营管理案例》，青岛：中国海洋大学出版社，2007。

大芬村油画产业取得成功的重要经验。这说明，只有按照市场来运作，文化产业才能取得良好的收益，因此，以市场为导向的发展战略是文化产业发展取得成功的重要发展模式。

五通农民画的发展应该借鉴这一有利经验，把绘画艺术与市场结合起来，按照市场的规律与市场的要求来运作。绘画作品能否适应市场需求关系到五通农民画能否在激烈的竞争中求得生存和发展，因此，要准确定位好市场的需求。五通农民画的绘画作品主要是用于室内装饰，挂在墙上或者在北方用作窗花，画师应该抓住这一要点来确定消费群体，根据消费者的喜好来进行创作，满足大众消费的需要。与此同时，还要创作一些独特的艺术精品，满足具有较高审美水平和审美需要的高雅人士的追求。文化创意是文化产业持续发展保持旺盛生命力的保证，五通农民画文化产业的发展应该根据市场的变化适时创新，顺应市场的需求来发展。临桂五通镇坐落在著名的文化旅游城市桂林，其绘画产业的发展可以依托桂林的旅游市场，把绘画文化产业与旅游结合起来。比如，可以建立一个专门的五通镇绘画艺术作品展示区，把五通设立为一个旅游景点，游客既可以参观游览五通镇丰富多彩、具有特色的绘画作品，也可以参观画师们的现场作画，这样既可以扩大五通农民画的知名度和影响力，也可以促进其市场的销售量。绘画艺术文化产业与旅游相结合是文化产业链平台上的重要的价值创造和实现模式的有效方式之一。发展五通农民画文化产业，还可以充分利用每年在南宁举行的中国—东盟博览会这样一个国际化的大平台，积极实施“走出去”战略，与其他国家进行文化产业的合作，促进自身的不断发展与完善。文化与经济相互交融可以提高文化产业的竞争力，五通农民画应该把艺术与市场有效地结合起来，以市场为导向，让艺术品成为商品，让艺术创作成为商品生产。①

因此，根据五通农民画文化产业的发展经验，参考“印象·刘三姐”、愚自乐园等文化产业，诸如建立完整的文化产业链，发展多元化的产业形态，树立文化品牌，发展相关的行业培训，进一步加强以市场为导向的发展策略等问题，应该是文化产业提高品质、谋求可持续发展的共性问题，文化产业只有在发展的实践中解决好这些问题，才能使自己在文化产业市场上有立足之地，有很好的发展。

四、关于实施政府引导性产业政策的思考

五通农民画文化产业得到了政府的支持，已经被设为国家文化（美术）产业

---

① 崔玉斌：《艺术的产业化与产业化的艺术》，载《美术大观》，2005。

示范基地，引起社会和市场的关注，知名度逐步扩大。为了适应市场需求，形成强劲的市场竞争力，五通农民书画家自发组织了“五通农民书画艺人协会”，集结五通农民画队伍，进行研讨学习，培训学员，与客商洽谈业务，统一协调工作。为进一步做大做强五通农民画文化产业，五通农民还在筹办成立“五通文化美术传播发展公司”，五通农民画文化产业正在逐步走向“公司+协会+农户”的生产模式。在国家和当地政府的支持下，五通农民画文化产业正逐渐走向规模化的生产，产业运作逐渐走上良性循环、健康有序的发展轨道。

五通农民画在产业化的发展过程中已经形成了一定的特色并且取得了一定的成效。虽然如此，作为一个新兴的产业，五通农民画文化产业还存在一定的问题与困难。

首先，五通农民画的产业化发展大部分还是停留在家庭作坊式的生产模式，生产不够集中，经营比较分散，还不能形成像深圳大芬村油画产业的生产规模，没有形成规模效应，还不能形成真正意义上的文化产业实体形式，画坊的生产模式只是存在于家庭或者家族的范围之内；其次，五通农民画的品牌意识与创新意识还不够，五通农民画大部分画作还是传统意义上山水松竹的旧题材与旧类型，还不能形成自己独特而强有力的品牌效应，大部分画家对于署名问题不够重视，没有注册自己的商标；最后，五通农民画文化产业的产业形态比较单一，还没有形成相对完整的艺术产业链，没有形成文化产业的集群效应。大部分农民画家对人才的培养不够重视，对于经营销售知识了解较少，以至于整个文化产品的市场还不够强大，还不能产生较高的产业价值。总体来说，五通农民画文化产业还处于比较初级的发展阶段，发展五通农民画文化产业，还有很多问题尚需要解决以促进其更好更快发展。

绘画艺术文化产业的核心是艺术的产业化，实现产业化的关键在于突破原有体制和机制的制约，将准确把握政策导向和遵循市场规则有机结合起来。①因此，发展文化产业，除了市场的因素外，还要充分考虑政策的因素，加强国家和地方政府的支持是发展文化产业的必要手段。深圳大芬村油画产业的成功就得益于当地政府的支持，当地政府既给大芬村创造了一个有利的环境，也给画师们创造了一个作品展示和相互交流、相互合作的平台。要发展五通农民画，应该学习大芬村的有益经验，根据五通镇的具体情况，加强国家和地方政府的支持，实施引导性的产业政策，把五通农民画文化产业带向一个具有更高产业效益的方向发展。

李长春在视察五通农民画时有针对性地提出了建立“公司+协会+农户”的

---

① 北京大学文化研究所编：《中国文化产业·2005年度发展报告》，长沙：湖南人民出版社，2005。

生产模式的建议。① 五通农民画主要是家庭作坊式的生产模式,生产比较分散,不够集中,难以适应文化产业的规模化生产,因此需要依托公司来整合资源,实现农民画跨越式的发展。这一建议对于发展五通农民画具有引导的作用,五通镇目前正在策划筹办"五通文化美术传播发展公司",准备以产业实体的形式组织农民画走产业化的道路,它使五通农民画的经营集中起来,运营机制逐步完善。五通农民画作为一种绘画艺术文化产业来发展,应该顺应广西实施"文化广西"的发展策略,深入挖掘绘画艺术的文化内涵和审美要素,提高整个广西的文化水平,以文化产业的形式发展广西经济,实现文化与经济的相互共赢。为此,广西还特地提出了"一地一品"的文化发展策略,五通农民画作为具有民族特色的文化工艺品,应该作为广西"一地一品"民族特色文化品牌来发展。

各种文化产业都需要发挥政府的调控作用,整合当地的资源,如五通农民画的产业化发展,要与桂林的旅游结合起来,建设功能齐全、服务配套的五通农民画产业园区,搭建五通农民画作品展示的大平台,集中资源优势,形成农民画生产、宣传、销售的完整产业链,促进五通农民画绘画产业的大发展。但值得注意的是,政府的支持与调控,只应该是一种因势利导的推动与提高,而不应该成为文化产业发展的拐杖,也不应该成为文化产业的指挥棒;更多地应该是发挥文化产业各自的主导型积极性,让他们在市场经济中摸爬滚打,建立起自己独特的产业经营理念,在市场化的道路上壮大、发展!

---

① 李建平:《2009年广西蓝皮书·广西文化产业发展报告》,南宁:广西人民出版社,2009。

评论

一曲缅怀乡土的牧歌*

——评世界首台高山峡谷实景音乐剧《天门狐仙》

王 瑜*

[内容提要] 世界首台高山峡谷实景音乐剧《天门狐仙》获得了首届中国国际文化旅游节"演出类"金奖,是广西团队策划的新突破。《天门狐仙》发掘了中国传统文化中的狐崇拜现象,结合现代人的缅怀需求,以音乐剧的形式复活了记忆中的乡土世界,较之于广西山水实景演出团队其他演出项目更强调文学性的融入,对情节、故事的关注使其获得了更广泛的认可,为山水实景演出的深化发展提供了良好的借鉴。

[关键词] 《天门狐仙》 乡土记忆 文学性 突破

梅帅元山水实景演出团队是山水实景演出的开创者,对中国乃至世界文化演出、旅游发展的创新具有重要的意义与价值,是广西当代文化发展的一张耀眼的名片,同时也是从广西走出的具有世界影响力的当代文化创意的成功案例。广西梅帅元团队在张家界策划的山水实景演出《天门狐仙》是继《印象·刘三姐》之后又一广为世人关注的实景演出,也是梅帅元第4个投入运营并产生较大反响的成功项目。梅帅元做过编剧、演员,是公认的山水实景演出第一人。由于编剧经历和长期舞台经验的积累,梅帅元团队在策划山水实景演出项目时更多地从文学的角度关注项目的发展,特别追求文学性产生的震撼人心的力量。笔者将从文学层面谈谈《天门狐仙》的深层意蕴和内涵。

一、狐崇拜与乡土理念

狐狸本是自然界万千物种中的一类,不仅存在于中国,也存在于世界其他地方,并无特别珍稀和值得关注之处。将狐狸从动物的种类中区别出来,达到等同或超越人的程度是东方独特的文化现象,此类现象的出现一般统称为狐崇

* 本文为国家社会科学重大招标项目"桂学研究"(12&ZD164)阶段性成果。

* 王瑜(1979~),广西师范大学文学院教授,硕士生导师,文学博士,主要从事现代文学史学研究。

拜。就狐崇拜的流行看,在中国尤为甚之,日本等国虽也有类似的现象出现,但产生的影响远不及中国深远广大。有学者考证,中国的狐崇拜出现于汉代,东汉许慎的《说文解字》以及同期的《易林》《论衡》等作品中已有关于狐崇拜的较早记载。从当时的文字记载可以见出,作品中的狐狸已经不再是自然界普通物种的一类,而是超出了自然界的局限影响到人类的生活了。胡堃综合考证认为:“汉以前其他关于狐的记载也没有蕴含信仰的意义,因此中国上古无狐信仰。以白狐、九尾狐或九尾白狐为祥瑞,显然是汉代的产物。全社会风行的‘天人合一’思想,则是它诞生的温床。”①狐崇拜在汉代出现一定程度上反映了先民对外在神秘事物探究的兴趣,更说明了他们对虚幻世界的重视。两汉时期,中国社会的生产力得到了一定的发展,人们对外在世界的认知也更为深入。在对外在世界的认知中,人们一方面获得了突破,但同时也对自身的掌控能力产生了怀疑,这种怀疑是受当时认识手段等局限所导致的。狐崇拜的出现与当时社会的发展状况有着紧密的关系。

如果说汉代出现了狐崇拜,到了唐代时期这种崇拜又出现了大的升格,昔日的狐妖一变成为狐神,有“无狐魅,不成村”②的说法。这个时期的狐狸不仅具有预知祸福的能力,而且成为能左右人命运的神。有了唐时期崇拜的升格,狐的形象渐渐成为民间信仰的寄托。抛开专业研究者的考察不谈,从现代人的角度看,狐成为神或妖并广为人知离不开三部重要的文学作品——《封神演义》《聊斋志异》和《阅微草堂笔记》。《封神演义》虽成书较晚,但它所写故事的发生年代却较早,从故事时间考察,作品中的苏妲己可能是我国最早出现的狐狸精。《封神演义》的通俗性导致苏妲己的形象深入人心,也导致了人们对狐狸的负面认知,如“残害忠良”“祸国殃民”这些词语都能与苏妲己建立对应关系。仔细思考,这个苏妲己是一个被误读的狐狸形象。熟知作品的读者都清楚,妲己这个狐狸精只是女娲娘娘的惩罚纣王的一个工具,但最后这个工具承担了造成大灾难的责任。《封神演义》之后较为人们熟知的关注狐魅的作品是《聊斋志异》《阅微草堂笔记》等,它们中间的许多关于狐妖或狐仙的故事至今广为人传诵。可以说,《聊斋志异》《阅微草堂笔记》之后,中国文学作品中鲜见大规模的有关狐妖、狐仙或狐神的作品出现。

我们注意到,《聊斋志异》产生于康熙年间,《阅微草堂笔记》产生于乾隆到嘉庆年间,这两部作品出现的时间恰好是中国封建王朝走向没落的时期。具体说来,《聊斋志异》成书于 1680 年(康熙十九年),《阅微草堂笔记》成书于 1789

① 胡堃:《中国古代狐信仰源流考》,载《社会科学战线》,1989(1)。

② 《太平广记(447 卷)》,北京:中华书局,2003:3658。

到1798年之间(乾隆五十四年到嘉庆三年期间),距离开启近代的1840年已经不到五十年的时间了。狐崇拜对应的是传统宗法制下的生产方式,只有在农业文明缺乏理性反思的情形下,人们才会纠结于鬼神之说。试想,在现代理性的启蒙视角中,人们认识事物的方式是精微和具体的,强调的是实验证明,崇尚的是科学主义,哪里还会有狐崇拜的空间呢?如果说现代文明崇尚的是科学理性,那么传统农业社会的乡土文明崇尚的就是人事。由于社会节奏缓慢,人们之间的交往更多地受时空的局限,使得个体在社会中接触和结识的人相对较少,人们之间的来往也缺乏法律、制度等现代意识的规约,更多地尊重个体的主观认知。狐崇拜的出现与流行是生产力不发达等原因造成的,但它一定程度上也满足了人们对于人情的向往和渴望。可以说,狐崇拜的产生、狐妖或狐仙形象的出现对应的是农业文明背景下的乡土理念,在满足人们情感寄托的同时强调的是认知的模糊性。在这个意义上,我们发现狐崇拜,包括对狐仙、狐妖的关注在现代文明中难以再现辉煌。

二、《天门狐仙》与现代人的缅怀寄托

自2004年3月20日《印象·刘三姐》公演以来,广西梅帅元山水实景演出团队已策划运作多个演出项目,取得了巨大的文化和经济效益。据梅帅元团队核心成员谢国权先生介绍,其团队策划的多个项目中产生较好经济效益的排名是《印象·刘三姐》《天门狐仙》《鼎盛王朝·康熙大典》《大宋·东京梦华》《禅宗·少林》。如果从投入和产出的效益比看,《天门狐仙》是其中的佼佼者。从人气方面看,《天门狐仙》几乎场场爆满,旅游旺季加座票或站票每晚都要卖出数百张之多,何以《天门狐仙》能带来如此旺的人气呢?笔者以为这种现象的出现和现代人的缅怀寄托密不可分。

新中国成立后特别是改革开放以来,中国在经济上发生翻天覆地变化的同时,在生活方式、社会运作方式等层面亦发生了较大变化。越来越多的中国人享受到了改革开放带来的福利,但同时也产生一些困惑,主要原因是旧价值体系的约束能力逐渐式微,新的价值体系却尚未形成。城市化的过程中,许多人得以感受现代都市文明,但其异化特质亦让不少人在其中迷失,导致现代人特别渴望心灵的慰藉。《天门狐仙》是在湖南花鼓戏《刘海砍樵》的基础上改编而成,借用的是《刘海砍樵》的故事外壳,讲述的是人狐相恋的奇缘,核心理念是以"情"做文章。我们注意到,无论是白狐对人间生活的向往还是最终和刘海喜结连理的比翼双飞,中间的纽带是情感。演出开始不久,湘西人民的生活就展现了出来,堂客(妻子)们嬉闹的场面、揪着丈夫耳朵拉他们起床的景象以及溪边

洗衣时优美的劳作姿态，无不让人感到粗野的感情表达中妻子对丈夫爱意的流露。正是这种人间情感吸引了白狐，让她放弃了王后宝座的诱惑，向往起人间普普通通的儿女情长来。谢国权先生曾提及，情感是人类特有的，狐狸只有动物性而缺少人性，正是这种缺失才让白狐仙更为向往人间的情爱。事实上，向往这种情爱的何止是狐狸呢？诸多整日奔波的现代人不也是其中的一分子吗？走入现代文明的人们，在感受都市生活带来的诸多便利之时也在感受着现代文明的负面影响，如孤独、焦虑、心灵的无处安放等。我们发现，现代人交往的核心是以利益最大化为追逐目标的，古典的、诗意的、不附加功利色彩的交往在今天这个时代已经越来越少了。以婚姻关系为例，本质应该是以情爱的交流为基础，但现在更多地带上了利益的算计，可能中国还没有一个时代像今天这样赤裸裸地在现代的旗帜下疯狂地宣泄着物欲。尽管我们可以以利益的实现作为追求的目标，但不等于心灵诉求的声音就不存在了。因此，当《天门狐仙》的场景展现在观众眼前，复活的是对中国乡土文化的记忆。《天门狐仙》中除了演出的舞台设施是现代的，情节架构等完全是属于传统乡土记忆的，无论是开始时听故事的身着银饰的土家族少女和讲故事的老人，还是故事中夫唱妇随日出而作、日落而息的生活方式，都是乡土中国里的人们较为熟悉的，吻合着刚刚从乡土中走出来的人们的审美需求，填补或满足了现代人的心灵渴求。

就故事层面而言，《天门狐仙》的内容并不复杂，可简单概括为人狐恋。人狐恋一直是中国文学中写狐狸的母题之一，基本可分为“仙”和“妖”两类。狐仙类的人狐恋基本是男主人公善良勤劳，具有尊老的孝顺品德，因为种种原因在现实生活中难以找到老婆，这时人间无法提供的通过修化成仙的狐狸得以变相满足，结果往往是婚后走上了幸福美满的生活，《天门狐仙》的故事即是属于此类。山间的樵夫刘海三十多岁了，还没有讨到老婆，遭到身边人的嘲笑，上山打柴时遇到了被猎人打伤的白狐并救了她一命。此时展现的是刘海善良勤劳的一面，潜在地传达出的是对善良勤劳美德的颂扬。与刘海不同，白狐一直向往着人间的生活，对人间生活的憧憬使她渴望能像人类一样相亲相爱彼此厮守终老一生，遇到刘海被其善良所感动，于是共同冲破种种阻碍，追求真爱相守。刘海三十多岁没有讨到老婆，因为自己的善良和勤劳的品性得以和白狐成为夫妇，幸福美满地生活，这种情节模式很符合乡土中国劝善惩恶的理念追求，是对美德的弘扬。20世纪90年代以来，中国越来越强调现代型社会的建构，其间，法律和制度得到了更多的重视。在更为严密的制度面前，社会更强调个人能力的展现和张扬，推崇成功理念。这似乎是公平的，但在公平的面纱之下，个体的无助和虚弱被掩饰起来，促使每个人在强悍的外表下更多地感受到了无助的困惑。《天门狐仙》的演出巧妙地复活了另一个系统，那就是千百年来曾盛行于我们文化中的慰藉体系,即在现实中无法找到或实现自己的价值,通过神鬼故事的演绎获得满足。不论是《聊斋志异》中的狐魅花妖还是《天门狐仙》中白狐对人间的眷恋,其中的狐狸形象都是高于人类的。人类现实生活中无法释放的焦虑在她们出现后得以有效地缓释,特别是对于男性而言。狐仙故事中,几乎所有的狐狸形象都是漂亮的、能干的、忠贞的、风情万种的。对比社会的发展,我们发现,这类形象几乎代表了男性对女性的原始想象和一贯期待,是数千年文化发展中男性宗法观念的遗留物,有对女性把玩的心态在其间,但同时不可否认的是男女关系的这种建构方式又有其稳定的一面,女性的主体性并不是完全被漠视的。现代社会中,女性作为独立的主体早已形成了自己的认知,对男性的要求也更高,服从和听命于男性的夫唱妇随的模式已经解构。当然,这并不是女权运动的结果,而是社会的高度发展,快节奏促使每个个体在其间只有奋力拼搏才能获得生存机会,是被逼无奈的选择。由于选择的被动性,促使诸多现代人在理念深处残留着对乡土社会中男女两性关系建构模式的向往。可以说,《天门狐仙》的出现在审美方面满足了观众的缅怀需要,引起较大关注当属必然之事。

三、《天门狐仙》对山水实景演出的突破

2010年11月,首届中国国际文化旅游节"影响中国文化旅游的一部旅游演出"评选出炉,《天门狐仙》是该类唯一的金奖获得者。对于《天门狐仙》的获奖观众反应不一,不少人更推崇梅帅元团队的另一经典力作《印象·刘三姐》。在各执一词的争论中,有一段话引起了笔者的关注——"'印象'不敌'狐仙',其根本原因是节目的文化内涵和独创性决定成败。一直以来'印象'系列似乎代表着中国旅游演出的最高水准,而'天门狐仙' 的节节胜出表明观众的欣赏品味以及对演出艺术的水准和文化内涵的要求也越来越高,而不是仅仅追求视觉效果,更不是迷信'大腕儿',最大牌的导演作品也不见得成功。"①《天门狐仙》的获奖不是偶然,其在策划运作的过程中注入了更多的文化元素,其执行制作谢国权曾谈及其中的文学因素和对当地非物质文化遗产"桑植民歌"和"茅古斯"舞蹈的借鉴。抛开浓厚的地方文化元素不谈,笔者认为,《天门狐仙》较之其他山水实景演出的一大突破是它将剧情引入到演出中。不论是《印象·刘三姐》还是其他诸多山水实景演出的一大问题是缺少贯穿全剧的情节,导致观众在观看时很难把握演出要传达的信息。以《印象·刘三姐》和《天门狐仙》为例

---

① 《天门狐仙》"影响中国"夺魁 实至名归还是暗藏玄机?[OE/BL].网址:http://hznews.hangzhou.com.cn/kejiao/content/2010-11/08/content_3516912.htm

分析,《印象·刘三姐》的山水实景绝对是举世罕见的,它充分地利用了甲天下的阳朔山水,实景无可取代,但不少观众看过后却觉得演出要传达的信息不明确,无法把握。尽管其间有悠闲生活方式的呈现,但似乎不大容易引起观众的注意。

《天门狐仙》较之《印象·刘三姐》在情节的建构方面花费了更多的心思。《刘海砍樵》本身是非常简单的湖南花鼓戏,原本没什么情节,得到改编权的狐仙剧组提上日程的第一要务是如何丰富其中的人物形象同时设置能带动观众的故事情节。执行制作谢国权回忆起当时的情景更是记忆犹新,“当时,梅帅元、张仁胜、张骁和我在梅帅元家里关了三天三夜探讨故事的脉络和走向,探讨文学因素在实景演出中的重要作用”,并言及“当时在梅帅元家中酝酿此剧时本没有想到要以‘狐仙’命名,‘狐仙’一词是偶然得之”。尽管“狐仙”一词是偶然得之,但山水实景演出故事性的凸显已经融入到了梅帅元团队的创作中了。2004 年山水实景演出面世以来,各地纷纷上马项目,带来了山水实景演出的审美疲劳。可以说,《天门狐仙》的出现让山水实景演出重新拾回演出本应具有的故事性。独特故事的选择恰恰是一个地方独特文化的变相呈现,是很受旅游者关注的。旅游者去一个地方赏玩,主要的追求可能集中在两个方面,一个是独特的自然风貌,一个是特异的文化积淀。天门山是张家界独特自然风貌的呈现,来张家界不可不看天门山。天门山独特的自然景观酝酿了神秘的氛围,恰好应和神狐鬼怪故事演绎的需要。在此情形下,广西梅帅元山水实景演出团队敏锐地捕捉到其蕴含的文化价值,开发出的山水实景音乐剧《天门狐仙》是奉献给世人的一顿丰厚的文化盛宴,更是对以往山水实景演出的新探索和新突破。在诸多成功探索的基础上,我们有理由相信,肇始于广西的山水实景演出模式会受到越来越多国家旅游文化市场发展的关注和借鉴。